BALANCING
URBAN

and

RURAL DEVELOPMENT

and

FISCAL
POLICY REFORM

平衡城乡发展
与财政政策改革

吴理财
袁方成
等

著

社会科学文献出版社
SOCIAL SCIENCES ACADEMIC PRESS (CHINA)

本书系亚洲开发银行项目"财政政策改革与管理：平衡城乡发展"（项目编号：PATA 47040 – 001）、华中师范大学中央高校基本科研业务费项目"中国地方治理现代化及国际比较研究"（项目编号：CCNU14Z02008）的一项成果。

目　录

序　言　建立现代财政制度
迈向城乡均衡发展

　　城乡非均衡发展是长期困扰我国社会经济持续发展的一个突出问题。近年来，增加农业和农村的财政支持力度，并逐步调整"城乡分治，一国两策"的社会管理制度，如取消农业税、农村综合改革、粮食最低收购价政策、粮食直补、良种补贴、农机具购置补贴、农资综合直补、财政扶贫等政策，同时，推进农村义务教育保障机制改革，实行农村合作医疗保障制度、城乡最低生活保障、农村五保供养、农民工和失地农民养老保险等制度，为城乡间的和谐稳定发展提供了有力保障，并在一定程度上缓解了城乡分割制度和市场机制对城乡二元结构的强化效应。然而，城乡发展不协调，城乡差距过大且不断扩大的趋势，仍是制约我国国民经济持续快速、健康发展，人人平等分享改革发展成果的最大障碍。

　　促进城乡均衡发展，改革现行财政体制势在必行。我们应该通过财政体制改革，增加政府尤其是地方政府的财政收入，增强农村基层政府财力；通过改革政府财政分配机制，促进公共财政在城乡之间均衡配置；通过财政机制创新，盘活农村资源，激发农村社会内在活力。为此，2013年，党的十八届三中全会提出财政是国家治理的基础和重要支柱，要求建立现代财政制度。

　　当前，约70%的公共支出发生在地方，即省、市、县、乡。其中，55%以上的支出是在省级以下。乡镇是中国农村基层治理的基础，也是农村公共财政投入和管理的基层单元。乡镇和村的财政状况及其治理机制对农业生产、农民生活和农村发展有直接的影响。因此，乡镇财政体制及运行机制的变革，以及村级财务管理体制的发展变化，是财政治理机制的重要内容，是简化财政资源管理，提高财政投入绩效的核心议题。

农村公共基础设施和基本公共服务是农业生产和农民生活的基础条件。当前，中国城乡公共基础设施和基本公共服务仍存在较大差距，加大农村公共基础设施建设和基本公共服务的投入，缩小城乡差距，是城乡均衡发展的基本内容，也是当前公共财政投入的重点。

推进城乡均衡发展，最根本的是破除城乡二元结构及其制度约束，促使人口、资源、技术和资本在城乡之间自由流动和合理配置。因此，进一步推进市场体制改革，最大限度地发挥市场在资源配置中的基础性作用，是整个国家及城乡经济发展的关键所在。从目前来看，需要进一步改革城乡失衡的财政投入体制，促进公共资源在城乡之间均衡配置，同时，也要致力于推动城乡财政分配制度改革，推进城乡财政体制的一体化和财政投入的均等化。

为此，本书以问题为导向，紧抓当前城乡均衡发展的主要问题开展研究，例如，农村基层财政治理机制及其改革、农村公共基础设施和基本公共服务财政需求与投入机制、新型农业社会化服务体系的发展及财政支持政策、农村土地制度改革、基础教育发展等。

自21世纪以来，中国城乡关系及发展战略发生了重大的调整和转变。但是，农村经济社会发展依然明显滞后于城市。如何进一步破除城乡二元结构体制，实现城乡一体化及经济社会的融合，是当前及今后相当长一段时期中国社会建设和社会发展的难点之一。城乡二元结构虽然长期以来受到经济、政治、社会、文化及历史等多重因素的影响，但城乡二元结构的出现更多在于政府的制度安排，可以说，政府对统筹城乡发展的财政投入状况和财政政策支持，在一定程度上决定了民生改善、区域发展协调和经济可持续发展目标的实现。推动财政政策更好地与土地、人口政策相结合，调整政府财政资源的定位，加大对农村地区和欠发达地区的财政投入，构建基本公共服务和基础设施建设的财政投入保障机制，是平衡城乡发展，以及实现基本公共服务均等化的基本途径。

2015 年

第一章 农村基层财政治理机制
及其改革*

自 21 世纪以来，我国农村基层财政体制主要受到农村税费改革以及与之相关联的一系列政策措施的影响。随着"村财乡管""乡财县管"的普遍推行，农村基层财政也从原来一级自收自支的独立财政转变为主要依赖上级转移支付维持运转的名义财政，如基础教育、公共卫生、乡村道路、农田水利建设等农村基本公共产品也由农民自我供给逐渐转为由政府公共财政供给。随着"社会主义新农村建设""工业反哺农业，城市支持农村""城乡统筹发展""城乡基本公共服务均等化"等系列政策的实施，以及城乡之间人口和资源的快速流动，中国城乡社会发展日趋一体化。这就要求，中国农村基层财政体制和运行机制做出适应性改革。

一 乡镇财政体制及运行机制变革

财政总是服务于国家的实际需要，并随着国家实际需要的转变而改变。当中国社会从"以农养政""城乡二元"转向"以工促农""城乡一体"时，包括乡镇财政在内的整个财政体制必然随之发生深刻的变革。这项巨大变革，则是由农村税费改革开启的。

---

* 吴理财，华中师范大学中国农村综合改革协同创新研究中心主任、湖北经济与社会发展研究院副院长、政治与国际关系学院教授，研究领域：地方治理；李世敏，西南交通大学马克思主义学院，讲师，研究领域：文化治理与地方治理；王前，湖南工业大学经济与贸易学院，讲师，研究领域：公共经济与地方治理。

（一）农村税费改革和乡镇财政管理体制变迁

自 21 世纪以来，乡镇财政体制的一系列改革是对 20 世纪末农村地区日益严重的农民负担问题的直接回应，并沿着农村税费改革这条主线渐次展开。

1. 农业税费与农民负担问题

直到农村税费改革之前，中国农村的公共物品基本上是由农民自我供给的。农村公共产品的供给体制与人民公社时期没有本质性的区别，农村公共产品的提供主体是农民，所不同的是，人民公社时期农民在公共产品方面的投入被"集体""包装"了起来，并被"工分"形式所掩盖，农民没有意识到自己的负担。实行家庭联产承包责任制后，农民在农村公共产品方面的负担其实落在了家庭和个人头上，且大部分货币化了，农民清楚知道自己的负担。[①] 与之相匹配，中国农村实行的是一套与城市完全不同的税费制度和社会保障制度，以维持城乡二元社会结构的长期运行。这种极不合理的制度安排，一个直接后果是农村日益衰败和被"边缘化"。[②]

按照国家的规定，农村税费由农业税收、农民承担的费用和劳务组成。农业税收，一般包括农（牧）业税、农业特产税、生猪屠宰税、耕地占用税和契税等。依据国务院颁发的《农民承担费用和劳务管理条例》（国务院令［1991］92 号），农民在国家法规（许可范围）内承担的费用和劳务是指"农民除缴纳税金，完成国家农产品定购任务外，依照法律、法规所承担的村（包括村民小组）提留、乡（包括镇）统筹费、劳务（农村义务工和劳动积累工）以及其他费用"。在农村基层，通常将它们简称为"三提五统"和"两工"。所谓"三提"是指农户上交给行政村的公积

---

① 叶子荣、刘鸿渊：《农村公共产品供给制度：历史、现状与重构》，《学术研究》2005 年第 1 期。

② 陶然、刘明兴：《农民负担、政府管制与财政体制改革》，《经济研究》2003 年第 4 期。

金、公益金和管理费三种提留费用。"五统"是指农民上交给乡镇政府的教育附加费、计划生育费、民兵训练费、乡村道路建设费和优抚费五项统筹费。此外,《农民承担费用和劳务管理条例》同时还允许"乡统筹费可以用于五保户供养"。实际上,各地在执行过程中,都在不同程度上增加了一些收费名目,加码收费。因此,"三提五统"只是在政策内向农民收取费用的一种笼统说法而已。在许多农村地区,"三提五统"实际上远远"超过上一年农民人均纯收入的5%"的红线规定。

这项税费制度实际上跟当时的农村土地双层经营制度相一致。由于农民经营的土地属于集体所有,所以实行家庭联产承包责任制以后,农民只有"交够国家的,留足集体的,剩下才是自己的"。之所以实行这项农村税费制度,根本原因是农村基本公共产品必须由农民自己承担和自我供给。

在这项农村税费制度中,农业税一直沿用的是1958年6月3日第一届全国人大常委会第96次会议通过的《中华人民共和国农业税条例》。由于农业税根据各地农业生产水平,按农民耕作的田亩征收,其增长空间十分有限。即便乡村两级或多或少存在隐匿或虚报田亩和农业产量的现象,也不可能在农业税上做太大的"文章"。由于农村基层政府没有开征新税和提高税率的权力,乡村两级为了维持自身的正常运转,推行必要的乡村公共建设以及完成上一级政府下达的"达标"任务(如农村教育的"两基达标"),在没有相应的经费投入的情况下,只能在农民承担的费用、劳务上"动脑筋",增加预算外收入,甚至通过集资、摊派、罚款的形式向农民汲取政策外的收入。

所谓"头税轻、二税重、三税是个无底洞",是对农民负担问题的一个形象说法。其中,"头税"是指前述的农业税收部分,"二税"是指各级政府允许向农民征收的其他税收、集资和乡镇统筹、村提留等税费负担,"三税"是指政策外的其它"乱收费、乱罚款、乱摊派"。

以安徽省为例,根据省减轻农民负担办公室的统计,1994~

1998 年，农民承担的非税负担（包括"三提五统""以资代劳"和"社会负担"）均超过了上一年农民人均纯收入的 5%，1995 年甚至达到 8.52%（见表 1 - 1）。由于漏报、瞒报，农民实际负担水平远超过这些统计数据。根据周焱的调查，漏报和瞒报通常为统计数据的 20%①。另外，除了明税以外，农民还承担了比明税（指统计中的农业税）高 1 ~ 2 倍的暗税（指国家收购农产品的价差，又称之为"剪刀差"）②。

表 1 - 1　1994 ~ 1999 年安徽省农民分担情况

单位：元/人

年份	上年人均纯收入	三提五统		社会负担		以资代劳		非税负担		国家税收	
		数额	%	数额	%	数额	%	数量	%	数量	%
1994	650.3	33.90	5.20	6.10	0.93	7.10	1.09	47.10	7.22	22.49	3.46
1995	879	44.68	5.08	18.54	2.10	12.30	1.34	75.52	8.52	35.76	4.07
1996	1233	51.63	4.19	18.89	1.53	10.24	0.83	80.76	6.55	36.63	2.97
1997	1589	66.58	4.12	11.61	0.73	7.43	0.47	85.62	5.34	40.02	2.51
1998	1777	70.58	3.98	10.85	0.61	8.18	0.46	89.61	5.04	41.00	2.31
1999	1871	64.76	3.46	9.63	0.51	6.38	0.34	80.77	4.44	42.07	2.25

注：①人均纯收入由农户家庭经营收入和报酬派构成；②社会负担主要包括行政事业性收费、罚款和集资摊派；③表中国家税收仅统计了农业税和农业特产税。

资料来源：根据安徽省减轻农民负担办公室提供的有关数据整理。转引自周焱：《安徽农村税费改革调研报告》，《经济理论与经济管理》2001 年第 5 期。

　　在湖北省咸安区，1997 年农民政策内的六项负担（农业税、农业特产税、屠宰税、教育费附加、乡五项统筹、村三项提留）总额是 4230.97 万元，亩均 109 元，人均 116.9 元。1999 年为 4566 万元，亩均 118.6 元，人均 130.35 元。而有据可查的农民实际负担情况则是：1997 年农民负担为 6969 万元（其中农民负担监督卡内农民负担 5188 万元，卡外农民负担 1781 万元），亩均

---

① 周焱：《安徽农村税费改革调研报告》，《经济理论与经济管理》2001 年第 5 期。
② 高小蒙、向宁：《中国农业价格政策分析》，转引自周焱《安徽农村税费改革调研报告》，《经济理论与经济管理》2001 年第 5 期。

179.6 元，人均 192.5 元。1999 年农民负担为 6910 万元（农民负担监督卡内 4950 万元，卡外 1960 万元），亩均 179.5 元，人均 197.2 元。1999 年咸安区地方一般性财政收入为 1.16 亿元，其中近六成为农村税费收入。根据湖北省统计局的统计数据，1993 ~ 1997 年农民人均年收入增长不及 8%，而同期农民负担的增速高达 25%。①

咸安区还不是湖北省农民负担最重的地区，湖北省农民负担最重的地区是地处江汉平原的一些县市，农民负担亩均达到 400 元左右。2000 年春，监利县棋盘乡侯王村因抛荒过多，难以按照田亩摊派税费任务，村集体税费只好分解到人头，人均上交各种税费高达 650 元。某农户全年应交 2700 元，但全年农田收入不足 1000 元，只好外出打工把余下的 2000 元补上。② 沉重的"费"负使得农民怨声载道，很多地方由此引发了大量的干群冲突和群体性上访事件，农村税费改革已经箭在弦上。

2. "费"改"税"

从 2000 年开始，安徽省率先在全省范围内进行农村税费改革。③ 这项改革的核心内容是"费"改"税"。诚如朱镕基总理所言，"目前从农民手里收取 300 亿元的农业税、600 亿元的乡统筹、村提留，再加上乱收费，恐怕从农民那里一年要拿 1200 亿元甚至更多。我们这一次的税费改革，就是要把现在收取的 300 亿元的农业税，提高到 500 亿元，也就是农业税率从 5% 提高到 8.4%。与此同时，把乡统筹、村提留的 600 亿元和各种乱收费一律减掉"④。

具体而言，这次"费改税"的主要内容是"三个取消，一个

---

① 宋亚平：《咸安政改——那场轰动全国备受争议的改革自述》，湖北人民出版社，2009 年 5 月第 1 版。

② 邓道坤、刘友凡：《大变革：湖北省农村税费改革纪实》，武汉大学出版社，2006。

③ 《中共中央、国务院关于进行农村税费改革试点工作的通知》（中发 [2000] 7 号），2000 年 3 月 3 日。

④ 《朱镕基总理在第九届全国人大四次会议记者招待会答记者问》，新华网，2001 年 3 月 15 日，http://news.xinhuanet.com/ziliao/2002 - 03/14/content_315680.htm。

逐步取消，两个调整，一项改革"。"三个取消"具体包括取消乡统筹等专门面向农民征收的行政事业性收费和政府性基金。取消乡统筹后，修建乡村道路所需资金不再固定向农民收取，村级道路由村民大会决定，乡级道路由政府安排。其他四项支出由各级政府通过财政预算予以安排；取消农村教育集资等涉及农民的政府性集资；取消屠宰税。"一个逐步取消"包括逐步取消统一规定的劳动积累工和义务工，农村公共事业用工，通过一事一议由村民大会决定。"两个调整"包括调整农业税政策。主要是确定农业税计税土地面积（以农民第二轮合同承包、用于农业生产的土地为基础确定）、调整农业税计税常产（以 1998 年前 5 年间农作物的平均产量为依据确定，并保持长期稳定）和合理确定农业税税率（仍实行地区差别比例税率，最高不得超过 7%）；调整农业特产税政策。取消一个应税品目两道环节征税，改为一个应税品目只在一道环节征税。"一个改革"包括改革农村提留征收和使用办法。村提留的来源除集体经营收入以外，征收农业附加税，附加比例最高不超过改革后农业税的 20%。①

经过两年的改革试点，农村税费改革便在全国各地普遍开展起来。农村税费改革取缔了大量不合法的收费后，农民的负担有所缓解，但是乡村乃至县一级的财政收入很快出现了大量缺口，大量乡镇政府日常运转难以为继。为此，各地纷纷对乡镇政府进行了大刀阔斧的机构改革，试图通过精简乡镇机构和工作人员来缓解财政压力。

3. 取消农业税

2005 年 12 月 29 日，第十届全国人大常委会第 19 次会议经表决决定，《中华人民共和国农业税条例》自 2006 年 1 月 1 日起废止，这意味着在中国长达 2600 年之久的"皇粮国税"走进了历

---

① 曹昆斌：《农村税费改革及其完善——安徽农村税费现状分析》，《改革》2001 年第 5 期。

史。伴随着农业税的取消，乡镇财政的收支也随之发生了重大变化：收入方面，农业税免征，部分税收管理和归属权上划，乡镇财政收入明显降低；支出方面，原来乡镇负担的乡村道路建设、农村义务教育等上划为县级支出，乡镇财政支出范围更窄。[①]

乡镇政府的财政困境，直接推动了"乡财县管"改革。2005年12月31月，国务院发布的《关于推进社会主义新农村建设的若干意见》中，明确鼓励地方实行"乡财县管乡用"的财政管理制度改革。2006年7月28日，结合乡镇财政管理方式改革试点经验，财政部发布《关于进一步推进乡财县管工作的通知》（财预〔2006〕402号）。山东省财政厅在转发《财政部关于进一步推进乡财县管工作的通知》的通知中明确指出："2008年底前，全省除经济实力强、财政收支规模大、管理水平较高的乡镇外，其他乡镇原则上都要全面推行乡财县管。"截至2006年，全国已有28个省区实施了"乡财县管"改革，其中16个省区全面推行，12个省区部分试点。[②] 在2012年8月20日举行的全国农村综合改革办公室主任会议上，国务院农村综合改革工作小组牵头人、财政部部长谢旭人表示，截至2011年年底，2.93万个乡镇实行了"乡财县管"，约占全国乡镇总数的86.1%。[③]

从全国范围来看，"乡财县管"的管理模式大体分为三种类型：一是财政管理型，即乡镇财政预算的编制、执行由县乡共同管理，取消乡镇金库和乡镇财政总预算会计岗位，乡镇预算内外收入上划，支出下拨，县财政国库管理机构设乡镇财政总预算会计岗位，代理乡镇财政总预算会计业务。同时，乡镇各预算单位的财务管理仍由乡镇会计核算中心进行集中核算。二是统收统支

---

① 时文彦：《充实和转变职能强化乡镇财政管理的探讨》，《财政研究》2010年第2期。

② 蔡芳宏、柯元：《基于新公共服务理论视角对乡镇财政改革的考察》，《财政研究》2010年第7期。

③ 李丽辉：《我国近3万个乡镇实现"乡财县管"》，人民网，2012年8月21日，http://politics.People.com.cn/GB/n/2012/0821/C1001-19787669.htm。

型，即取消乡镇财政、乡镇金库和所有银行账户，取消乡镇所有的会计岗位，乡镇为县财政的一个预算单位，其财政、财务由县财政直接管理和核算，乡镇设一名财会联络员和报账员，实行报账制管理。三是财务管理型，即乡镇财政仍由乡镇财政所管理和核算，乡镇各预算单位的财务管理由县级会计核算中心实行报账管理制。①

在中西部大部分贫困乡镇实行"乡财县管"的同时，东部沿海一些经济发达乡镇却在进行"强镇扩权"改革。"强镇扩权"最初发端于浙江省。2005 年 9 月，浙江省在绍兴首先进行改革试点。2010 年 4 月，中央编办会同中央农办、国家发改委、公安部、民政部、财政部印发《关于开展经济发达镇行政管理体制改革试点工作的通知》，在全国 13 个省份中选择 25 个经济发达镇进行试点。在这轮"强镇扩权"改革中，浙江省的经验比较突出，具体做法主要有：将原属于县级政府的部分行政审批权和决策权授予所辖中心镇，按照"依法下放，能放就放"的原则，赋予中心镇部分县级经济社会管理权限，强化中心镇公共服务职能。同时，为保障这些职能有效实现，明确规定部分财政权力下移，在中心镇范围内收取的规费和土地出让金，除部分上交中央外，地方留成部分向中心镇倾斜。②

（二）当前乡镇财政状况及治理机制

在中国，绝大部分乡镇财政实际上就是"农业财政"，其财政收入主要来源是农业税收。取消农业税以后，财政转移支付取代原来征收的农业税费，成为乡镇财政的主要收入。

早在 2002 年 7 月，财政部就印发了《农村税费改革中央对地

---

① 杨发祥、马流辉：《"乡财县管"：制度设计与体制悖论——一个财政社会学的分析视角》，《学习与实践》2012 年第 8 期。
② 刘超：《强镇扩权》：理论逻辑与实践困境——兼谈中心镇治理模式创新》，《云南社会科学》2013 年第 6 期。

方转移支付暂行办法》①。次年 7 月，财政部又正式下发了《农村税费改革中央对地方转移支付办法》②。这个办法规定农村税费改革转移支付的计算公式为：

$$某地区转移支付额 = 乡镇转移支付 + 村级转移支付$$
$$+ 教育集资转移支付$$

其中，

乡镇转移支付 =（该地区乡村两级办学经费 + 该地区计划生育经费 + 该地区优抚经费 + 该地区乡村道路修建经费 + 该地区民兵训练费 + 其他统筹支出 + 该地区屠宰税减收 + 该地区农业特产税政策性减收 – 该地区农业税增收）× 该地区转移支付系数③。

当初之所以实行这项转移支付，是为了弥补农村税费改革免征或减征农业税费导致乡镇财政收入的缺失，确保农民负担不反弹。自从国家取消农业税以后，这一因农村税费改革而设置的专项转移支付便成为如今乡镇财政的一种常规性转移支付。

20 世纪 90 年代中后期，农民负担逐年急剧增长，这在一定程度上说明，现有的农村税费收入根本无法满足农村基本公共建设

① 《财政部关于印发〈农村税费改革中央对地方转移支付暂行办法〉的通知》（财预［2002］468 号），2002 年 7 月 26 日。

② 《财政部关于印发〈农村税费改革中央对地方转移支付办法〉的通知》（财预［2003］355 号），2002 年 7 月 17 日。

③ 转移支付系数是指中央财政对农村税费改革转移支付的补助程度。各地的转移支付系数，根据农村税费改革前各地财力对农村税费的依赖程度、人均粮食贡献程度、财政困难程度以及中央补助总规模计算确定。其中，各地财力对农村税费的依赖程度根据其农业税、农业特产税、屠宰税和乡镇统筹（以下简称农业税等四项收入）占其财力比重计算确定；各地财政困难程度参照其人员经费和基本公用经费占其财力的比重计算确定；各地区人均粮食贡献程度根据其人均常年粮食产量占全国人均常年粮食产量的比值计算确定。民族省区的转移支付系数在按统一办法计算确定的转移支付系数基础上增加 0.05。转移支付系数的计算公式为：某地区转移支付系数 =（该地区农业税等四项收入占其财力比重 ÷ 全国平均农业税等四项收入占地方财力比重 × 权重 + 该地区人员经费和基本公用经费占其地方财力比重 ÷ 全国平均人员经费和基本公用经费占地方财力比重 × 权重 + 该地区人均常年粮食产量占全国人均常年粮食产量的比重 × 权重）× 中央财政负担系数。

的需求。显而易见，中央和地方政府给予乡镇政府的转移支付只能有限弥补因为农村税费改革而造成的收入缺口，大量的乡镇政府仍然处于入不敷出的困境之中。当国家通过农村税费改革斩断农村基层政府向农民伸出的"掠夺之手"后，乡镇政府的突围之路就是对外"招商引资"和向上"跑项目"，即充分利用各种途径和方式向上级政府申请资金。尽管这些项目资金都是专项财政拨款，但是，对于一个"饥不择食"的乡镇政府来说，这些要来的资金会通过各种方式被变通使用，成为乡镇的"预算外"财政。①

1. 乡镇财政"虚空"

在 20 世纪 90 年代有一项极为重要的财政体制改革，即从"分灶吃饭"的分级包干财政体制进一步迈向"分税制"，这项财政体制的变革在既有的支配性府际关系中最后导致这样一个后果：一方面是自下而上逐层抽取财税资源，另一方面是自上而下逐级下移事权（即"甩包袱"）。表 1-2 的数据大致可以说明这一问题，即财政收入越来越多地集中到高层政府，支出却呈现相反的趋势。

表 1-2　各级政府的财政收支所占比重的变化趋势

单位：%

	1993 年	1998 年	2004 年
（1）收入：#中央	22	49.5	54.9
省级	13	10.5	11.2
省级市级	34	19.7	16.6
省级县级	19	11.5	12.0
省级乡级	13	8.8	5.2
（2）支出：#中央	34	28.9	27.7
省级省级	11	18.8	18.7
省级市级	29	24.1	22.2

---

① 曾明：《农业税费取消后乡镇政府财政转移支付过程——基于江西省 C 乡的调查研究》，《公共行政评论》2008 年第 5 期。

	1993 年	1998 年	2004 年
省级县级	16	19.9	25.2
省级乡级	11	8.3	6.1

资料来源：Christine Wong（1997），*Financing Local Government in the People's Republic of China*. Hong Kong：Oxford University Press；World Bank（2002），*China：National Development and Sub-national Finance——A Review of Provincial Expenditures*. Report No. 22951 - CHA，World Bank，Washington，DC；财政部国库司、预算司编《地方财政统计资料（2004）》，转引自黄佩华《中国能用渐进方式改革公共部门吗?》，《社会学研究》2009年第 2 期。

　　处于最低层级的乡镇政府在这一财政分税体制中处于最弱势的地位。随着农业税的取消，乡镇财政的日子更加艰难。总体而言，乡镇财政普遍负债严重。根据国家农调队测算，全国乡级每年需要3700 亿元才能维持合法生存，如果按支出的 70% 计算，也要支出2590 亿元；而总来源只有 750 亿元，收支相抵每年相差 1840 亿元。[①]在财力水平相对薄弱的中西部典型的农业地区，乡镇财政困难和短缺更加严重。根据财政部的统计，2003 年全国财力缺口的县乡中部地区占 45%，西部地区占 39%。[②]从 2008 年 4 月中国科学院农业政策研究中心组织的对全国 5 个省（江苏、四川、陕西、河北、吉林）25 个县 50 个乡镇的调研数据可知，截至 2007 年年底，每个乡镇仍平均负债 902.2 万元，负债面高达 96%。[③]2014 年，国家审计署报告显示，全国有 3465 个乡镇政府负有偿还责任债务的债务率高于 100%，全国乡镇政府负偿还责任、担保责任或救助责任的债务分别达 3070.12 亿元、116.02 亿元和 461.15 亿元。[④]本书

① 卢叶：《解决县乡财政困难的根本在于打破城乡分治》，《中国经济时报》2005年 2 月 8 日。

② 刘尚希、傅志华主编：《缓解县乡财政困难的路径选择》，中国财政经济出版社，2006。

③ 陈彩虹、陈东平：《乡镇债务对乡镇财政支出结构的影响——基于债务用途的视角》，《农业经济问题》2012 年第 5 期。

④ 《三千余乡镇政府债务率超 100% 政府欠条成流通货币》，新华网，2014 年 8 月19 日，http://news.xinhuanet.com/fortune/2014 - 08/19/c_126887302.htm。

调研组在 2014 年 7~8 月对 14 个省 80 个乡镇进行问卷调查，结果显示，35 个乡镇存在不同程度的负债现象。其中，5 个乡镇是 2006 年之前负债的，10 个乡镇是 2006 年之后负债的，16 个乡镇在 2006 年前后均负有债务。

随着乡镇财政收入的减少，乡镇财政的机构设置也逐步"虚拟化"。以四川省为例，2010 年年底，全省乡镇数为 4423 个，有财政所的乡镇 4041 个。其中，单独设置财政所的乡镇 1356 个，占 33.56%；保留财政所牌子的乡镇 2685 个，占 66.44%。据调查，筠连县 18 个乡镇，2007 年农村综合改革后只保留了县城所在地筠连镇财政所，其余 17 个财政所全部被撤销，只在乡镇经发办挂财政所牌子。达州市大竹县全部 50 个乡镇财政所都只保留了一块牌子。这就是说，全省 2/3 的乡镇财政机构名不副实，在经济相对落后地区，这一问题更为突出，"虚拟化"状况相当严重。同时，对乡镇财政机构的管理模式不统一，主要有县级财政派出机构、县乡"双重管理"、乡镇直属机构三种类型，不利于乡镇财政机构规范化建设。[①]

2. 乡镇财政不规范

随着国家加大对"三农"的支持力度，国家财政下发到各乡镇的涉农补助资金越来越多，但在我国现存行政体制下，这部分涉农资金分属财政、民政、农业、林业、教育、计生等多个部门，条块分割，多头管理。虽然县级财政部门在各乡镇统一设立了专项资金账户，实行统一监管，但由于部门利益的驱使，大量的涉农项目资金仍归县级部门管理。县级财政对此监督流于形式，乡镇财政无法实施有效监督。

目前，经由乡镇财政直接核发或监管的国家政策性补贴项目包括：一、增加收入类，粮食直接补贴、农资综合补贴、退耕林还草补贴。二、生产发展类，良种补贴、政策性农业保险财政补

---

① 四川省财政厅课题组：《新时期乡镇财政建设研究——以四川省为例》，《财政研究》2012 年第 2 期。

贴、现代农业生产发展资金、农民专业合作组织补助、测土配方施肥补助、粮棉油高产创建示范补助。三、流通领域类，家电下乡补贴、汽车摩托车下乡补贴、农机购置补贴。四、社会保障类，新型农村社会养老保险资金、新型农村合作医疗资金、农村居民最低生活保障资金、农村五保户供养资金、城乡医疗救助资金、农村社会优抚资金、自然灾害生活救助资金。五、社会事业类，农村计划生育奖励扶助资金、独生子女父母奖励金、农村计划生育免费技术服务资金、乡镇综合文化站建设资金、农村劳动力转移培训阳光工程资金、新型农民科技培训政策资金、乡镇卫生院招聘执业医师补助资金。六、基础设施类，农村危房改造补助、小型农田水利补助、病险水库出险加固补助。随着国家财政实力增强，统筹城乡发展和社会主义新农村建设步伐加快，对"三农"的扶持力度不断加大，各种政策性补贴补助资金大幅增长。2005年，四川省各种涉农政策性补贴资金约347.14亿元，2010年达到1406.28亿元，5年增长4.05倍，年均增长60.02%。① 2007年，河南省涉农资金支出400多亿元，远高于全省乡镇收入。但具体落实惠农政策的任务繁杂。据调查，河南省扶沟县韭园镇2008年发放16类33项补贴，6.5万户次的信息录入、审核、通知书印制等工作，需要全所人员满负荷工作三个多月。②

另外，各地在推行"乡财县管""村财乡理"方面改革步调和力度不一，乡镇财政财务监管乏力。主要表现为两个"不到位"，一是"乡财县管"改革不到位。各种规章制度不能得到严格执行，财政监督形同虚设。有些县乡理财意识不强，除统发工资外，大多资金支出申请未经乡财县管办公室审批，运行程序和规章制度与实际操作"两张皮"。二是乡镇财务监管不到位，监管存在漏洞。乡镇财政所仅对上级拨付的村级经费进行有效监督，但对乡

---

① 四川省财政厅课题组：《新时期乡镇财政建设研究——以四川省为例》，《财政研究》2012年第2期。

② 时文彦：《充实和转变职能强化乡镇财政管理的探讨》，《财政研究》2010年第2期。

镇政府、乡属各单位的经费缺乏有效的内部审计和监督，乡镇经费支出较为混乱，支出随意性强，计划性差。[①]

3. 乡镇经济开发与招商引资

乡镇财政困难加上现有的 GDP 考核机制，导致其走向"开发"的道路。"搞开发实质就是卖土地，招商引资也是要别人来圈土地"，[②] 湖北省某镇长说。

随着土地价值的升高，乡镇政府与其他地方政府一样，纷纷热衷于土地财政。为了提高土地财政收入，不惜与民争利，从而引发了各种农村的征地矛盾，甚至导致了大量的群体性事件。另一方面，很多乡镇纷纷开建工业园区，"筑巢引凤"，招商引资。

招商引资是 GDP 时代一项重要的政府职能。如地处苏北的某县在 2005 年的政府工作报告中提出："提出招商引资是经济欠发达地区富民强县的唯一抓手，超常规发展的关键在招商引资，而招商要靠干部带头。"该县县委书记在此前不久召开的全县干部大会上表示："各级干部特别是一把手，要把招商引资作为第一政绩、第一责任、第一大事，带头招商、带领招商、带动招商，使本职工作业余化、招商引资主题化。"为加大招商引资的力度，各县都向乡镇下达了巨额的招商引资任务，并制定了近乎苛刻的考核办法。[③] 当乡镇政府耗费大量的精力在招商引资时，也就不太可能有太多精力和动力去提供乡村公共服务。

4. 乡镇财政体制创新

前文描述的是当前乡镇财政的普遍状况，还有个别地方在某些方面对乡镇财政体制进行了大胆创新探索，其中包括。

一、参与式预算。参与式预算是公民直接参与决策的治理形

---

① 时文彦：《充实和转变职能强化乡镇财政管理的探讨》，《财政研究》2010 年第 2 期。

② 吴毅：《小镇喧嚣——一个乡镇政治运作的演绎与阐释》，生活·读书·新知三联书店，2007。

③ 郁大海：《免征农业税后乡镇政府职能缺失的现状及成因——基于苏北 HA 市招商引资热引发的调查》，《调研世界》2007 年第 8 期。

式。2005 年，浙江省温岭市新河镇开始实施参与式预算改革，为加强乡镇财政的监督和透明提供了新鲜的经验。2005 年 7 月 27 日，新河镇召开第十四届人民代表大会第五次会议，并第一次借助民主恳谈平台讨论镇财政预算。会议期间，新河镇 90 名镇人大代表直接参与了政府的财政预算编制，193 名群众自发前来参加旁听，旁听代表主要是各个村的村干部、镇行业协会、企业负责人和部分村民。镇人大代表和到会的群众就镇政府的预算方案与镇政府进行了对话，并提出缩减行政管理费开支、增加教育投入等 18 个问题。恳谈会结束后，政府与人大主席团、人大财政审查小组召开联席会议讨论人大代表提出的问题，调整了包括缩减 25 万元行政管理费在内的 9 个项目，增减的资金合计 237 万元。镇政府据此修改了财政预算，并在第二天的人大代表全体会议上获得通过。民主恳谈式的参与式预算由此产生。①

二、以钱养事。2003 年 11 月，中共湖北省委在总结"咸安经验"的基础上，结合全省的实际，制定出台了《关于推行乡镇综合配套改革的意见》（〔2003〕17 号）。该文件对传统的农村公益服务的方式方法提出了十分明确的要求——坚持市场取向、开拓创新的原则，遵循市场规律，引入竞争机制，办好社会事业，变"养人"为"养事"。所谓以钱养事，主要是指政府根据职能转换的要求和可用财力的许可，由乡镇和县级业务主管部门共同确定本地每年需要完成的农村公益性服务项目，连同具体的服务时间、服务质量、服务价格、考核结算的要求，面向社会公开招标。凡是具有规定资质的企事业单位、社会中介服务组织和个人，都可以通过公开、公平、公正的竞争参与政府的公益服务活动。这种履行公益服务责任的新方式方法被形象地称为"花钱买服务，养事不养人"。②

---

① 陈家刚、陈奕敏：《地方治理中的参与式预算——关于浙江温岭市新河镇改革的案例研究》，《公共管理学报》2007 年第 3 期。
② 宋亚平：《政府化与市场化：农村公共服务供给机制变革——湖北省"以钱养事"改革的回顾与评价》，《华中师范大学学报（人文社会科学版）》2011 年第 3 期。

二　村级财务治理机制的变迁及现状

农村税费改革完成后，以农业税为主要支撑的农业财政时代基本终结，中国进入了主要由工商业为支撑的公共财政时代，[①] 乡镇与行政村的关系也随之发生了重大改变。乡镇财政收入不再依赖向所属行政村征收税费，村干部的工资也不再由税费和提留支付。相反，国家对"三农"的各类公共建设与服务项目，主要由乡镇政府提供给行政村，村干部工资由农村税费改革的村级转移支付来保障。伴随着这一进程，村级财务治理机制也发生了重要变革，并对农村建设、发展和治理产生了一定影响。

（一）村级财务治理机制的变迁

中国农村村级财务治理机制主要有：民主理财、村务公开（包括村财公开）、"一事一议"和"村财乡管"。其中，民主理财与村务公开是中国农村在推行村民自治过程中的一项制度创新，并逐渐成为村民自治制度的重要组成部分，伴随着村民自治制度的推进而不断发展；[②] 而"一事一议"和"村财乡管"，则主要是在农村税费改革过程中渐次提出并在全国推广的。

---

① 徐勇：《现代国家建构与农业财政的终结》，《华南师范大学学报（社会科学版）》2006 年第 2 期。

② 早在 1989 年 5 月，河北省藁城县就在全县推行"八公开、一参与、一监督"的村务公开制度。1990 年 12 月 13 日，中共中央关于批转《全国村级组织建设工作座谈会纪要》的通知（中发［1990］19 号）提出，要"增加村务公开的程序，接受村民对村民委员会的监督"。1994 年 12 月 8 日，民政部发布的《全国农村村民自治示范活动指导纲要（试行）》把"建立村务公开制度和村民监督机制，实行民主监督"作为"村民自治示范活动的目标和任务"提出来。从 1996 年 1 月起，河北在全省推广赵县"六公开"经验。1997 年 2 月，海南省发文要求在全省进一步推行村务公开、民主管理的制度。1998 年 4 月 18 日，中共中央办公厅、国务院办公厅联合发出《关于在农村普遍实行村务公开和民主管理制度的通知》。从此，村务公开制度在全国推行开来。参阅吴理财《试论中国农村村务公开制度》，《江淮论坛》1999 年第 6 期。

1. 民主理财机制与财务公开机制

早在 2000 年农村税费改革正式启动以前，民主理财与财务公开便作为村民自治的重要内容，成为村级治理的着力点。民主理财主要突出村级组织的自治性地位与村民民主权利，其主要内容包括落实建立村级理财组织、召开民主理财会议、审批村级重大支出、监督和检查村级财务制度的实施情况。财务公开也是与民主理财紧密相联系的一种机制，主要是从程序上防范村干部乱用职权，规避财务风险，其主要内容包括村级组织按时公布村级财务账目，并接受理财小组和村民的质询。1996 年 3 月，财政部发布了《农村合作经济组织财务制度（试行）》，规定村合作经济组织的财务管理要坚持民主理财的原则，要按月或按季公布收支明细及有关账目，年终进行财务检查和清理，公布全年财务收支账目。同时，村合作经济组织要建立由群众选举产生的代表和有关村干部参加的民主理财组织。民主理财组织要定期召开理财会议，认真听取和反映全体成员的意见和建议，并监督、检查财务制度的实施情况。继财政部发布《农村合作经济组织财务制度（试行）》之后，1997 年 12 月，农业部和监察部发布了《农村集体经济组织财务公开暂行规定》，不仅进一步要求村集体经济组织实行财务公开制度，定期如实地向全体村民公布财务情况及有关账目，由村民大会或村民代表大会选举产生的民主理财小组对财务公开活动进行监督，还明确了村集体经济组织成员权利和民主理财小组监督权利的具体内容。①

2006 年全面免除农业税后，各级政府进一步出台文件强调了民主理财和财务公开作为村级财务治理机制的重要性。2006 年 9

---

① 《农村集体经济组织财务公开暂行规定》明确规定村集体经济组织成员享有如下权利：对所公布的财务账目提出质疑；委托民主理财小组查阅审核有关财务账目；要求有关当事人对有关财务问题进行解释或解答；逐级反映财务公开中存在的问题，提出意见和建议。同时，明确规定民主理财小组享有如下监督权：对财务公开情况进行检查和监督；代表群众查阅审核有关财务账目，反映有关财务问题；对财务公开中发现的问题提出处理建议；向上一级部门反映财务管理中的问题。

月 22 日，中共中央纪委、监察部、财政部、农业部联合下发《关于进一步规范乡村财务管理工作的通知》（中纪发［2006］24号），同时出台了由财政部制定的《关于进一步加强和规范乡镇财政财务管理工作的暂行办法》和农业部制定的《关于进一步加强和规范村级财务管理工作的暂行办法》。其中，农业部《关于进一步加强和规范村级财务管理工作的暂行办法》明确提出，村集体经济组织要建立和完善规范的财务管理制度，主要包括：民主管理和财务公开制度、现金银行存款管理制度、债权债务管理制度、资产台账制度、票据管理制度、会计档案管理制度、村干部任期届满经济责任和离任审计制度、"一事一议"筹资筹劳制度、土地补偿费监督管理制度等。同时，该《暂行办法》还明确提出要建立主要包括货币资金内部控制制度、销售和收款业务内部控制制度、采购和付款业务内部控制制度、存货内部控制制度、对外投资业务内部控制制度、固定资产内部控制制度、借款业务内部控制制度等在内的村级组织内部财务控制制度和财产清查制度。

2. "一事一议"及"一事一议"财政奖补机制

"一事一议"财政奖补机制是在"一事一议"筹资筹劳机制（简称"一事一议"）的基础上发展而来的。在农村税费改革中，由于取消了村提留、乡统筹和"两工"，村级公益事业建设所需资金和劳务，实行村民"一事一议"筹资筹劳加以解决。实际上，这一机制仍然延续着既有的农村公益事业建设由农民自办的原则——"涉及农业生产和农民生存环境方面的公共产品提供，依然是以农民'自给自足'为主，农民并未从实质上摆脱农村公共产品供给主体的责任"——从而，"维持历史形成的城市与农村不同的公共产品供给体制"[①]。然而，在实践中由于村民集体意识的瓦解、"搭便车"行为以及村民外出务工等原因，"一事一议"机制往往难以实施，各地的实践效果不如人意。后来，国家将财政

---

① 叶子荣、刘鸿渊：《农村公共产品供给制度：历史、现状与重构》，《学术研究》2005 年第 1 期。

对"三农"的投入与"一事一议"机制相结合，逐步探索形成"一事一议"财政奖补机制——国家对农村的财政投入根据村集体举办公共事务的"一事一议"情况进行财政奖补。

在个别地区试点的基础上，2008 年 2 月 1 日，国务院农村综合改革工作小组、财政部、农业部三部门联合发布《关于开展村级公益事业建设一事一议财政奖补试点工作的通知》（国农改〔2008〕2 号），认为"开展"一事一议"财政奖补是加强农业基础建设，统筹城乡发展，促进城乡公共服务均等化的重要举措，是深化农村综合改革的一项重大制度创新，有利于激发村民参与"一事一议"筹资筹劳的热情，引导和鼓励村民出资出劳，调动农民参与公益事业建设的主动性，促进社会主义新农村建设；有利于调动基层干部和群众的民主议事积极性，运用民主方式解决涉及农民切身利益的问题，并不断完善民主议事机制，推进农村基层民主政治建设；有利于形成村级公益事业建设多渠道投入的新机制，让农民切身感受到党和政府的关怀，促进城乡协调发展，构建社会主义和谐社会"。这个通知确定，"2008 年，中央选择黑龙江、河北、云南三个省在全省范围开展'一事一议'财政奖补试点"。2009 年 5 月 21 日，三部门又联合发布《关于扩大村级公益事业建设一事一议财政奖补试点的通知》（国农改〔2009〕3 号），将省级试点范围扩大到江苏、内蒙古、湖南、安徽、贵州、重庆、宁夏 7 个省份，同时选择湖北、广西、甘肃、福建、山西、陕西、江西 7 个省份在局部扩大试点。2010 年 3 月 1 日，三部门再次联手发布《关于做好 2010 年扩大村级公益事业建设一事一议财政奖补试点工作的通知》（国农改〔2010〕1 号）。该通知提出：试点省份从现有的 10 个增加到 21 个。另外，新疆、海南、河南、吉林、青海、西藏 6 个省份进行局部试点。随后，国务院农村综合改革小组办公室、财政部又先后出台《村级公益事业建设一事一议财政奖补项目管理暂行办法》（财农改〔2011〕3 号）、《村级公益事业建设一事一议财政奖补资金管理办法》（财预〔2011〕561 号）和《关于规范村民一事一议筹资筹劳操作程序的意见》（农经发［2012］1 号），对"一事一议"财政奖补的具体机制做了进一步规范。

3. "村财乡管"制度

"村财乡管"制度作为一项村级财务治理机制，在农村税费改革前后具有不同的实践意义。在农村税费改革之前，个别地方早在 20 世纪 90 年代中期就开始实行"村财乡管"制度，表面上是为了规范村级财务管理，实质上大多是乡镇政府控制或干预村级组织的一种手段而已，以致许多人认为它有悖于村民自治精神。①但是，在农村税费改革中，一些地方基于管控村干部乱收费、防止农民负担反弹以及规范村级财务管理的原因，该制度得到了大力推广。在字面上为了避免与村民自治相矛盾，在国家政策文本中一般称之为"村级会计委托代理服务"。2006 年 10 月 8 日，《国务院关于做好农村综合改革工作有关问题的通知》（国发［2006］34 号）提出把"加强村级财务管理，规范村级会计代理制等管理办法，促进村级财务监管工作经常化、规范化和制度化"作为创新农民负担监督管理机制的途径之一。同年 11 月 13 日，《中共中央办公厅、国务院办公厅关于加强农村基层党风廉政建设的意见》（中办发［2006］32 号）出台，提出"在尊重农民群众意愿和民主权利的基础上，推行村级会计委托代理服务制度，有条件的地区可探索引入社会中介机构为村级财务管理服务"。各省级政府也相应出台文件，规范和推广村级会计委托代理服务制度。例如，湖北省财政厅就于 2007 年 4 月 10 日下发了《关于进一步规范全省村级会计委托代理服务工作的意见》。2008 年 7 月 25 日，财政部发布《关于开展村级会计委托代理服务工作的指导意见》（财会［2008］8 号），指出"近年来，许多地方……出现了村级会计委托代理服务等一些新的有益做法，受到了广大农民群众的一致欢

---

① 詹成付：《推行"村财乡管"要慎重》，《乡镇论坛》1998 年第 1 期；丁义堂：《"村财乡管"有悖法律》，《中国民政》1998 年第 10 期；朱明桂、郭京华、张星：《"村财乡管"有悖国家法律》，《中国民政》1999 年第 10 期；于晓雨：《"村财乡（镇）管"不可取》，《中国改革（农村版）》2002 年第 4 期。

迎"。该《意见》规定："实行村级财务与村级资金的'双委托'管理，即各代理服务机构在接受委托后，各行政村不再设会计和出纳，只配备专职或兼职的报账员，其资金……进行统一管理，规范会计基础工作，实现'五个统一'，即统一资金账户、统一报账时间（段）、统一报账程序、统一会计核算、统一档案管理。"2010 年 2 月 8 日，中央纪委、财政部、农业部、民政部印发了《关于进一步加强村级会计委托代理服务工作指导意见的通知》。该《通知》认为，"村级会计委托代理服务是农村基层实践工作的创新，是管理农村财务、强化会计监督的有效模式"。

需要指出的是，民主理财和财务公开是与村民自治制度具有内源一致性的财务治理机制。由于村民自治是一项法律有明文规定的农村基层治理制度，因此民主理财与财务公开在制度文本层面是一项全国性制度安排。然而，以村级会计委托代理服务为主要形式的"村财乡管"则不一样，由于它必须建立在"尊重农民群众意愿和民主权利的基础上"，即不违背村民自治基本精神的前提下推行，故"村财乡管"制度并没有在全国范围内得到普遍实施。在一些经济比较发达的沿海地区，比如广东、浙江的一些农村，由于村集体经济实力较强，并未实施"村财乡管"制度。

（二）村级财务治理机制的运行

1. 民主理财机制和财务公开机制的运行

民主理财是村民治理的一种运行机制。其基本的运作过程是：由村民大会或者村民代表大会选举或推选合适的村民组成村理财小组，由村理财小组代表村民监督和审查村委会集体资产管理、财务决策、公务消费等财务行为。财务公开同样也是村民自治的一种运行机制。其基本内容是要求村级组织按时公布村级财务账目，并接受理财小组和村民的质询。事实上，民主理财和财务公开是两项紧密联系的治理机制，在村级财务治理中相互支撑。二者的主要区别在于，民主理财侧重村民决策权的行使，而财务公开侧重村民知情权和监督权的行使。

　　民主理财和财务公开作为全国性普遍制度，在各地的具体实践中往往有不同的形式。例如，浙江省某镇民主理财机制和财务公开机制的运作过程是：

　　一、建立民主理财小组。每村由村民代表会议推选 3 名有相关知识和能力的村民组成民主理财小组，设组长 1 名，民主理财小组成员产生后向全体村民公示，其工作情况接受村民群众的监督。民主理财小组作为村级财务监督的常设机构对村级集体经济的管理活动实施监督，每月对村级财务情况进行审查，监督村级财务管理是否严格按照相关管理制度实施，只有通过民主理财小组审查的财务账目和票据，才能向乡镇财务代理中心报账、记账。

　　二、明确干部过错责任追究。村民委员会和村集体经济合作社管委会全体成员均须分别做出公开承诺，对因违规决策、管理、审批给集体经济造成损失的，承担相应的赔偿责任，并签订承诺书。承诺内容通过村民代表会议和村务公开栏等向村民群众公开，接受村民群众监督。村干部在村务管理中因违规决策、管理、审批给集体经济造成损失的，要承担相应的赔偿、返还责任。如果村干部的违约行为造成集体经济损失又拒不赔偿，民主理财组长可代表村集体向人民法院提起诉讼，追究其民事赔偿责任。①

　　尽管民主理财制度和财务公开制度主要由各级政府为巩固税费改革成果，以制度嵌入的方式推行，但其运行逻辑仍然与村民自治这一基本制度高度一致。民主理财机制和财务公开机制的实施，不仅对村级财务治理，也对村民治理产生一定的影响。

　　从积极的一面来说，民主理财和财务公开为村民行使民主决策权、知情权和监督权提供了制度保障，也在一定程度上促进了村民公民权利意识的觉醒，并制约了村干部对村集体资产的贪污和滥用行为。例如，广东省梅州市蕉岭县芳心村在村民自治、民主理财和财务公开的制度平台上，创新性地建立了"村务监事会"

---

　　① 卢福营：《民主自治导向下的村级财务监督制度创新——对浙江省 H 镇村级财务监督制度改革的调查与分析》，《学习与探索》2006 年第 4 期。

制度。2008 年年初，由于搬迁新址，芳心村委会决定将老村部出售。当时村委会主任谢建祥的几个朋友找到他协商，想用 13 万元买下，同时芳心村所属的三圳镇的司法所也希望以 10 万元买下该村老村部用做办公场地。但是，监事会不同意由村委会私下卖掉村部，提出要公开审议。后来，村监事会召集村民代表开会，听取村委会的各种处理方案，村民代表一致商定招标拍卖。最终，老村部由外村一位老板拍得，成交价达 17 万元。① 在该案例中，村务监事会行使与民主理财小组类似的职能。村务监事会成功地维护村集体资产处置利益，既是村民权利意识觉醒的体现，也与民主理财制度和财务公开制度为维权行为创造制度平台相关。不可否认，蕉岭芳心村案例只是一个典型的案例，并不能证明民主理财机制和财务公开机制在全国范围的成功，但它至少反映了这一新治理机制的出现为村民维权创造了行动的空间与成功的机会。

当然，民主理财治理机制和财务公开机制并未全然得到有效运行并产生积极影响。一般来说，民主理财机制和财务公开机制要有效运行必须具备两个基本条件：一是村民自治制度能与村庄传统结合。二是在流动性日益增强，个体化成为普遍趋势的农村社会，农民能在公共精神的感召下克服集体行动的困境，积极参与村庄事务。事实上，由于不具备上述社会基础，大量的观察和研究表明民主理财制度和财务公开制度在很多地方流于形式。本书课题组 2014 年 7～8 月对江苏、山东、广东、福建、湖北、安徽、河南、湖南、江西、山西、广西、贵州、内蒙古、四川、宁夏 15 个省（自治区）102 个县（市、区）121 个村调查发现，财务支出由民主理财小组决定的只占 68.4%，仍有 31.6% 的村的财务支出主要由村支书和村主任决定。一项对湖北省某镇的问卷调查显示，多数村的财务公开属于不定期公开，公开财务信息时会

---

① 姚忆江：《监事会：村庄"纪委"防止村官腐败——广东蕉岭"草根式"权力平衡样本观察》，新浪网，2010 年 2 月 24 日，http://www.infzm.com/content/41853。

出现公开内容与实际不符合及关键内容不公开的情况。① 制度没有执行而流于形式的局面会影响村民对制度的信任，不仅对当前的村民自治实践产生负面影响，还会由于记忆累计而对未来村民自治的发展产生消极影响。

2. "一事一议"机制的运行

农村税费改革以后，村级财务状况发生了重要改变。一是在收入上，由于各项提留和统筹经费的取消，村级组织自身收入减少，而由新农村建设带来的各项政府财政补助明显增加，并成为村级财务的主要收入来源。二是在支出上，村干部的工资纳入国家财政支出范围，不再由村级组织自行支付。三是在村级公共建设投入上，实现了以村民自办为主向政府公办为主的转变。政府投入村级公共建设主要有专项项目建设形式和"一事一议财政奖补政策"两种类型。具体来说，专项项目建设是由政府确定项目，资金由政府全额拨款提供。国家和地方政府对村级建设的专项项目种类繁多，各部委几乎都有此类项目。以文化部门的项目为例，就有"农家书屋"工程、"广播电视村村通"等项目资助。这些项目一般不要求村级组织投入资金，但往往会要求地方政府相应配套部分资金，具体的配套比例又因项目而异。

"一事一议"财政奖补型投入区别于专项项目建设最大的特点是，农民在国家政策范围内选择建设项目，并先行通过"一事一议"筹资筹劳启动部分建设或完成全部建设，政府再根据规定给予财政补贴。国家政策规定的项目范围包括村内道路、农田水利、村容村貌改造以及村民通过民主程序议定需要兴办且符合本地区有关规定的其他公益事业建设项目。"一事一议"财政奖补型投入的实质是对农村社区公益事业建设实行"民办公助"②。

---

① 谈多娇、叶松：《我国村级财务现状、问题及对策——基于湖北省 X 市 D 镇的问卷调查》，《财政监督》2013 年第 14 期。

② 项继权、李晓鹏：《"一事一议财政奖补"：我国农村公共物品供给的新机制》，《江苏行政学院学报》2014 年第 2 期。

3. "村财乡管"治理机制的运行

在此背景下,"村财乡管"作为一项村级财务治理机制,旨在促进村级财务监管工作经常化、规范化和制度化,规范农村会计处理,控制村级债务增长,提高农村公共建设投入资金使用效率。尽管"村财乡管"曾经受到批判,被质疑有悖法律,但毋庸置疑的是,"村财乡管"已经成为当前中国农村村级财务的主要管理制度。

这一制度的运行对村级财务运行产生的影响具有双重性。一方面,在"村财乡管"机制下,村级资金管理和财务会计集中由乡镇农经所代理管理,既能保障村委会各项资金的所有权、使用权、审批权和收益权,又能通过专业化会计行为和资金的统一管理加强对村级资金的监管,在一定程度上规范了村级财务管理。但另一方面,"村财乡管"使乡镇对村级财务的控制进一步加强,村级组织在财务层面进一步"行政化",成为乡镇政府权力在村庄的延伸。

"村财乡管"机制在实际运行中也暴露出诸多问题。例如,有学者发现在代理机构方面存在代理机构违规行使权力、代理机构监督不力、代理人员业务素质偏低、代理程序缺乏民主等问题。[1]一项对浙江某镇"村财乡管"机制落实的调查研究发现,一些干部在村务管理过程中违规决策,造成集体经济重大损失,引起村民群众的强烈不满。此外相当一部分村庄因财务运作不透明、村民无法参与财务管理活动,造成村民群众怀疑干部存在经济问题,以至引发连续的、群体性的上访事件。[2]还有研究发现,由于代理机构的会计业务审核基本由农经员单独完成,履行的仅是代理记账职能,审核内容更多侧重于凭证会计要素是否齐全,计算是否准确,而对村级财务的事前监督和事中监督基本没有发挥作用。[3]

① 杨丽娟:《村级会计委托代理工作中存在的问题与建议》,《财政监督》2010 年第 18 期。

② 卢福营:《民主自治导向下的村级财务监督制度创新——对浙江省 H 镇村级财务监督制度改革的调查与分析》,《学习与探索》2006 年第 4 期。

③ 潘自强:《村级财务治理机制的构建和完善——以浙江省为例》,《经济管理》2009 年第 6 期。

在实际中，这一制度在我国很多地方流于形式，并未达到规范和监管村级财务管理的目的。①

（三）村级财权自主性、民主治理与村庄公共品供给

为了具体考察村财乡管、民主理财、村务公开等跟村庄公共品之间的供给关系，本书课题组对 2014 年 7～8 月完成的农村问卷调查中的《村情表》数据进行了定量分析，② 得出初步结论：一是乡村关系对村庄公共品供给产生了一定的影响，但具体的影响作用是什么有待分析。二是中国村庄不同于一级基层地方政府，其财政自主性跟村庄公共品供给质量之间没有必然关联。三是村庄权力是否集中并不是影响村庄公共品供给质量的重要因素，关键是村级班子是否团结、有凝聚力。四是村级财务支出是否经过民主理财小组决定不会对村庄公共品供给质量产生线性作用，而实行村务公开则有利于改善村庄公共品供给质量。

然而，统计分析结果却揭示村民对村庄公共事务是否关心跟村庄公共品供给质量无关，或许大部分村庄公共品的改善更多地取决于国家的投入和相关政策的实施。分析发现，村庄公共品供给质量存在明显的城乡差异性。不可否认，中国村庄公共品供给

---

① 张坤、郭斌：《"村财乡管"的制度缺陷及其优化机制设计》，《农村经济》2014 年第 6 期。

② 本次调查，课题组委托华中师范大学、河南大学、曲阜师范大学等高校的学生在自己家乡实施问卷调查，要求每位同学完成 1 份《乡镇基本信息表》、1 份《村情表》和 10 份左右的《农民调查问卷》。这些调查问卷由华中师范大学政治学研究院地方政府学专业 2013 级、2014 级研究生录入。
本次问卷调查共收回《乡镇基本信息表》80 份、《村情表》121 份和《农民调查问卷》1591 份，涉及江苏、山东、广东、福建、湖北、安徽、河南、湖南、江西、山西、广西、贵州、内蒙古、四川、宁夏 15 个省 102 个县（市、区）121 个村。为了使分析的样本更加均衡，我们在同一个县仅选取 1 个村进行分析，同时，删除了个别填写数据不够完整的村。经过处理后，我们仅保留了102 个村的样本数据。其中，东部地区样本数为 18 份（占 17.65%），中部地区样本数为 50 份（占 49.02%），西部地区样本数为 34 份（占 33.33%）。受人力和财力等客观条件的限制，本次问卷调查无法按照科学抽样的要求进行实施，因此调查样本的选择及其分布均存在一定的局限性。

更主要地受到长期形成的城乡二元结构的深刻影响。当前应该采取更加积极的政策措施，加快推进城乡社会经济的统筹发展，促进城乡公共品供给的均等化。①

三　创新基层财政体制积极促进城乡一体化

如前文所述，在农村税费改革之前，造成农民负担问题日益加重的一个直接原因是农村基本公共产品生产和供给由农民承担，乡镇政府和行政村通过向农民收取税费既要维持自身运转又要投入农村基本公共建设。单从农村税费制度上来看，当时的乡村社会似乎是"农民自治"的。很显然，将看问题的视野仅仅局限于农村基层是不够的。事实上，农民负担问题还跟一定历史时期实行的"城乡分治"体制相关联，国家通过农业税收、工农产品"剪刀差"等方式从农村社会汲取大量资源，将它投放到城市和工业建设上。

农村税费改革以后，随着"社会主义新农村建设""工业反哺农业、城市支持农村""城乡统筹发展""城乡基本公共服务均等化"等系列政策的实施，以及城乡之间人口和其他各种资源的快速流动，当下中国正在朝着城乡一体化迈进。这就要求，中国基层财政体制和运行机制作出相应的改革。

（一）建立城乡一体化公共财政体制

为了适应农村税费改革之后中国城乡社会一体化的需要，有关机构必须积极探索建立城乡一体化公共财政体制，无论是生活在城市还是农村的人民都能均等享受公共财政的"阳光雨露"。换言之，应当将城乡基本公共产品生产、公共服务供给和城乡人民的社会保障纳入统一的公共财政体系之中，确保城乡人民都能平等地分享改革"红利"和现代化建设的成果。只有如此，才能建

---

① 吴理财：《财政自主性、民主治理与村庄公共品供给》，《社会科学研究》2015年第 1 期。

立真正意义上的中国公共财政体制。公共性和普惠性才是公共财政的根本精神。因此，公共财政不但是一项财政制度设计，还是一项政治制度设计，其基本目标是保障所有公民的基本权利。以外，中国正在步入"城市支持农村、工业反哺农业"的关键历史时期，加快建立城乡一体化公共财政体制势在必行。

（二）建立城乡公共资源优化配置的民主决策机制

在推进城乡一体化发展和公共服务均等化过程中，有关机构还应积极探索建立健全城乡人民民主参与机制，促进城乡人民对公共资源配置的有序、有效参与，推动公共服务和民生建设项目与城乡人民基本需求的有效对接。

（三）进一步建立健全乡村民主理财制度

在乡镇一级，在总结完善参与式预算制度的基础上，有关机构仍需不断扩大民主参与、民主决策和民主监督，积极探索建立乡镇民主理财制度。

在村一级，要进一步完善民主理财、村务公开制度。积极探索建立包括村民小组、农村社区和行政村在内的立体式村民自治机制，确保广大村民多层次、多维度、多方面地参与到村庄公共事务管理中。

（四）建立农村公共财政投入资金整合机制

财政支农资金的整合主要是针对目前财政资金的管理使用相对分散的状态进行的一项制度创新，即把由不同渠道获得、由不同部门管理的支农资金进行深度整合，统筹使用，使原来分散的资金形成合力，发挥更大和最优效用。[1] 首先，修订完善现行农村公共财政投入管理制度。财政部门应当按照资金分配规范、使用

---

[1]　张力维：《河南省财政支农资金整合研究》，硕士学位论文，河南农业大学，2010。

范围明晰、管理监督严格、职责效能统一的要求，对现行农村公共财政投入管理制度进行修订，完善资金分配、使用、管理办法，各项管理制度要相互衔接，避免互相矛盾抵触和彼此交叉重叠，为支农资金整合提供制度支持。① 其次，理顺资金管理机构，归口统一管理。把同类项目的资金归口到一个机构统一管理，从根本上解决同类资金多个部门管理和一个项目的资金由一个部门或多个机构管理的局面。再次，建立农村公共财政投入整合协同机制。以县为基本单元，成立一个党政主要领导挂帅、农口部门一把手参加的高规格的协调工作机构，创新部门分工配合机制，形成统一协调互补的、"统分"结合的工作联系制度。② 最后，以公共财政撬动社会资本投入，引导社会资本投入当地公共服务。

（五）不断完善公共财政奖补机制

完善公共财政奖补机制需做到以下两点。一是进一步完善村级"一事一议"财政奖补机制。首先，通过新闻广播等多种渠道广泛宣传"一事一议"财政奖补政策，让更多的农民了解具体的政策优惠及申报程序。其次，适当简化"一事一议"流程。"一事一议"的初衷是为了促进村民自治的规范化运行，因此设置了很多具体的要求。然而，过多的流程有时在农村很难真正执行，同时也不利于农民完全了解这项优惠政策，因此在规范化操作的范围内应该适当简化程序。再次，修改筹资规则，拓宽筹资渠道。按照"一事一议"制度的相关规定，一年内每人筹资不得超过20元，每个劳动力一年筹劳不得超过3个工作日，显然这样的筹资规模根本无法满足村级公共品建设的资金需求。如果能采取筹资加捐资方式，或允许"代筹"，在完全自愿前提下，富裕者多筹（捐）、中等户标准筹、低收入户少筹或不筹，只要是在本村范围内村民筹资，也能按筹资额得到财政奖补，相信在一定程度上能

① 李玉萍：《整合财政支农资金的途径》，《现代农业》2010 年第 5 期。
② 杨颂国：《财政支农资金整合研究》，硕士学位论文，湖南大学，2006。

解决"议事易、筹资难"问题①。然后，提高筹资和奖补标准，增加投入资金总量。最后，建立多村联合申报机制。按现行政策，跨村和村以上范围的公益事业建设项目不属于一事一议奖补范畴，这样的规定不利于农村公益事业统筹发展。道路、水渠等几个村可以共同受益的项目，应在乡镇政府协调、受益村协商、群众自愿的基础上允许联合申报项目。②

二是将"一事一议"财政奖补机制进一步扩展到乡镇一级，积极探索建立乡镇公共财政奖补机制。对于那些能够充分调动乡镇范围内各种社会力量参与农村公共建设、建立了民主理财制度的乡镇政府，给予一定的公共财政奖补激励。

（六）加快农村基本公共服务标准化建设

自农村税费改革以来，各级政府逐年加大对"三农"的投入，农村基本公共服务水平得到了很大改善，例如新农村合作医疗保险全覆盖、公路"村村通"，"农家书屋"全覆盖等。但是，城乡基本公共服务的差距仍然很大，有必要通过加快城乡基本公共服务标准化建设促进农村基本公共服务财政投入水平的提高和农村基本公共服务水平的发展。首先，要制定城乡基本公共服务保障标准。明确哪些基本公共服务由政府提供以及提供的水平。其次，要建立各级政府间明确的责任分摊机制。要根据财政能力明确各项农村基本公共服务财政投入层级以及政府层级间的投入责任分摊。最后，要建立农村基本公共服务标准化实施机制。各级政府要建立部门协调、目标考核和第三方评价等实施机制。

---

① 陈杰：《一事一议财政奖补制度绩效及评价研究——以福建省为例》，《福建论坛：人文社会科学版》2013 年第 9 期。

② 孙仕林、班喜春、韩志东：《完善一事一议财政奖补政策的建议》，《中国财政》2010 年第 12 期。

第二章 新型农业社会化服务体系
发展及财政支持[*]

自21世纪以来,我国的农业发展出现了一系列新形势、新情况、新变化。为积极主动适应农业发展呈现出的新常态,我国提出构建新型农业社会化服务体系。新型农业社会化服务体系将大力推动家庭承包经营制度、双层经营体制的完善,推进农业现代化。新型农业社会化服务体系的构建既受到经济、环境等体系外部因素的制约,又受到制度、管理、服务主客体等体系内部因素的影响。因此,新型农业社会化服务体系的构建,要求我们把握影响构建新型农业社会化服务体系过程中的核心要素,克服各种制约因素,将劣势转化为优势,进而推动该体系的不断完善和发展。自20世纪80年代以来,我国农业公共服务机构的服务功能日益完善,新型服务主体和服务形式日益丰富。目前,我国的农业社会化服务形式呈现多样化,表现出公益性和经营性相结合、专项服务和综合服务相协调的特征,总体上已经基本形成以国家涉农部门和国有、民营的涉农企业为主导,以金融机构为依托,以农民自办的各类专业合作服务组织为补充,以主体多元化、层次多极化、功能齐全化、形式多样化的农业社会化服务体系。党的十七届三中全会《关于全面深化改革若干重大问题的决定》提出,要加快构建以公共服务机构为依

* 袁方成,华中师范大学中国农村综合改革协同创新研究中心教授、博士生导师,副主任,研究领域:地方与基层治理;杨灿,华中师范大学中国农村综合改革协同创新研究中心助理研究员,研究领域:地方与基层治理;刘开创,华中师范大学中国农村综合改革协同创新研究中心助理研究员,研究领域:新型城镇化与农民土地权益保障。

托、合作经济组织为基础、龙头企业为骨干、其他社会力量为补充的新型农业社会化服务体系。十八届三中全会提出"四化同步、五位一体"的新论断，为推进农业现代化和构建新型农业社会化服务体系赋予了新内涵、新方向，也提出了更高要求。

农业产业化的重要内容之一就是发展农业社会化服务。而构建新型农业社会化服务体系，对于农业生产的推进、农村经济的发展、农民收入的提高都将产生重要影响。[①] 从目前来看，我国农业发展的基础依然非常薄弱，农业与农村经济的发展严重滞后于工业的发展，并严重制约整个社会的经济发展。[②] 自二十世纪八十年代以后，中国逐步形成了相对健全的农业社会化服务制度，然而在其形成过程中仍然存在着一些问题阻碍着农业社会化服务制度的长远发展，如该制度尚不够完善、结构有待优化以及现有的服务体系与现代农业发展脱节等一系列问题。因此，我国要始终高度重视现代农业的发展和农村经济的全面发展。

新型农业经营体系的构建，应从体制机制创新、多元主体培育、服务领域拓展、服务内容丰富等方面着手，逐步形成公共性、市场化等不同类型服务模式有机结合、相互协调的新型农业社会化服务体系。[③] 本章对这一段时间内在农业社会化服务体系构建上获得的成果进行了整理和归纳，并对该体系结构建设过程中面临的矛盾以及机遇进行了总体评价，进一步分析并掌握了中国在现代农业社会化服务中的基本情况，并结合实际情况，提出了完善和优化农业社会化服务体系所需改进的措施。希望能够为国家相关部门对农业发展优惠政策的出台以及农业社会化服务体系的进一步完善提供帮助。

---

① 李俏、张波：《中国农业社会化的发展潜力与路径探微》，《中国农业大学学报（社会科学版）》2011 年第 2 期。

② 丁伟：《新形势下我国农业农村经济社会发展面临的问题及对策》，《武汉金融》2011 年第 7 期。

③ 李俏、王建华、张波等：《现代化进程中的农业社会化：衍生逻辑与推进对策》，《西北农林科技大学学报（社会科学版）》2013 年第 6 期。

一 改革开放以来农业社会化服务体系发展

改革开放以来，我国始终坚持把发展农业社会化服务作为进一步深化农村改革的重要内容之一。[①] 随着相关政策的不断健全和完善，我国农业社会化服务体系建设获得了一定的发展空间，取得了显著成效。20 世纪 80 年代，我国曾提出要"发展农业社会化服务，促进农村商品生产发展"，推进农村改革。进入 90 年代后，中央曾要求建立健全农业社会化服务体系。21 世纪以来，我国曾连续 10 个中央"一号文件"明确提出要求健全和完善农业社会化服务体系，十七届三中全会"构建新型农业社会化服务体系"的提出，标志着我国农业社会化服务开始进入了全新发展阶段。[②] 通过以上描述能够得出，农业社会化服务制度的构建需要根据时间和发展程度的不同做出适时调整，以进一步适应现代农业发展的需要。通过梳理不同时期我国农业社会化发展相关政策文件，能够为我们准确把握和应对新常态下农业社会化服务体系建设的内在逻辑和发展趋向。[③]

（一） 1978～1989 年："社会化服务"内涵拓展阶段

1978 年以后，我国农村普遍推行家庭联产承包责任制，人民公社逐步解体，生产力解放，商品生产发展，迫切需要为农业提供社会化服务，以进一步推动农村改革。在这种背景下，"社会化服务"在 1983 年中央"一号文件"中首次提出，并经历了长期的内涵不断拓展和丰富的过程（见表 2 - 1）。"社会化服务""社会

---

① 关锐捷：《共同破解农业社会化服务体系建设难题》，《农村经营管理》2012 年第 12 期。

② 关锐捷：《认真贯彻落实党的十八大精神 构建新型农业社会化服务体系》，人民网，2013 年 7 月 30 日，http://cpc.people.com.cn/n/2013/0730/c367371 - 22378094.html。

③ 高强孔、祥智：《我国农业社会化服务体系演进轨迹与政策匹配：1978～2013 年》，《改革》2013 年第 4 期。

服务""商品生产服务体系""生产服务社会化"等相关提法相继在 1984 年和 1986 年的中央"一号文件"中提出。① 2004 年中央"一号文件"提出，要在当前农业技术推广机构改革的基础上，加快推动农业社会化服务的发展。1983 年中央"一号文件"明确表明，在农业生产中，从事农业生产的劳动者对农业社会化服务的依赖性愈加明显；1984 年中央"一号文件"提出，为解决技术、资金、功效等层面供不应求的问题，要吸引和鼓励社会各方面力量积极参与构建完善的商品生产服务体。1985 年中央"一号文件"提出，"科研推广单位、农研院校及涉农企业可以提供相关技术咨询服务并接受相关委托项目，推动农业的"产、学、研"协同推进，共担风险，共沾利益"。1986 年首次从服务供给方式和形式上，对农业社会化服务提出了明确要求，指出要根据农民当前的迫切需要，不断更新服务内容、开发服务形式、扩大服务规模等。

表 2 - 1　20 世纪 80 年代我国农业社会化服务相关政策及主要内容

时间	政策文献	主要内容
1983 年 1 月 2 日	《当前农村经济政策的若干问题》	有序推进农业科学技术改造升级，改善农业生产生活条件，加强农业科技教育工作，为农业发展创造充实的技术条件和物质条件
1984 年 1 月 1 日	《中共中央关于 1984 年农村工作的通知》	稳步推动各方资源要素的聚集，建立完善的商品生产服务体系，满足农民对多层次的农业生产、加工需求。这是一项紧迫的任务，它既是商品生产发展的基础，也是经济合作经营不可或缺的环节，更是国家发展农村经济的重要途径①
1985 年 1 月 1 日	《中共中央国务院关于进一步活跃农村经济的十项政策》	科研单位、高校和商业公司，可以受农村委托开展科研项目，并适时开展科研成果转让，为其提供科技咨询服务，或与农业生产基地以及其他如农业专业合作社等农业生产经营单位合力建设"科研 + 生产一体化"模式，共享利益，共抗风险

① 李春海、沈朋萍：《农业社会化服务体系的主要模式、特点和启示》，《改革与战略》2011 年第 12 期。

续表

时间	政策文献	主要内容
1986 年 1 月 1 日	《中共中央国务院关于 1986 年农村工作的部署》	我国农村商品经济与生产力发展在区域之间、行业之间的不均衡，使得对农民具体的服务也是不同的，具体体现在内容多元、形式多样、规模各异、合作或联合程度不一并存。绝不可"一刀切"，更不可采取政治运动的方法推广

可以看出，在 20 世纪 80 年代农村改革的背景下，这段时期内"一号文件"提出的农业社会化服务的服务内容主要是在农业生产中环节，这对于农业社会化服务内涵的丰富和深化、角色的定位以及农村生产力的激活具有举足轻重的作用。[1] 然而，尽管这一时期我国已经明确提出了"农业社会化服务"这一概念，但未界定农业社会化服务的内涵。

（二）1990 ~ 2007 年："社会化服务体系"逐渐完善阶段

随着家庭联产承包责任制、统分结合的双层经营体制的建立，我国的农业经济开始发展，这也对农业社会化服务提出了新要求。[2] 1990 年的《关于 1991 年农业和农村工作的通知》提出，应把农村合作经济组织等作为农业社会化服务的主要主体，构建农业社会化服务体系。20 世纪 90 年代初期，国务院对此颁布了专门的文件，在文件中规定，建立完善的农业社会化服务制度是农村地区进行体制改革的重要组成部分，对于农村经济建设以及战略目标的实现奠定基础。1992 ~ 1998 年，我国主要通过制定一系列政策法规，加快农业技术推广体系建设。例如，1993 年《中华人民共和国农业技术推广法》的颁布，标志着我国正式在法律上对农技推广机构作出了诠释，为公益性推广体系的建立奠定了重要

---

[1] 孙中华：《加快构建新型农业经营体系》，《上海农村经济》2014 年第 3 期。

[2] 孔祥智、徐珍源、史冰清：《当前我国农业社会化服务体系的现状、问题和对策研究》，《江汉论坛》2009 年第 5 期。

的法律、制度基础。1999 年，我国农业技术推广体系和社会化服务体系之间的关系进行了系统化梳理，农业技术推广体系是社会化服务体系的重要组成部分，是国家对农业支持保护体系的重要内容（见表 2 - 2）。

表 2 - 2　20 世纪 90 年代我国农业社会化服务体系建设
相关政策及主要内容

时间	政策文件	主要内容
1991 年 10 月 28 日	《国务院关于加强农业社会化服务体系建设的通知》	为发展农、林、牧、副、渔等各业所提供的服务。包括物资供应、生产、技术等方面面的服务，以及农产品的运输、加工、贮藏、销售等方面
1999 年 8 月 31 日	《国务院办公厅转发农业部等部门关于稳定基层农业技术推广体系的通知》	农业技术推广体系是农业社会化服务体系和国家对农业支持保护体系的重要组成部分，是实施科教兴农战略的重要载体

2003 年《中共中央关于完善社会主义市场经济体制若干问题的决定》指出，要大力鼓励和支持更广泛的社会主体积极参与农业社会化服务当中，构建农业社会化服务体系。1982 ~ 2007 年连续 4 个中央"一号文件"对深化农业科技推广体系改革再次作出明确部署，提出公益性、经营性相结合的服务方式，健全和完善社会化服务机制（见表 2 - 3）。

表 2 - 3　2000 ~ 2009 年我国农业社会化服务体系建设
相关政策及主要内容

时间	政策文献	主要内容
2003 年 10 月 21 日	《中共中央关于完善社会主义市场经济体制若干问题的决定》	(1) 健全农业社会化服务体系、农产品支持保护体系 (2) 深化改革农业科技推广体制，广泛听取广大群众的建议和意见
2003 年 12 月 31 日	《中共中央国务院关于促进农民增加收入若干政策的意见》	(1) 深化农业科技推广体制改革，加快形成以政府公益性服务为主体、农业院校和科研机构、涉农企业、合作组织和规模经营大户参与的"一

续表

时间	政策文献	主要内容
2003 年 12 月 31 日	《中共中央国务院关于促进农民增加收入若干政策的意见》	主多元"的农业科技推广服务格局。充分发挥农业科技示范区、龙头企业和农民专业合作组织等主体在农业科技推广中的特色优势，加强农业科技推广服务。建立适应农业产业领域的跨区域的农业技术推广服务组织。鼓励和支持农业院校、科研机构积极参与农业技术的研究和推广 （2）支持农民专业合作组织在信息技术、技能培训、质量标准与认证、市场营销等方面开展农业科技服务
2004 年 12 月 21 日	《中共中央国务院关于进一步加强农村工作提高农业综合生产能力若干政策的意见》	（1）以科学技术的进步为重要支撑，以健全服务体系为保障，极大地改善农业物质技术条件，大力提高土地生产率和劳动生产率，提升农业的综合效益和竞争力 （2）要按照强化公益性职能、放活经营性服务的要求，促进公益性与经营性相结合，深入推进农技推广体制改革
2005 年 12 月 31 日	《中共中央国务院关于推进社会主义新农村建设的若干意见》	进一步改革先进农业科技的推广方式，对于公益性的推广体系以及盈利性的推广体系要分别实行有针对性的管理方法，不断完善和优化先进农业科技的推广体系。开展农业科技入户工程，增加农技推广项目专项补贴额度，鼓励社会各界力量积极参与"一主多元"的农技推广服务。加快发展农业气象预警和防灾服务以保证农业生产
2006 年 12 月 31 日	《中共中央国务院关于积极发展现代农业扎实推进社会主义新农村建设的若干意见》	（1）普及的方式以及方法要不断改进。逐步提升专业人员的水平，使农业的发展充分借助于现代科技以及教育水平，依靠专业的农业设备和人员来加强先进农业科技的普及力度。另外，国家相关部门以及地方政府要为农业科技的普及储备足够的资金，使最新的农业科技研究成果及时有效地应用于农业生产的实践当中。对于农业科技的普及要提供足够的资金以及相关政策的支持，确保现代农业技术进入每家每户 （2）推进农业科技进村入户。积极发挥气象为农业生产和农民生活服务的作用 （3）加强农产品质量安全监管和市场服务①

时间	政策文献	主要内容
2007 年 12 月 31 日	《中共中央国务院关于切实加强农村基础建设进一步促进农业发展农民增收的若干意见》	（1）农业科技和服务体系建设是加快发展现代农业的客观需要。必须推动农业科技创新取得新突破，农业社会化服务迈出新步伐，农业素质、效益和竞争力实现新提高 （2）进一步完善和优化直接关系农民生产的现代农业科技的普及工作，充分保障公益性农业科技普及活动的开展有充足的资金来源 （3）按照求实效、重服务、广覆盖、多模式的要求，整合资源，共建平台，健全农村信息服务体系②
2008 年 10 月 12 日	《中共中央关于推进农村改革发展若干重大问题的决定》	（1）推进农业经营体制机制创新，加快农业经营方式转变。家庭经营要向采用先进科技和生产手段的方向转变，增加技术、资本等生产要素投入，着力提高集约化水平；实行统一经营的模式，加强与农民之间联系的紧密程度，开展各种形式的服务方式，为集体经济的发展提供便利条件，不断改革和优化农业社会化服务组织结构，为知名企业与农民以及农业生产之间的合作提供相关政策的支持。充分发挥组织的作用 （2）建立健全社会化服务制度，使其涉及范围不断扩大，提供的服务要覆盖农业生产的各个方面，将该制度的作用有效应用于农业生产中。充分调动和利用社会经济中的各方面因素，优化、完善现代农业社会化服务制度，更好地为农业生产以及农村经济发展提供帮助 （3）进一步提高农业相关公共服务的建设力度，建立新型的农业以及农村管理模式，不断提高相关人员的管理水平，争取利用 3 年的时间在全国范围内初步建立基层农业技术普及服务站，并完善相关配套体系的建设，如疾病防控体系、农产品质量监督管理体系等。充分调动、利用社会各方面力量，建立全方面的生产经营服务体系。加强农村经济的发展力度，为农产品的流通以及农村经济的繁荣奠定基础。逐步建立完善规范地农产品市场制度，运用现代经营模式以及先进的网络技术，为农产品的外销以及深加工、运输等提供便利条件。为农业生产所需要的各种资源提供质量保障

续表

时间	政策文献	主要内容
2008 年 12 月 31 日	《中共中央国务院关于 2009 年促进农业稳定发展农民持续增收的若干意见》	（1）鼓励和支持金融机构创新农村金融产品和金融服务，大力发展小额信贷和微型金融服务[③] （2）依据国家相关部门关于农业社会化服务体系建设的三年目标的规定，充分调动社会各方面资源，组建优质的服务组织，制定严格的相关制度，多方面筹集资金，为农业社会化服务体系的建设做好积极的准备 （3）逐步推进村级服务站点建设试点
2009 年 12 月 31 日	《中共中央国务院关于加大统筹城乡发展力度进一步夯实农业农村发展基础的若干意见》	（1）针对农业特点，不断开发和创新新型金融产品和服务方式，加强和改进农村金融监管[④] （2）健全和完善农业气象预警体系和气象灾害防御体系，充分发挥气象服务在解决"三农"问题中的重要作用 （3）狠抓乡镇或区域性农业技术推广等公共服务机构建设，扩大基层农技推广体系改革与示范县建设范围，积极发展多元化、以社区为基础的农业技术推广服务组织 （4）积极培育、发展农业社会化服务组织，为农民提供效率高、质量优、价格廉的专业服务 （5）推动家庭经营先进技术和生产手段使用，由统一经营转向联合经营，形成多元化、多层次、多形式经营服务体系

资料来源：①《关于大力发展现代农业加快推进社会主义新农村建设的若干意见》，《新华日报》2007 年 3 月 1 日。

②《中共中央国务院关于切实加强农村基础建设进一步促进农业发展农民增收的若干意见》，新华社，2007 年 12 月 31 日。

③《中共中央国务院关于 2009 年促进农业稳定发展农民持续增收的若干意见》，新华网，2013 年 9 月 6 日。

④《力推资源要素向农村配置》，人民网，2010 年 2 月 1 日，http://paper.people.com.cn/gjjrb/html/2010 - 02/01/content_440564.htm。

  随着农民收入的增速放缓，我国开始高度重视农民的增收问题，逐步意识到，在提高农业综合生产能力方面，农业科学技术发挥重要作用。[①] 因此，我国开始加大农技推广体系建设的力度。

---

① 赵美玲、马明冲：《我国新型农业社会化服务组织发展现状与路径探析》，《广西社会科学》2013 年第 2 期。

党的十六大和十六届三中全会把"三农"问题摆在了战略的高度。2007 年中央"一号文件"提出，发展农业现代化是当前我国新农村建设的首要任务和目标，并对"农业社会化服务"这一概念的内涵进行了科学界定。同时，在农业气象预警和防灾服务、农产品质量安全监管和市场服务等领域也做出了新的要求，尤其是农技推广体制改革取得了重大进展。自 1991 年起，国内农业社会化服务体系的整体架构初步建立，自此我国开始步入基于体系实现对农业社会化服务发展推动的新世纪，二十多年的摸索和发展，对国内现代农业的发展起到了显著的积极作用。

（三）2008 至今："新型农业社会化服务体系"发展阶段

随着农村农业结构的不断调整，新型农业社会化服务体系的构建已成为适应经济社会发展的新常态和建设新农村的迫切要求。[1] 2008 年中央"一号文件"提出，加强农业科技、发展农业社会化服务是进一步实现农业现代化的客观需要。因此，我国农业科技创新需要实现新突破，农业社会化服务需要迈出新步伐，农业素质、效益和竞争力迫切需要获得质变。党的十七届三中全会提出要依托各类公共服务机构，基于各类农业合作经济组织，以涉农龙头企业为骨干，其他社会力量为补充，加快构建公益与经营相结合、专项与综合相协调的新型农业社会化服务体系。[2]"新型农业社会化服务体系"的概念在十七届三中全会上首次被提出。2009 年中央"一号文件"提出要逐步推动农村金融业的发展，增强服务农村农业发展的能力。

2010 年中央"一号文件"提出要促进家庭经营的先进技术和生产手段的普遍使用，促进生产经营方式由统一经营向农户联合生产转变，加快构建多元、多层、多类的经营服务体系。同时，

---

[1]　姜长云：《农业和农村发展进入新阶段》，经济观察网，2009 年 1 月 21 日，http://www.eeo.com.cn/2009/0121/127858.shtml。

[2]　张柏齐：《论农村家庭联产承包和双层经营体制——纪念党的十一届三中全会召开 20 周年》，《江西农业经济》1995 年第 5 期。

要积极培育和发展农业农村各种社会化服务组织（见表 2 - 4）。2011 年，"一号文件"对基层水利服务体系的建设进行了进一步明确。自颁布"一号文件"以来，中央对农业科技创新愈发重视，并提出进一步加大农技推广力度，并且借助政府采购、招投标等形式来实现对新农业社会化服务的扶持和培养。

表 2 - 4　2010 年以来我国农业社会化服务体系建设
相关政策及主要内容

时间	政策文献	主要内容
2010 年 12 月 31 日	《中共中央国务院关于加快水利改革发展的决定》	建立健全基层水利服务体系。以明确职能、队伍专业、服务至上为原则，依托小流域或建制镇，完善基层水利服务机构，严格核查人员编制，打造一支专业服务型队伍。同时，明确职责权限，凸显水利科技推广服务等公益性服务职能，所需经费纳入县一级财政预决算
2011 年 12 月 31 日	《关于加快推进农业科技创新持续增强农产品供给保障能力的若干意见》	（1）完善涉农贷款税收激励政策，健全金融机构县域金融服务考核评价办法，引导县域金融机构强化农村信贷服务。鼓励农村金融机构多样化发展，吸纳民间社会资源参与农村金融服务，在政策倾斜等方面鼓励各类商业银行在欠发达地区建设村镇银行。 （2）培育和支持新型农业社会化服务组织。政府以订购、委托、招投标等形式扶持农民专业合作社、供销合作社等服务组织，鼓励各方面社会力量广泛参与农业产前、产中、产后服务
2012 年 12 月 31 日	《中共中央国务院关于加快发展现代农业进一步增强农村发展活力的若干意见》	（1）建设中国特色现代农业，必须建立完善的农业社会化服务体系。要坚持主体多元化、服务专业化、运行市场化的方向，充分发挥公共服务机构的作用，加快构建公益性服务与经营性服务相结合、专项服务与综合服务相协调的新型农业社会化服务体系 （2）加强农业公益性服务体系。完善乡镇或区域农业技术推广、动植物病虫害防治、农产品质量监管等公共服务能力。持续落实基础性农业技术推广体系项目的改革和建设，鼓励尝试补贴资金与服务绩效挂钩的机制。持续改善农业技术推广机构的基础条件。支持学校、高职院校和科研

时间	政策文献	主要内容
2012 年 12 月 31 日	《中共中央国务院关于加快发展现代农业进一步增强农村发展活力的若干意见》	院所建设的新农村发展研究院、服务综合性农业示范基地，面向农村开展农业技术推广工作。要加强乡镇水利、小流域水利和林业公益组织、防汛抗旱应急救援队伍建设。充分发挥供销合作社在农业社会化服务中的重要作用。加快推进农村气象信息服务和气象局的工作体系和能力建设，提高农业气象服务和农村气象病虫害防治水平① （3）加大对农业经营性服务体系的建设。鼓励农村经营性服务组织的主力军的带头作用，例如农业的龙头企业以及专业合作社等，实现农业生产和经营方面的低成本、高效率等多方面的便捷服务，结合本村的实际情况合理选择投资项目，推动经营性服务组织积极参与公益事业，对种植物病虫防治、地膜的覆盖以及农田灌溉等也应加大推进力度。大力培育咨询服务、土地评估、审计等涉农中介服务组织。针对合乎条件的农业经营服务业务，给予税收、政策等方面的优惠 （4）打造新型服务模式。鼓励建设区域农业社会化服务综合平台。发展院县以及校企等多元化服务模式，大力推动高技术含量的服务，使得更多的农业先进技术参与实际的农业生产活动当中。大力发展农业社会化服务。加强农村综合服务中心资源建设与服务中心建设。加快信息化手段推进现代农业建设，推进国家试点省农村信息化建设。重点发展信息的采集、整合和推送服务，推动农村远程数据的天气预警、病虫害防治等技术
2013 年 12 月 31 日	《关于全面深化农村改革加快推进农业现代化的若干意见》	完善国家粮食安全保障体系；强化农业支持保护制度；建立农业可持续发展长效机制；深化农村土地制度改革；构建新型农业经营体系；加快农村金融制度创新；健全城乡发展一体化体制机制；改善乡村治理机制②
2014 年 12 月 31 日	《中共中央国务院关于进一步深化农村改革加快推进农业现代化的若干意见》	大力发展农业产业化。促进第一、第二、第三产业融合互动；积极发展多种形式适度规模经营。引导和规范土地经营权有序流转，发展各类新型农业经营主体，避免"非粮化""非农化"；建设

时间	政策文献	主要内容
2014 年 12 月 31 日	《中共中央国务院关于进一步深化农村改革加快推进农业现代化的若干意见》	资源节约、环境友好型农业；对农业政策以及资金方面应予以大力的支持和投入。进一步完善和改进涉农资金、金融支农体系以及农业投融资体系实现③

资料来源：①《中共中央国务院关于加快发展现代农业，进一步增强农村发展活力的若干意见》，新华网，2013 年 1 月 31 日，http://news. xinhuanet. com/2013 - 01/31/c_ 124307774. htm。

②中共中央、国务院印发《关于全面深化农村改革加快推进农业现代化的若干意见》，新华社，2014 年 1 月 19 日。

③2015 年中央一号文件发布（全文），新华社，2015 年 2 月 1 日。

　　2013 年中央"一号文件"提出"构建农业社会化服务新机制，大力培育发展多元服务主体"，并从强化农业公益性服务体系、培育农业经营性服务组织以及创新服务方式和手段三方面作出具体部署。2014 年中央"一号文件"提出，健全和完善粮食安全保障体系，建立农业可持续发展的长效机制，深化农村土地制度改革，是构建新型农业经营体系的重要内容。

　　党的十七大以后，党中央指出要的推进农业进一步巩固基础地位，发展具有中国特色的现代化农业。① 然而，随着工业化、信息化、市场化的深入发展，迫切要求加快推进农业发展方式的转变，提高农村农业生产力，建设和完善新型农业社会化服务体系。② 2008 年党的十七届三中全会对新型农业社会化服务体系的地位作用、发展方向、依靠力量与保障制度作出了全新部署，改革的重点主要集中在服务领域的拓展、服务机构的完善和服务体系的创新等方面。例如，从 2009 年开始，中央每年对农村金融服务作出部署，并要求加强气象服务、水利服务、农业信息服务、土地流转服务等新兴服务领域的供给能力，逐步培育生产要素服务

---

① 蔡玲：《农业家庭经营集约化的经验与思考——以湖北省黄冈市为例》，《党政干部论坛》2011 年第 9 期。

② 周宏春：《"十二五"经济与资源环境协调发展态势》，《理论视野》2010 年第 8 期。

市场。一方面，大力发展各类乡镇或区域性的公共服务机构，政府向社会和企业购买服务，从而提高社会化服务的公益性地位；另一方面，注重对农业经营性服务组织、专业合作社以及服务公司等服务体系的建设和完善。通过上述方式，诸多的社会力量积极地融入农业的整个生产过程以及服务体系当中。

对不同阶段、不同时期我国农业社会化服务相关政策文件的梳理发现，伴随着农村农业现代化的深入发展，当前我国农业社会化服务的内涵、体系、体制、战略地位等凸显出鲜明的时代特色，农业社会化服务体系的重要性与日俱增。[①] 在工业化、信息化和农业现代化快速推进的新时期，我国将继续转变农业生产、发展方式，持续创新农业生产经营体制，培育新型经营主体，发展形式丰富的规模经营。因此，今后我国家庭小生产与大市场之间的矛盾将更加突出，对社会化服务的需求更加迫切，需要构建农业社会化服务新机制，加快完善新型农业社会化服务体系。[②]

二　新型农业社会化服务体系建设成效及面临的问题

（一）当前中国农业社会化服务体系建设成效

近年来，我国农业社会化服务体系建设取得了良好成效。主要表现在：服务领域不断拓展，公益性、经营性相结合，专项和综合相协调的服务方式深入发展。[③] 2013 年，中央"一号文件"提出要建立与新型农业经营体系相协调的新型农业社会化服务体

---

① 孔祥智、徐珍源、史冰清：《当前我国农业社会化服务体系的现状、问题和对策研究》，《江汉论坛》2009 年第 5 期。
② 李春海：《新型农业社会化服务体系：运行机理、现实约束与建设路径》，《经济问题探索》2011 第 12 期。
③ 刘玉梅：《我国发展现代农业的国际经验借鉴——基于东亚地区农业社会化服务体系的经验》，《农业经济》2009 年第 5 期。

系。2014 年的"一号文件"强调要进一步健全和完善农业社会化服务体系。目前，中国农业和农村发展步入了全新的发展阶段，农业生产日益面向市场化，涉农龙头企业不断增多，家庭农场农庄、新型合作社的发展迫切要求构建与之相适应的农业社会化服务体系。[①] 因此，这个阶段农业社会化服务体系的发展重点集中在扩大服务范围、健全服务机构、创新服务内容等方面。中央又分别从农业发展的水利服务、金融服务、公益性服务、经营性服务、信息化服务等方面作出构建新型农业社会化服务体系的战略部署，并强调创新服务方式和形式的重要性。[②] 从发展现状来看，目前在以下几个方面有所表现。

1. 公益性服务体系不断完善，基础地位稳步提升

经过多年的探索和发展，全国逐步建立了从中央政府到乡镇政府的各级公益性服务组织。[③] 县乡两级公益监管服务机构超过 14 万个，工作人员约 83 万人。绝大多数基层农业服务机构完成了改革任务，明确了公益性定位，跨乡镇建设了区域性农技推广站或统一建设了农业综合服务站，优化了农技人员队伍结构。2012 年，农业部在全国共开办了 2 万多所农民田间学校，用近 1 年的时间培养了近 8000 名田间学校辅导员，培训了近 60 万家科技示范户，对于农技推广"最后一公里"难题的有效解决具有重大意义。

自 2002 年以来，科技部共派遣约 11.6 万名科技特派员在全国 1750 个县（市、区）广泛开展"农村科技创业行动"，为农民提供创新创业等服务。自 2005 年 2 月起，商务部开始在全国范围内实施"万村千乡市场工程"，全国 75% 的行政村在近一年的时间内共改造约 60 万家农家店，初步形成以城区店、乡镇店、村级店多

---

① 姜明伦、何安华：《我国农业农村发展的阶段性特征、发展趋势及对策研究》，《经济学家》2012 年第 9 期。

② 殷秀萍、王洋、郭翔宇等：《构建新型农业社会化服务体系的影响因素及解决对策》，《学术交流》2013 年第 5 期。

③ 刘云山：《加强和改善党对全面深化改革的领导》，人民网，2013 年 11 月 19 日，http://politics.people.com.cn/n/2013/1119/c1024-23581969.html。

层级相协调配合的农村市场网络。全国供销合作社系统"新网工程"已涵盖全国各类连锁经营服务网点约 91 万个，辐射全国 80% 的乡镇和 40% 的行政村，已经初步形成县有配送中心、乡有综合超市、村有便利店的多层级经营网络。中国科协实施"科普惠农兴村计划"，在各地扶持创办农民专业技术协会。此外，我国约有 61 万个村级集体经济组织，分别在农田水利建设、机耕道路维修、机械作业调配等方面发挥着不可替代的作用。

2. 经营性服务主体快速发展，多元化竞争格局基本确立

伴随着市场化改革的深入发展，我国各类经营性服务主体迅速发展，成为社会化服务体系中的重要环节，初步形成一个多方参与、多元竞争的发展格局。2012 年 3 月，国务院《关于支持农业产业化龙头企业发展的意见》文件指出，充分鼓励和支持涉农龙头企业带动农业社会化服务发展，鼓励和支持涉农龙头企业为农户提供包括农业生产产前、中、后各环节的一系列服务。2011 年底，我国共有约 28.4 万个农业产业化经营组织，11.1 万家龙头企业，其中包括 1253 家国家重点龙头企业、1 万多家省级龙头企业、十万多家中小龙头企业，为全国 40% 的农户从事农业生产提供社会化服务。各类产业化经营组织带动 1.1 亿农户。

农民专业合作社在农业社会化服务中占有重要地位，主要表现在：既能为农户提供持续的社会化服务，还在农村经营体制中扮演着"统"的角色。据农业部统计，截至 2012 年 6 月底，已有 60 万家登记在册的农民专业合作社，4600 多万社员，覆盖全国 90% 以上的行政村，涉及种植、养殖、技术信息、手工纺织等农村产业，服务领域从传统生产领域拓展到生产、流通、加工领域。此外，以农机服务队、农村经纪人等为代表的个体形式的市场性服务主体，由于其数量众多、服务成本较低、经营形式灵活、服务内容丰富，因而在农业社会化服务体系中占据着重要地位。[1]

---

[1]　程克群、孟令杰：农民专业合作社绩效评价指标体系的构建，《经济问题探索》2011 年第 3 期。

3. 服务领域不断拓展，多层次服务格局基本形成

一是传统型服务基本覆盖，服务内容不断丰富。政府部门以改善条件、保障经费、创新机制为主要途径，不断提升农业服务机构的服务能力，使其在农业公共服务方面充分发挥主导和引领作用，很大程度上满足了农民解决不了、市场和社会又难以提供的公共服务供给需求。我国的农业公共服务领域不断拓展和延伸，目前所提供的服务已经包括技术推广、信息技术等多个领域。[①] 同时，农业公共服务的内容不断丰富，表现出资料供应、技术标准、生产服务、产品收购和销售"五个统一"的显著特征。在市场化不断深入发展的背景下，劳动力替代型服务和技术替代型服务越来越普及。[②] 与此同时，为实现现代农业发展，一些传统服务内容不断革新。例如，我国为了保障食品安全和粮食的有效供给，越来越重视加强农业灾害监测预警、防控能力等方面的建设，大力推行农业灾害的专业化统防统治。例如，为保证对各类动物疫情的有效控制，动物疫病防控网络和应急处理机制不断发展和完善，执法能力不断强化。

二是新型服务领域不断拓展和延伸。在当前农业生产发展日益商品化、专业化和社会化的背景下，农业生产新型服务领域开始从传统的产中服务拓展和延伸至产前、产中、产后的"一站式"服务。我国农业微观经营主体正发生着深刻变化，尤其是随着传统家庭经营的日益分化，出现了大量农业新型经营主体，农业生产要素配置方式、农业产业组织模式与分配关系等也发生了一系列变化。[③] 诸多具有先见之明的服务主体为了更好地与新型农业经营的各种需求相适应而采取了更为积极主动的应对措施，如向更为广域的服务范畴延伸，以及对服务的产品和内容不断地创新，

① 魏国强：《大力发展农业社会化服务，推进新型农业现代化——关于建立健全农业社会化服务体系的思考》，《种业导刊》2012 年第 4 期。
② 王慧敏：《新型农业经营主体发展路径选择》，《农村经营管理》2013 年第 11 期。
③ 张红宇：《应该赋予新型农业经营主体平等市场主体地位》，新浪网，2014 年 9 月 25 日，http://finance.sina.com.cn/chanjing/cyxw/20140925/193320414676.shtml。

以求为农业经营对象提供更为全面、个性化的服务。这些新型服务领域主要包括：市场信息的预测与传递、农产品的开发与推介、冷链运输及贮藏等。从发展历程上看，从过去的单项服务到现在的综合服务，从过去的产中服务到现在的产前、产中、产后一条龙服务，从过去单一的种养业到现在的观光旅游等多功能农业，我国社会化服务领域不断拓展，已经基本形成了多层次服务格局。

4. 服务方式与手段不断创新，多形式服务模式逐步建立

随着新型社会化服务主体的快速发展，服务方式与手段也不断创新。从以前的被动服务到现在的主动服务、从一般常规服务到特殊个性化服务、从专项到综合，不同类型的社会化服务主体开始相互结合与协作，逐步建立起多种形式的农业社会化服务模式。[①]

自改革开放以来，我国大力推进农业社会化服务体系的建设。一方面，以市场化改革为导向，为各类经营性服务组织创造良好的制度环境。另一方面，逐步发展和完善国家经济技术部门所属服务组织的运行机制、服务功能和服务方式。目前，在家庭联产承包经营的基础上，我国已经基本形成以政府农业技术推广部门为主导、多元市场主体广泛参与的农业社会化服务体系的基本框架。[②] 首先，公共性服务体系已基本完善，形成从中央到乡镇五级服务组织体系。其次，经营性服务体系已基本形成，农业生产的产前、产中、产后的"一站式"服务日益健全和完善。[③] 最后，合作性服务组织迅速发展，其中农民专业合作社数量急剧增长。截至 2014 年 2 月底，全国实有农民专业合作社达到 103. 88 万户，但市场占比仍很低（参见图 2 - 1）。

---

① 关瑞捷：《认真贯彻落实党的十八大精神　构建新型农业社会化服务体系》，中国共产党新闻网，2013 年 7 月 30 日，http://cpc. people. com. cn/n/2013/0730/c367371 - 22378094. html。

② 杨汇泉、朱启臻、梁怡：《统一主体与多元主体：农业社会化服务体系组织的权变性生建构》，《重庆大学学报（社会科学版）》2011 年第 4 期。

③ 方孟贤：《我国农业产业化的基本模式》，《安徽农业》2001 年第 4 期。

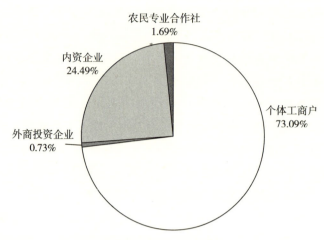

图 2 - 1　全国各类市场主体实有农户结构（截至 2014 年）

农业社会化服务模式是在基本经济条件、供给主体、服务资源、服务需求等多个要素综合作用下形成的。按照服务主体划分，主要包括以下内容：一是依托政府机构提供的农业社会化服务，如现代农技服务、咨询平台以及农业科技推广责任制等。二是由村集体提供的农业社会化服务，如村级综合站提供服务。三是农民专业合作社提供的服务，如产前团购和技术培训服务、产中技术指导、产后销售和加工服务，农业产业化龙头企业与农户联结服务模式，如"公司 + 基地 + 农户"等。① 四是由不同民间主体如村级科技服务站以服务换市场的服务模式。近年来，在市场机制的推动下，不同服务主体提供的服务模式之间相互协调配合，主要表现在：

第一，以利益协调为纽带，以产业化经营推动社会化服务。② 在农业产业化经营过程中，以利益协调机制为纽带，实现各利益

---

① 孔祥智、楼栋：《农业技术推广的国际比较、时态举证与中国对策》，《改革》2012 年第 1 期。

② 汪德平：《完善利益协调机制推进农业产业化经营》，《科技进步与对策》2003 年第 7 期。

主体之间的多方对接，既发挥政府部门的组织资源优势，又充分利用龙头企业的市场资源以及合作社的土地与劳动力资源，降低交易成本、提高服务效率，实现多方共赢，从而推动农业社会化服务的发展。例如，安徽省宁国市在推进农业产业化经营的同时，推动农业社会化服务，以产业化经营推动社会化服务，在政府公共服务机构、合作经济组织、涉农龙头企业等不同服务主体之间实现充分协调、互为补充，宁国市的农业社会化服务体系已经基本形成"三位一体"的良好局面。另外，在宁国市政府的协调下，安徽五星集团采取"公司＋合作社＋畜牧站"的发展模式，对农业社会化服务实行"3个免费""3个上门""6个保证"。"3个免费"主要是指为农户提供咨询、培训、办理担保贷款三个方面的免费服务。"3个上门"主要是指上门服务，包括勘察设计并协助建鸡舍、技术服务和调运成鸡三个方面。"6个保证"是指在苗鸡质量、饲料质量、药品质量、按时调运、准时结算五个方面作出保证。此外，在提供专业化指导服务的同时，五星集团通过与华喜合作社联合，以企业厂房、设备等固定资产为抵押，为合同养殖户投保，并为他们提供金融、保险等方面的服务。

第二，以体系建设为突破口，通过"产学研"协作提升服务水平。加强体系建设，强化产学研协作，可以激发科技创新与服务系统的活力，促进各个服务主体间的良好互动，提升农业社会化服务水平。[①] 为了推动农业科技成果转化，提高农业社会化服务的有效性与针对性，陕西省杨凌市积极探索"科研机构＋基层农业服务机构＋农户"的社会化服务新模式。该模式的核心是围绕产业建设"产学研"三位一体的永久性试验站。首先，建立永久性试验站。以产业发展为导向，利用高校丰富的科技资源优势，全面整合该市基层农业技术力量，在全市范围内筛选具有明显优势的农产品产区并建立永久性试验站。其次，科学合理地规划试

---

① 《中共中央、国务院关于深化科技体制改革加快国家创新体系建设的意见》，新华社，2012年9月24日。

验站的功能。将试验站打造成一个综合化、系统性、开放式的农业社会化服务平台，并在科研、示范、培训等方面为农户提供优质高效的农业社会化服务。再次，以产业发展的技术需求为根本导向，利用高校丰富的科技资源优势，组建多个学科、专业相融合的科学研究团队，在永久性实验站开展农业科技"双创"与技术等方面的服务，从而推动多学科研究团队与基层农技力量的充分、合理、有效对接，学校科研项目与农业生产问题的及时、紧密、有效衔接，农业科学技术推广服务与农民农业科技需求的供需对接。最后，建立试验站产业化发展的规范标准。在试验的运作过程中，在技术标准、生产规范、安全保障等方面严格把关。

第三，以农田托管为突破口，开展全程农事服务。随着社会分工分业节奏的不断加快，充分调动社会化服务的各类资源，开展全程农事服务，将有效促进农业生产专业化、经营服务社会化。① 江苏省东海县在一些集体能力突出、外出务工人员较多的村组，通过组织一些技术实力强、经营规模大的农民专业合作社与专业服务公司，开展全程农事服务，推行农田托管经营，即在完全自愿、有偿原则的基础上，服务组织对农业生产的各个类别、各个环节的农事服务进行详细的分类、细化、分解，并就农业生产中的某一个类别或环节，或农业生产的全过程和农户共同协商农事服务的价格和标准，由服务组织根据合同为农户提供服务，实现了规模化、集约化、标准化生产。

第四，为满足农民日益增长的多样化、多层次的农业服务需求，一些地区因地制宜、不断创新，积极探索推进农业社会化服务的发展，出现较多行之有效的典型服务模式，为农业综合生产能力的提升、农民收入水平的提高以及农村经济的发展做出了巨大贡献。② 例如，陕西省从 2007 年开始在全省范围内实施信息入

---

① 姜开圣：《强化农业社会化服务体系建设》，《江苏农村经济》2012 年第 3 期。
② 中共中央、国务院印发《关于全面深化农村改革加快推进农业现代化的若干意见》，新华社，2014 年 1 月 19 日。

村工程，由省农业厅负责，财政投资 1.5 亿元，在市县两级分别设立农业信息中心，在村一级建立农村信息服务站，配备专业信息员从事信息传递与咨询服务，服务范围遍及 2.7 万多个行政村，基本覆盖了全省所有行政村，延安市还开通了三农热线和寿光－安塞网络服务视频系统，辐射带动作用显著。江西省和山西省等也纷纷启动了科技进村入户工程，以满足农民的科技需求为出发点，确立了地区示范县，理顺了农技推广的体制和机制，培养了一大批农业科技示范户，建立农业科技示范基地，选聘农业专家和科技人员深入科技示范户家中，辐射带动农户增收，形成县、乡、村农业科技试验示范推广网络，促进了农业科技成果的转化应用。福建省和河南省通过与农民近距离沟通，根据农民的实际需求，重点发展本地区特色产业，建立了大量农村综合服务站，为农民提供文化、计生、技术指导、信息咨询、培训、信贷等方面的服务，有效解决了农业服务难题。另外，近年来在北京市、天津市、山东省不断涌现出农产品批发市场带动农民增收模式，通过与农户签订合同建立起农产品交易平台，连接农户与市场，形成"产、加、销"一条龙的服务模式，促进了农产品的快速流通。

（二）农业社会化服务体系发展中存在的问题

经过长期的发展和完善，我国农业社会化服务体系仍然存在诸多问题，尤其是投入严重不足、管理极为缺乏、组织分工不明等方面，从而导致新型农业社会化服务能力不强、效益低下、供需矛盾严重。[①]

1. 农业社会化服务体系投入严重不足，农业生产性服务业发展缓慢

目前我国农业社会化服务体系投入严重不足。财政支持是农

---

① 董德利：《基于合作经济组织的农业社会化服务体系研究》，《求实》2014 年第 9 期。

业社会化服务体系建设的重要保障。近年来，中国对农业社会化服务体系建设的财政支持力度不断加大（见图2-2）。2013年农业财政支出为13790亿元，相比2007年增长319%，但占公共财政支出比重仍然较低，仅为9.47%。相比美国来说，2005年，美国用于扶持农业的财政支出高达900多亿美元，约占当年美国农业GDP的40%左右。2008~2012年，美国对农业财政补助达到2900亿美元，对每个农场主的补贴额度达到5万~5.5万美元。

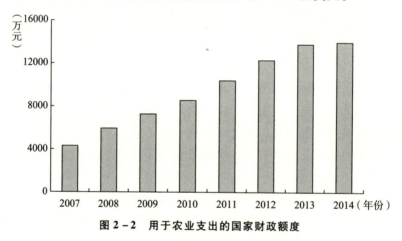

图2-2 用于农业支出的国家财政额度

另一方面，我国农业保险保费在近几年收入增长同样较快。与6年前相比，虽说2013年政府对农业保费的补贴增长了5倍之多，补贴额度也达到了127亿左右，并带动全国的农业保费收入高达306亿元，然而，与全国保费的总体收入相比，仍处于一个比较低的水准。1985~2011年，国内农业保险保费的收入仅占全国保费收入的2.16%，由此可见，国内应进一步加强对农业保险体系的扶持力度。同时，中国农业科研及推广人员相对匮乏。据统计，中国农村科技人员占农村全部人口比重仅为0.05%~0.06%，相比来说，美国这项数字大于0.4%。

由于农业社会化服务体系资金投入严重不足，农业社会化服务所需的硬件设备、技术手段无法得到及时的更新，导致农业社会化服务发展创新乏力，难以适应农业经营商品化、市场化的深入发展，无法满足农民日益个性化、多样化的农业服务需求。[1] 农业科技推广经费的严重不足更是直接减缓了科技成果的转化速度，使农业科技成果失去应有的时效性。同时，由于农业社会化服务具有一定的公益性，大部分农业社会化服务机构在投入大量资金后，无法获得与投入资金相匹配的经济回报。另外，在我国大多数农村农户小且分散的背景下，只能主要依靠公共财政对农业社会化服务的投入。[2] 而且在小规模分散经营体制下，农民组织化程度不高，农村专业化、社会化程度较低，导致在家庭内部就可以完成本该由社会提供的社会化服务，大幅度减少了农户对生产性服务的需求。

2. 农业社会化服务体系管理缺失，体制不顺，推广职能错位

由于部分乡镇不太重视农业社会化服务体系的建设和完善，大部分农技服务部门被边缘化，普遍存在重经营轻服务的现象，公益性和经营性服务机构职能不分，造成体制不顺，弱化了服务功能，形成"管人的不管事，管事的不管人"的尴尬局面。[3] 从总体上看，首先，当前我国农业社会化服务队伍的技术水平不高、业务素质较低，并且存在大量的非专业人员，人员配备极为不合理。其次，岗位设置不够合理，岗位的设置要么过细要么过大，分工不明晰，导致岗位、人员管理混乱。同时，由于当前农业社会化服务的科学考核评价体系尚未形成，缺乏竞争活力，且没有制定出有效的激励机制和灵活的用人机制，导致大部分技术干部的服务效益低下。再次，服务渠道单一，服务理念落后。农业社会化服务项目来源较匮乏，服务手段不够丰富，导致在工作过程中存在严重的行政化倾向。以外，农业社会化服务效果不佳，农民满意度低。目前传

---

① 李俏、王建华：《农业社会化服务中的政府角色：转型与优化》，《贵州社会科学》2013 年第 1 期。

② 潘经强：《全信息假设下新型农业社会化服务的纳什均衡》，《技术与市场》2013 年第 3 期。

③ 郑远禄：《农业社会化服务体系亟待创新——江西省宜春市新余市农业社会化服务体系建设调查与思考》，《农村经营管理》2013 年第 8 期。

统的农业社会化服务体系已经无法适应新农村工作的实际情况，难以了解农民的实际需求，导致所提供的农业社会化服务内容与农民的需求脱节，随之出现的是服务领域和服务阵地日益缩小，传统的农业社会化服务体系处于半停滞状态。[①]

目前，中国农业社会化服务主要针对农业生产的产前、产中等环节，而对于农产品的保鲜、储运、销售等产后环节以及农业信息、金融、保险等服务涉猎较少。2012 年，由农业社会化服务的供求矛盾引起的山东某菜农自杀事件引起了社会的广泛讨论。由于对农业信息有限，菜农主要根据前一年的蔬菜效益作出种植决策，同时盲目随大溜现象严重，造成"扎堆生产"，蔬菜的供给远远超过需求。再者，农产品流通过程中存在障碍。农产品从菜农到消费者整个过程经历了收购商、批发商、运输各个环节层层加价，中间的流通成本占到菜价的 50% ~ 70%，可见，农产品储运、销售等环节还有待于改善。所以，在当前市场化深入发展的背景下，急需建立蔬菜生产流通主体之间的风险共担、利益共享的长期合作机制，以保障菜农的基本利益，提高其自身抗风险能力。[②]

3. 农业社会化服务组织分工不明、定位不清

新型农业社会化服务体系本质上要求公共服务机构、合作经济组织和涉农企业等服务主体之间分工明确、定位清楚、合作共赢。[③] 但结合当今的现状，国内在这方面还存有诸多不足。如，分工不甚明确，定位不清晰，以至于出现角色混乱、岗位空缺等一系列现象的发生，对农业社会化服务的效率造成了严重的抑制作用；本该由政府相关部门承担的职责在实践中却由乡村集体承担，而本该由市场化服务组织承担的职能，政府部门却常常插手；在

---

① 余满银：《加强基层农业社会化服务体系建设的建议》，《福建农业》2014 年第 9 期。

② 朱敏：《中国农业保险现状分析》，《保险职业学院学报》2008 年第 5 期。

③ 孔祥智、徐珍源、史冰清：《当前我国农业社会化服务体系的现状、问题和对策研究》，《江汉论坛》200 年第 5 期。

一些存在严重财政困境的乡镇，本属于政府所有的社会化服务组织被承包或转包给个人，且缺乏有效的监督和管理；由于待遇偏低、收入不高等原因，大部分社会化服务组织中的农技推广人员普遍选择了改行、弃行；许多乡镇农业社会化服务中心，农机、水利等服务机构承担大量的农村工作任务，却并没有对这些工作任务的公益性和经营性作出明确的界定和区分，导致公益性服务日益缩减，而有偿性服务成为主要服务形式，公益性服务功能被极大弱化；大部分农民在农业生产的过程中，主动接受服务的意愿不高，仍然主要依赖于传统经验和习惯，致使农业社会化服务与预期效果相去甚远。

4. 农业社会化服务需求量大，服务的供需矛盾突出

在当前农业经营商品化、市场化深入发展的客观环境下，农民的农业社会化服务需求日益多样化、差别化，且已经逐渐由单纯的生产环节服务需求向着资金、技术、信息、加工、销售、管理等"全程性"服务需求扩展。但现实情况却是，现有的服务主体所提供的服务主要集中在产前和产中，较少涉及产后。与此同时，由于受到服务收益低、自身积累能力弱、基础设施条件差、技术服务手段简陋等多种原因的影响和制约，公益性农业社会化服务的发展严重滞后，导致在公益性农技推广、动植物疫病防控和农产品质量安全监管等方面无法提供有效的服务。另外，为提高农业生产效益，提高农业生产收入，农民开始期待获得日益多样化的农业社会化服务。但由于我国农业和农村发展活力相对低下，且在逐利化目标驱使下，农村大量农业生产要素外流，农村大量的土地增值收益流向城市，农户分散经营模式仍占主导地位，尤其是农村劳动者文化素质较低，且不太愿意接受新观念、新技术，导致现代农业发展的农业社会化服务需求与劳动者素质之间的矛盾更加突出。[1]

---

[1]　马红霞：《我国农业科技创新发展的问题及其对策探究》，《吉林师范大学学报（人文社会科学版）》2010 年第 3 期。

5. 农业社会化服务金融服务能力不高，信用社功能作用缺失

农村信用社通过吸收农村社会闲散的资金，支持农村大宗经济建设，服务"三农"建设，因而具有举足轻重的作用。农村信用社广泛分布于农村县城，网点小而分散，对农村小额闲散资金吸收的效果非常明显，有效推动了农村经济发展。然而现实中信用社并没有发挥其理想的作用，在吸收了农民存款后没有投入到农村中的中小企业金融信用贷款服务中，也没有对村级集体经济主体和农民专业合作组织进行金融服务。具体问题如下：第一，农村信用社难以满足农户的金融需求。总的来看，农村信用社的小额贷款具有覆盖面窄、额度较低、手续烦琐等缺点，目前农村信用社的借款额度已经难以满足当前大部分农户的金融需求。相比较而言，民间借款更能有效满足农户的金融需求。[①] 第二，农村信用社难以满足农村中小企业的金融需求。农村信用社难以掌握企业资信和风险具体状况，一般不愿发放太多贷款。信用社由于担心发生违约后缺乏有效的制裁措施，更不愿放款。第三，农村信用社难以满足农民专业合作组织的金融需求。农村信用社基于农民专业合作组织规模小且松散的考虑，不愿冒险向不"正规"的组织贷款。第四，农村信用社的信贷供给能力较弱。有些地方农村信用社网点减少，降低了信贷供给能力；信用社的内部管理制度也影响了信贷供给能力；信贷基础设施建设滞后导致信用社金融供给能力较弱。第五，农村信用社面临的经营困境影响了为三农服务的质量。农村信用社的历史包袱沉重，不良贷款比例偏高；信用社在提供"三农"服务与盈利性经营目标之间存在一定冲突；信用社投向"三农"的资金不足；农村经济发展缓慢影响了信用社的业务开展。

6. 农业社会化服务体系建设受到各自为政的利益格局制约，效率不高

近年来，政府涉农部门在国家支农、惠农政策中虽然争取到

---

① 何广文：《农户小额信用贷款的制度绩效、问题及对策》，《中国农村信用合作》2002 年第 11 期。

大量的资金，但并没有形成利益共同体，在提供农业社会化服务的过程中各自组建为农服务机构、加强对农服务的措施，表现出多部门、多主体和分散化运作的特征，严重制约了服务效率的提升。① 比如与食品安全有关的食品生产、管理、监督环节，与农产品市场体系相关的信息发布、流通、营销环节等都涉及多个部门的参与，但多个部门各自为政，组织分工不明，定位不清，导致"看到利益大家争、遇到问题大家躲"的困局，各涉农服务部门实行的是一种带有显著行政色彩的科层式管理体制，是一种纵向垂直结构，各部门服务职能沿着这种自上而下的相对封闭的管道运行，一些服务机构和服务人员在农业社会化的服务工作中表现出过于重视经济利益而忽视农民利益的倾向，其涉农服务在基层就演化为基层组织的单个部门行为，从而导致农村基层服务资源的分散化、细碎化，缺乏相应的沟通与协调机制，在一定程度上导致农民多元化需求难以满足，为农服务效果不佳。

三　财政支持新型农业社会化服务体系建设的政策建议

党的十七届三中全会提出要按照建设现代农业的要求，建立覆盖全程、综合配套、便捷高效的农业社会化服务体系，构建层次多级、形式多样、主体多元的农业社会化服务格局。党的十八大明确要求构建集约化、专业化、组织化、社会化相结合的新型农业经营体系。我国乡镇、村数量众多的客观情况大大增加了农业社会化服务体系建设的难度。因此，应以社会化服务发展中的关键因素为切入点，有计划、按步骤、分重点构建新型农业社会化服务体系。② 一方面强化双层经营中"统"的功能，同时转变传

① 杨汇泉、朱启臻、梁怡等：《统一主体与多元主体：农业社会化服务体系组织的权变性生建构》，《重庆大学学报（社会科学版）》2011 年第 2 期。

② 张颖熙、夏杰长：《农业社会化服务体系创新的动力机制与路径选择》，《宏观经济研究》2010 年第 8 期。

统的分散生产经营模式，发展合作、联合、共赢的新型经营模式，充分、有效对接小规模经营与大市场，实现优势互补，为广大农户提供更加方便有效的农业生产服务。通过社会化服务，可以有效地把各种现代化的生产要素聚集到家庭经营之中，不断提高农业的物质技术水平。

（一）明确支持思路

一是要发挥政府作用与尊重市场规律并重。总体上说，支持农业生产社会化服务体系建设是市场经济条件下政府的重要职能。当前，要按照转变政府职能的要求，科学划分政府与市场、政府与各类经营主体在农业生产服务中的职责，能交给农民自办或者可以通过市场机制办好的，应一律交给农民和市场，将政府的工作重心放在"创新服务体制、完善激励机制、提高人民素质、改善政策环境"上，着力支持农技推广、动植物疫病防控、农产品质量安全监管三位一体的公共服务体系建设。二是要加大财政投入与综合措施并重。综合运用财政奖补、税费减免、金融支持等手段调动各方面参与社会化服务的积极性，整合归并现有的社会化服务财政支持政策，形成支持合力。三是要放宽准入与加强监管并重。一方面，降低准入门槛，但凡有能力、愿意参与农业生产社会化服务的不同所有制及隶属关系的服务组织，均可纳入均等的政策和资金支持范围。另一方面，在放宽准入标准的同时，加强对纳入支持范围的各类服务组织的监督和打击力度。四是进一步优化财政支持方式。财政支持方式是影响农业社会化服务效果的重要因素，采取合理有效的财政支持方式能够达到事半功倍的效果，极大提高农业社会化服务效率。① 五是多采用"一事一议"、以奖代补的支持方式。从长期实地调研反馈的情况来看，"一事一议"的项目农民积极性最高、参与性最强、效果最好。因

---

① 孙楠：《农村金融机构结构与农村经济增长》，《云南财经大学学报》2008 年第 1 期。

此，在需要农户广泛参与、密切配合的服务项目中实行"一事一议"、以奖代补，可以最大限度地激发农户参与项目的积极性。[①]

同时，要针对地方实际制定配套标准。各地财政实力相去甚远，社会化服务体系建设中一些项目要求的配套地方财政无力承担，导致弄虚作假、减少服务内容、降低服务标准等现象，因而要根据各地的财政实力和建设成本、服务成本等因素分类对待，不搞"一刀切"。大力推行竞争立项方式，扩大竞争立项范围，对积极性高、基础工作扎实、管理到位的地区给予重点支持；推行体系建设成果导向的扶持机制，将绩效考评与资金分配挂钩，对绩效评价好的地区倾斜扶持资金，对于绩效评价差的地区予以批评，并适当减少扶持资金和项目。

优化社会化服务提供形式。走出政府大包大揽的误区，对于市场化运作较好的农业社会化服务项目，尽量为其市场化运行提供良好的环境，甚至采取财政购买服务的方式促进其发展；对于能够市场化运作，但完全靠市场无法实现的服务内容，采取财政补贴的方式促进其实现自我积累和自我发展；对于市场和社会无法或者难以提供的纯公益性服务，应通过政府财政统揽的方式给予支持。[②]

（二）突出支持重点

一是要突出支持重点、加大支持力度。重点支持农业生产信息、农田水利建设、抗旱排涝等领域。二是要突出重点产业。粮食、生猪等关系国计民生和战略安全的基础性产业，财政需要履行职责，将其作为农业生产全程社会化服务的支持重点。三是要突出重点环节。农业科研与技术推广、重大病虫害防治、农产品质量安全等环节关系农业生产全局，财政必须"守住底线"。四是

---

① 周翔：《稳步推进"一事一议"财政奖补》，《江苏农村经济》2010 年第 4 期。
② 郭晓鸣：《培育壮大社会化服务供给主体》，《四川日报》2012 年 6 月 4 日，http://sichuandaily. scol. com. cn/2013/02/28/20130228639103900388. htm。

要提高财政资金筹措使用效率。采取多种途径不断拓宽社会化服务体系建设的资金筹措渠道，发挥财政资金的兜底作用和杠杆作用，不仅要增加投入的资金总量，还要提高资金投入的效率。[①] 首先，进一步拓展投入渠道。探索建立以政府投入为主体、社会多元主体投入的农业社会化服务投入体系，从根本上改变当前经费短缺的财政状况。一方面，各级政府要加大财政支持力度，确保公益性农业社会化服务机构正常运转的经费需求并保证逐年增长。另一方面，鼓励和引导以工商企业为代表的社会力量为建设农业社会化服务注入资金支持。其次，开拓创新扶持机制。通过出台涉农企业的优惠政策措施，如优惠税收、信贷、保险支持等，逐步形成长效发展机制，并配套理顺财政、工商、税务、供销等部门对农业的服务机制，促进服务资源在跨区域、多主体、多领域、多环节之间合理优化配置。再次，整合扶持资金，着力构建"市县多整合、省级多奖励"的支持机制，有效支持农业社会化服务。[②] 最后，强化资金监管。进一步健全和完善资金监管制度，加强对农业社会化服务体系中的资金监管力度，摸清扶持资金使用去向，客观评估资金使用率，防止出现资金监管"真空"。

（三）灵活支持方式

运用灵活多样的补助方式，充分发挥财政资金的引导和推动作用。[③] 一是加大保障力度，对农业公益性基础设施和农业科研、农产品质量安全体系等，必须要财政来保底，全力支持。二是实行奖补和贴息。通过先服务后补助的方式，大力支持合作组织提供专业性、半公益性的服务。采取财政贴息的方式，鼓励涉农龙

[①] 吴兴德：《支农资金筹措投向监管问题的研究》，《农村财政与财务》2001 年第 6 期。

[②] 韩连贵、李振宇：《关于探讨农业产业化经营安全保障体系建设方略规程的思路》，《经济研究参考》2013 年第 3 期。

[③] 《财政部长楼继伟：民生政策该帮穷人而不应该帮懒人》，中国新闻网，2013 年 3 月 24 日，http://www.chinanews.com/cj/2013/03−24/4670741.shtml。

头企业提供盈利性服务，通过政府向社会和市场购买服务，增强农业生产社会化服务的可持续性。三是实行财政参股，对一些重点龙头企业，为了支持其做大做强，可以采取参股、基金投资等方式支持企业，提升企业服务农业生产的能力和水平。

（四）丰富支持内容

从当前我国农业社会化服务内容上看，要加大对基层农技服务机构的硬件设备、信息技术的支持力度，及时更新必要的办公仪器；同时，提高农技推广人员待遇水平，吸引更多专业人才从事农技推广服务，建立一支高质量的基层农技推广队伍。[1] 针对生产型服务，重点支持水稻工厂化育秧，从全国范围来看，水稻机插都是农业机械化生产的最薄弱环节，必须下大力气予以解决，同时对农机作业给予燃油补助，减轻农民因油价快速上涨增加的负担；针对经营性服务，则需要将农民合作组织在服务中的作用充分体现出来，视农民合作组织服务能力建设为基准，对农民合作示范县（区）以及各组织进一步加大扶持力度，争取做到每个村均建有一个农民专业合作组织，进而为农民的产前、产中、产后提供更为便捷、周到的服务；针对金融服务，吸纳多元主体参与农业服务，以村镇银行、农业担保机构、资金互助社为基石，不断拓宽融资渠道，深化投融资改革，引导更多信贷资本和社会资本进入农业生产；针对信息服务，大力培育以现代化信息手段为特征的农业信息服务，建立县—乡—村—大户四级的手机信息平台，及时准确地为农业内不同行业的从业人员提供全方位的农业信息服务。

（五）出台支持措施

目前我国农业正从传统农业向现代农业转变过程中，现代农

---

[1]　管叔琪：《公益性农技推广体系与社会化服务组织建设与创新》，《管理观察》2013 年第 7 期。

业的目标就是要建立发达的社会化服务体系，因此提出以下几点
建议：一是开展试点。围绕现代农业发展、生产的全过程和农业
主导产业，要集中力量，针对不同类型的农业生产区域，以县为
单位，开展农业社会化服务体系建设的试点，每个省可选 3 ~ 5 个
县先行试点。二是深化改革。支持社会化服务体系建设，要充分
发挥基层政府的作用，中央财政可采取打捆方式下达财政支持资
金，由地方按要求、结合本地实际，选择支持重点和方式，充分
调动地方的积极性和主动性。三是提升绩效，健全和完善财政资
金使用绩效的考评制度。引入社会绩效考核组织和机构，采取多
种考核方式，加大考核中的奖罚力度，强化绩效意识。[①] 四是以支
持专合组织为重点完善社会化服务体系。首先，设立农民专业合
作组织发展专项扶持资金。在省、市设立农民专业合作组织发展
专项扶持资金，重点用于扩大组织规模，拓展服务领域，提升服
务能力，提高服务质量，培育出一批产业优势明显、运行机制规
范、服务效果良好、带动能力强劲的农民专业合作社。建立与同
级财政收入同步增长机制，同时健全持续稳定增长的多元化投入
体系，逐步形成政府、金融机构、农户和社会多元化投入体系，
为新型农业社会化服务体系提供坚实的财政保障。其次，建立农
民专业合作组织数据库。随着农民专业合作组织的蓬勃发展，建
立农民专业合作组织数据库，有利于充分掌握其发展状况、明晰
财政对其扶持的关键环节和重点内容，从而促进其在新型农业社
会化服务体系中充分发挥作用。通过数据库可以准确掌握各地合
作社的产业分布、成员组成、农业服务供给及其带动实效；可以
对处于萌芽期、孵化期、发展期、提升期等不同时期的合作社，
根据其发展的阶段特征及其急需扶持的环节给予"对症下药"式
的针对性扶持，并根据发展实际需要进行持续扶持，从而达到事
半功倍的效果。数据库还可以不断优化和创新财政资源的配置方

---

① 蒋锐：《淮南市财政支出绩效评价现状和发展分析》，淮南市财政局，http://
cz. huainan. gov. cn/main/czlt/2013 - 12 - 05/20582. html。

式，既保证一些需要扶持的合作社能够获得一定的财政扶持，又防止一些合作社过度占有财政扶持资源。① 此外，数据库可以促进国家及省市级示范合作社进行动态管理，真正发挥示范专合组织的带头作用。再次，加强开展合作社的培训力度。向社会广泛宣传和介绍农民专业合作社的职能和功能，普及关于怎样组建农民专业合作社，如何管理合作社等知识，帮助其建立、完善各项制度，提高农民专业合作组织规范化、标准化建设水平。最后，在深入合作社调研、分析的基础上，有针对性地采取多种形式对专合组织带头人、农村经纪人、种养"土专家"等进行培训提升，促进其成为农技服务的重要供给源、农技推广的中坚力量、农产品营销的领头人，增强其实体化运作能力和自我发展水平。②

（六）创新支持政策

整县推进项目试点。农业是多部门服务的对象，新型农业社会化服务体系涉及许多部门的工作。县级政府在整合农业社会化服务项目和资金上既能针对地区经济社会发展的特殊性，又具有一定的区域协调性，启动新型农业社会化服务体系建设整县推进试点工作，整合财政支持政策、资金和项目，整合服务主体、服务设施和服务人员，对于真正形成"覆盖全程、综合配套、便捷高效"的新型农业社会化服务体系具有十分重要的作用。

一是加强统筹规划，促进部门协调。采用自上而下的方式，从省开始整合农业、林业、水务等部门形成农业综合服务机构，各地结合实际，统筹规划，整合已有的服务力量，采用条块结合的方式组建县级农技服务中心、农产品购销信息中心、农产品检测中心、农业综合执法大队等机构，根据产业特色和服务半径，

---

① 钱巨炎：《创新财政体制机制加快推进经济发展方式转变》，《今日浙江》2010年第8期。

② 农业部管理干部学院农业农村人才研究课题组：《农民专业合作带头人培养研究报告》，中国农经信息网，2013年8月21日，http://www.caein.com/in-dex.asp?xAction=xReadNews&NewsID=90755。

打破行政界限设置乡镇农业综合服务站、配置服务力量，打破条块分割格局，增强部门之间的协作意识和能力，提高社会化服务体系的运转效率。

二是明确部门职责，实行责任追究。健全农业服务机构的职能职责，明确岗位职责，完善考评机制，探索奖惩结合的激励约束机制，把权力与责任紧密联系起来，遏制"越位""错位"乱作为及"缺位"不作为等现象的发生，促进新型农业服务体系的服务主体既分工又合作，齐心协力推动农业发展。

三是总结经验教训，以合作交流促进发展创新。在构建新型农业社会化服务体系的过程中，采取整县试点推进，鼓励试点县突破现有体制机制的束缚，探索构建农业社会化服务体系的新方法、新途径，努力提升服务实效。另外，要充分分析、总结和推广在试点中取得的好经验，适时创造条件促进试点县之间展开相互交流和学习，① 合理应对和解决试点中遇到的新问题、新困境。

---

① 王剑：《关于财政支持农业生产社会化服务体系建设的调研报告》，《农村财政与财务》2013 年第 11 期。

第三章　城市化背景下的农村土地
制度改革研究[*]

我国现行的土地制度是原来城乡二元结构体制的重要组成部分，曾在社会主义建设过程中发挥重要作用。但随着我国经济社会体制的转型，土地制度的弊病逐渐显现，并成为制约社会主义市场经济健康持续发展和生产要素自由流动的重要因素，也是当前"土地财政"困境的重要诱因，已不适应当前经济社会发展的需要。为顺应经济社会发展的新形势，党的十八届三中全会站在改革发展全局的角度对深化农村土地制度改革提出了一系列要求，明确了相关目标任务，但改革的具体政策措施还需要进一步深入研究和细化分类。加强农村土地制度改革研究，应从理论上分析土地制度改革的必要性，在实践中寻找土地制度改革的可行性，充分借鉴国外有益经验，提出具体政策建议，为中央出台相关改革措施提供重要参考。

一　土地制度的历史沿革及其历史贡献

诺贝尔奖得主诺斯说过，改革路径的选择是历史在起作用，

[*]　王敬尧，华中师范大学政治与国际关系学院教授、博士生导师，中国农村综合改革协同创新研究中心研究员，研究领域：农村改革与地方治理；魏来，华中师范大学政治与国际关系学院博士生，研究领域：农村改革与基层治理。
本文系教育部哲学社会科学研究重大攻关项目"新时期我国农村综合改革研究"（12JZD023）和亚洲开发银行政策与顾问技术援助项目"中华人民共和国：财政政策改革与管理——平衡城乡发展"（项目编号：47040-001）阶段性成果。

经济的发展也是如此，无论是政治制度本身，还是信仰制度都与历史密切相关。因此，有必要对我国农村土地制度的历史沿革及其历史贡献进行概括梳理，这对于我国农村土地制度未来的发展方向具有重要的指导意义。

（一）我国古代土地制度

在我国古代社会，土地制度不断发展，在不同的历史时期也表现出不同的特点。从奴隶社会到封建社会，土地制度也随之变迁。在我国漫长的封建社会时期，封建土地国有制、地主土地所有制和农民土地所有制互有消长，但总的趋势是封建地主土地所有制逐渐居于统治地位。纵观我国封建社会时期土地制度的沿革，发现土地制度变迁是国家、地主和农民三者围绕获取土地权益博弈的结果，是三种土地所有制互动演进的过程。

（二）我国近代土地制度

清朝末期，洪秀全带领下的太平天国颁布了《天朝田亩制度》，提出平分土地方案，这是农民阶级对封建地主土地所有制的否定。"平均地权、核定地价，使耕者有其田"是孙中山先生三民主义中"民生主义"的重要内容，也是民国时期国民党土地政策的指导原则。[①] 其目的是以土地国有的手段，在消灭地主土地所有制的前提下，达到"耕者有其田"的目的，同时，以建立农民土地所有制作为通向资本主义大农业生产的过渡，为资本主义大生产的发展扫清障碍。

（三）新中国成立至1978年我国的土地制度

1978年之前，中国农村土地制度经历了土地改革、合作化运动和人民公社化三个阶段。这一时期的制度变迁具有连续性的特点，主流意识形态决定了变迁的基本方向，中央政府主导和强制

---

① 蒲坚、张积：《中国历代土地资源法制研究》，北京大学出版社，2006。

性变迁是这一时期中国农村土地制度变迁的基本特征。

1. 土地改革时期（1949～1952 年）

1950 年 6 月 28 日，中央讨论通过了《中华人民共和国土地改革法》，明确指出我国土地改革的路线、方针和政策，指导中国农村开展工作，这是中华人民共和国成立初期标志性的法律法规，主要内容是废除封建地主土地所有制，实行劳动农民的土地所有制。

2. 合作化运动时期（1953～1958 年）

1953 年 12 月中央发布《关于发展农业生产合作社的决议》，将合作化运动分为两个阶段：初级合作社阶段（1953～1956 年）和高级合作社阶段（1956～1958 年）。初级合作社的推行使土地制度由"农民所有、农民经营"转变为"农民所有、集体经营"，土地私有制的土地性质没有根本改变，改革的只是土地使用及经营方式。高级合作化从根本上废除了土地私有制，变农民土地所有制为农业合作社集体所有。

3. 人民公社时期（1958～1978 年）

截至 1958 年年底，全国 74 万个农业合作社合并为 2.6 万个人民公社，全国 90% 以上的农户参加了公社。① 在短短的几个月内，实现了全国范围的人民公社化。人民公社化运动的兴起，导致了以"一平二调""一大二公"为特征的农村土地制度代替了本身就暴露出很多问题的高级社条件下的农村土地制度。

（四）改革开放后我国的土地制度

党的十一届三中全会后，改革开放成为中国经济发展的主旋律，而农村为改革开启先河，土地政策就是改革的核心，农村土地政策的变迁主要围绕家庭联产承包责任制展开。

1. 过渡和确立时期（1978～1983 年）

从 1979 年起，政策开始放宽，初步肯定了"包产到户"的办

---

① 胡绳：《中国共产党的七十年》，中共党史出版社，1991。

法。1980 年 9 月，中央文件对家庭联产承包责任制给予了肯定。1982 年 1 月，中央一号文件第一次确定了"包产到户"的社会主义性质，同年 12 月修订的《宪法》中也明确规定"农村和城市郊区的土地，除由法律规定属于国家所有的以外，其余属于集体所有"。同时，原来的乡、镇、村体制也得到恢复，这标志着推行 20 多年的人民公社体制开始解体。到 1983 年年底，全国农村实行包干到户的生产队达到 576.4 万个，占全国总数的 97.8%，家庭承包经营制度在全国确立。①

2. 稳定和发展时期（1984～1991 年）

1984 年，中央文件强调，要继续稳定和完善家庭联产承包责任制，延长土地承包期。1985 年，针对粮食增收引发的"卖粮难"现象，中央一方面提出调整农业产业结构，发展多种经营，并取消 30 年来农副产品统购派购的制度，将农业税由实物税改为现金税。② 另一方面规定以家庭联产承包为主的责任制、统分结合的双层经营体制作为中国乡村集体经济组织的一项基本制度长期稳定下来，并不断加以完善。③ 1988 年《宪法》修正案规定"任何组织或者个人不得侵占、买卖或者以其他形式非法转让土地。土地的使用权可以依照法律的规定转让"。

3. 稳固和深化时期（1992～1999 年）

1993 年 4 月，第八届全国人大会议上，"家庭承包经营"作为国家一项基本经济制度被写入修正后的《宪法》，至此，多年来关于家庭联产承包经营制度的争论和误解得以解决。1998 年 8 月，"土地承包经营期限为 30 年"的土地政策被写入了第九届全国人大第十次会议提出的《土地管理法》修订案中，该政策上升为法律，使得稳定承包关系具有了法律保障。同年 10 月，中国共产党第十五届三中全会决定"长期稳定农村基本政策"，土地使用权的

---

① 张红宇：《中国农村的土地制度变迁》，中国农业出版社，2002。
② 中共中央、国务院《关于进一步活跃农村经济的十项政策》，1985 年 1 月 1 日。
③ 中共中央《关于进一步加强农业和农村工作的决定》，1991 年 11 月 29 日。

合理流转，要坚持自愿、有偿的原则依法进行，不得以任何理由强制农户转让。同时也指出，少数确实具备条件的地方，可以在提高农业集约化程度和群众自愿的基础上，发展多种形式的土地适度规模经营。① 1999 年 1 月，党和国家要求将"一证一书"即土地承包经营权证和承包合同书全部签发到户，对其实行规范的管理，切实保证农村土地承包关系长期稳定。②

二 当前农村土地制度的现状、困境及原因

（一）当前我国农村土地制度的运行情况

我国土地分为三大类：农用地、建设用地和未利用地。农村土地制度改革的对象一是耕地、林地、草地等农业生产用地；二是集体经营性建设用地、宅基地等农村集体建设用地。

1. 农用地制度的运行情况

耕地作为人类最基本的生存条件和最基本的生产要素，历来为人类社会所关注和珍视，特别是对我国这样一个人口众多、人均耕地水平较低的发展中国家，能否保有足够数量、质量的耕地资源直接关系到粮食安全、社会稳定与生态安全，它的合理配置和高效利用直接影响到社会经济的可持续发展，我国政府为此制定和实施了一系列耕地保护政策措施。1997 年中共中央国务院中发［1997］11 号文件首次提出了"耕地总量动态平衡"的概念，其后在以土地利用总体规划为依据的建设用地审批过程中，开始执行耕地"占一补一"的政策。

据国土资源部和国家统计局统计，2012 年，全国因建设占用、灾毁、生态退耕等原因减少耕地面积40.2 万公顷，通过土地整治、

---

① 中共十五届三中全会《中共中央关于农业和农村工作若干重大问题的决定》，1998 年 10 月。

② 中共中央、国务院《关于做好 1999 年农村和农业工作的意见》，1999 年 1 月11 日。

农业结构调整等增加耕地面积 32.18 万公顷，年内净减少耕地面积 8.02 万公顷。应当承认，我国耕地保护制度的实施对于遏制城镇化中耕地资源的急剧减少起到了一定积极作用，但不可否认，其运行效果与预期目标也存在相当差距，耕地保护行动出现了政策失灵。

中华人民共和国成立以来，我国集体林权改革先后经历了土地改革时期的分林到户阶段、农业合作化时期的山林入社阶段、人民公社时期的山林集体所有、集体经营阶段和 20 世纪 80 年代初的林业"三定"阶段以及 21 世纪以来的集体林权改革阶段，农民的林权权益呈现"完整→丧失→基本完整→重新完整"的循环。当前我国的林业制度是新一轮集体林权制度改革形塑的结果，尽管取得了显著成效，但也面临着"官方"与林农利益冲突、公平与效率难以兼顾、生态与增收平衡压力等问题。

当前我国草地制度建设已经取得了阶段性的成果，初步形成了草原制度体系，为实施草地保护、增加农牧民收入发挥了重要作用。但由于种种原因，我国的草地资源遭到了破坏，制约了畜牧业的可持续发展，而且对全国的生态安全构成了严重威胁。

2. 农村建设用地制度的运行情况

根据《中华人民共和国土地管理法》的规定和农村的现实状况，农村集体建设用地是归农民集体所有、用于建设项目的所有农村土地，包括农民宅基地、乡镇企业建设用地和乡（镇）村的公共设施、公益事业用地。现行的以《土地管理法》为核心的土地管理法律体系对农村集体建设用地有着明确的限制导向，征收和征用是农村集体建设用地转变为国有土地进行入市流转的唯一合法途径。

严格限制集体建设用地使用权流转的主要目的是保护农村土地资源，特别是保护有限的耕地资源，但这样的限制性规定在实践中并不利于保护广大农民的利益。基于农村存量建设用地远高于城市建设用地的现实，国土资源部制定了"增减挂钩"政策，意图在保持建设用地总量不显著增加的前提下，减少存量农村建设用地的规模，来满足城市发展所需的土地空间，从而既实现耕地保护的目标，又能保障工业化、城市化的用地供给。城乡建设用地增减挂钩在各地统筹城乡发展中起到了政策抓手的作用，提供了一个"保障城市发展空间、优化农村建设空间"行之有效的工作思路，也成为农村土地资产化运作的关键举措。

　　到目前为止，我国并没有专门的农村宅基地制度。在城镇化建设过程中，由于宅基地总面积不断增加，相应的闲置宅基地面积也随之增多，其与统筹城乡建设用地紧张的矛盾也更为激烈。为了有效针对当前宅基地制度瓶颈，全国各地因地制宜出台了一系列的宅基地流转模式，集约利用闲置宅基地，满足城镇化建设用地缺口。如重庆的"地票"、天津的"宅基地换房"以及嘉兴的"两分两换"等模式，都是基于"占补平衡"的原则来进行流转的（如图3-1所示），并且在整个过程中，政府都是实施主体，积极引导农民进行宅基地流转。

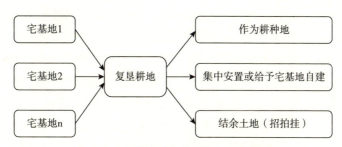

图3-1　宅基地"占补平衡"流转模式

（二）我国农村土地制度面临的主要问题及原因

　　当前我国农村土地制度问题可以分为两个部分：一是农用地经由政府征用转变为建设用地过程中出现的问题；二是集体建设用地，特别是集体经营性建设用地的市场化严重滞后，制度和政策供给不足。

　　1. 现行征地制度引发的问题

　　（1）公共利益界定不明，征地范围过大。我国《宪法》第10条规定"国家为了公共利益的需要，可以依照法律规定对土地实行征收或征用并给予补偿"。《土地管理法》第 2 条规定："国家为了公共利益的需要，可以依法对土地实行征收或者征用并给予补偿。"公共利益通常被用来衡量国家是否滥用征地权，但是在现实中，"公共利益"并没有明确的界定，公共利益是一个不确定的、泛化的法律概念。现行法律、法规并没有明确界定哪些建设项目用地是为了"公共利益"。正因为如此，滥用征地权、征地范围过大的现象不断发生。有些地方征地早已不限于为了"公共利益"，部门利益甚至私人商业利益都在搭乘公共利益的"便车"，土地征收实质上已经成为满足各类建设用地的主要途径，远远超出了"公共利益"的范围。这不仅会影响我国的耕地数量和质量，还可能引发一系列的社会冲突。

（2）农户征地补偿偏低，增值分配不公。在土地征用的实际操作过程中，不管是公共利益还是非公共利益，政府一律启动强制征地权，大量征收农村集体土地。同时，征地按原农业用途进行补偿，这就造成了普遍的低价征地、高价出让的城乡土地价格"剪刀差"，使农民蒙受巨大的土地财产损失。当前的补偿办法没有体现土地的增值收益和价值，没有反映土地的社会保障功能，没有体现土地市场的供求关系，与市场经济运行规律严重不符。同时，因为农产品价格的波动，作为补偿基数的亩产值也难合理确定，很容易出现补偿不合理的状况。[1] 农村土地征用时按照年平均产值确定补偿价格，而到二级市场出让时却按照市场价格、土地建设用途确定，这种价格体系显失公平，严重侵害了农民的土地财产权。根据 2012 年关于北京市昌平区 38 个被征地村庄的调查，2008～2012 年，38 个村共被征地 2802 亩，农民及村集体共获得补偿 3.2 亿元，平均补偿标准 11.4 万元/亩。每亩均差达 400 万元。[2] 资料显示，武汉绕城高速公路东北段征地 1.03 万亩，补偿标准为每亩 1.89 万元，但最后落实的补偿标准仅为每亩 4800 元，

---

① 李中：《我国征地制度：问题、成因及改革路径》，《理论探索》2013 年第 2 期。
② 郭光磊：《北京市新型城市化中农民土地权益发展研究报告》，2012 年 11 月。

共少补偿给农民 1.45 亿元，降幅达 75%。[①]

（3）干群关系持续紧张，维权事件频发。由于地方税收的减少，通过低价征地、高价卖地增加财政收入成为一项普遍的策略，加之城镇化进程中大量农民土地被征用，由征地引发的群体性事件在数量和强度上都呈上升趋势，成为后农业税时期影响农村稳定的主要因素。[②]

2. 集体建设用地市场化滞后造成的问题

（1）地方过度依赖土地财政加大财政金融风险。2013 年国有土地使用权出让收入为 41249.52 亿元，同年地方财政收入为 68969.13 亿元，土地出让收入占地方财政收入的 59.8%。[③] 地方政府的土地出让收入占地方财政收入的一半以上，加上地方政府转让土地而获得的直接和间接税收收入、各种费用收入，土地已成为地方财政收入的主要来源。政府用土地财政收入搞建设，本质上是"寅吃卯粮"，加大了用地企业的市场风险，降低了用地个人的生活水平。同时，许多地方政府用土地向金融机构抵押或质押融资，但偿债能力严重不足，靠借新债偿旧债来拖延。政府经营土地的制度不改，这种局面仍将呈加剧之势。

（2）农村建设用地难以入市，小产权房问题突出。2008 年，党的十七届三中全会提出"逐步建立城乡统一的建设用地市场……集体土地与国有土地享有平等收益权"，但实践中的农地入市仍然停留在小心翼翼的探索和试点阶段。在此背景下，大城市的小产权房大量涌现。据有关方面调查，北京的小产权房占市场总量 20%；西安的小产权房占市场总量 25%～30%；截至 2011 年年底，深圳小产权房违法建筑达到 37.94 万栋，建筑面积高达 4.05 亿平方米，占深圳市总建筑面积的 49.27%。无论是建设数量

---

① 李金华：《关于 2005 年度中央预算执行的审计工作报告》，《经济日报》2006 年 6 月 29 日。

② 柳建文、孙梦欣：《农村征地类群体性事件的发生及其治理——基于冲突过程和典型案例的分析》，《公共管理学报》2014 年第 2 期。

③ 数据来源：根据财政部和国土资源部统计数据计算。

还是市场需求，小产权房都相当庞大，成为政府不得不严肃面对的问题。

（3）城市建设用地储备不足，城市房价日益攀升。在我国房地产市场中，土地成本在房地产开发投资中占有很大的比例，城市建设用地来源的垄断，使得房地产价格受到政府和开发商自身利益的影响而与其真实价值背离。土地出让金和房地产税是地方政府的主要财政来源，这在一定程度上助长了房价的攀升。尽管国家出台了一系列调控手段，但在供需不均的市场条件下很难有明显的作用。而国有土地储备和招拍挂制度的实施不仅没有缓解房地产市场的供需矛盾，反而加剧了土地供应的紧张局面。

3. 原因分析

（1）城市化加速推进，城乡建设用地需求旺盛。改革开放以来，我国的城市化进程不断加速，导致用地需求量加大，而建设用地供给能否满足需求的关键要看土地利用规划。国家每年有具体的供地计划，各省市根据当地的发展情况和国家批准的建设用地指标份额确定其供地计划，但原则上其供地计划不能超过国家规定的指标数量。相对于巨大的建设用地需求而言，当前有计划的建设用地有限供给往往难以满足旺盛的土地需求。可以说，建设用地指标供给不足是当前各地急需解决的用地难题，对于城市化速度较快的地区更是如此。

（2）农地所有权残缺，土地产权主体地位虚置。集体所有权不明确体现在集体所有权的主体不明确与集体所有权的行使不明确两个方面。在不同的法律中，集体所有权主体规定很不一致：《中华人民共和国宪法》中将其笼统定为集体所有；《民法通则》中其被界定为乡（镇）、村两级所有；《中华人民共和国土地管理法》中则规定其为乡（镇）、村或村内农业集体经济组织。从而在微观上形成村集体经济组织或者村民委员会、村内各农村集体经济组织或者村民小组、乡（镇）农村集体经济组织对同一块土地都可以拥有所有权。在这种制度安排下，作为集体一员的普通农民的土地产权是模糊不清的，他们作为土地产权的主体地位是虚置的。

（3）财税体系不完善，地方严重依赖土地财政。分税制改革将一些关系国家大局和实施宏观调控的税种划归中央，扩大了中央的财源。在此之后财权向上集中，同时地方财政支出责任不断增加，承担更多责任的地方政府以及地方政府官员就将目光瞄向了土地。这也成为地方政府追求"土地财政"的内在动力。

（4）政绩考核不合理，刺激地方官员产生卖地冲动。现行行政管理体制中的"对上负责"和经济体制上的高度分权，以及根据 GDP 增长率以及地方政府间的相对经济绩效为考核标准的官员晋升机制，为地方政府提供了很强的经济增长激励，同时形成了地方政府"卖地"的内在动力。

三 国外土地管理的经验和做法

世界各国特别是发达国家围绕土地的经营管理制度进行了有益的探索和积极的改革，尤其是在土地产权界定、土地市场运行、土地收益分配和土地征收制度等方面取得了丰硕成果，积累了宝贵经验，对我国推进土地制度改革具有重要启示。

（一）土地所有权制度

1. 土地所有权主体明晰

土地所有权的归属是土地所有权制度的核心，土地所有权主体的确定将从根本上决定土地所有权的性质，影响接下来一系列土地改革的方向。美国的土地实行的是公私兼有的多元化土地所有制，美国政府通过法律对土地所有权主体的权利和义务界定得十分清楚。日本现行的土地所有制是以个人为主体，国家所有、公共所有、个人与法人所有并存的一种土地所有制度。[①]

---

① 王鹏虎：《日本现行土地制度概览》，《海外透视》2004 年第 4 期。

2. 土地所有权权能划分明确

土地所有权包括各项权能，每一项权能都可以与所有权相分离，成为一项独立的权利，为非所有权人所享有。赋予农民明晰、稳定和完整的土地所有权权能是调动农民积极性的根本保证，也是提高农业经营水平的前提条件。英国的土地所有权分三个层次：土地所有权—自由保有权—土地使有权，各项权利之间主体明确，权利界定清楚。[①] 日本对农民的土地权利进行了明确的界定，取消了农户之间租借、买卖土地的限制，允许农地产权通过市场进行租借和买卖，从而进一步扩大了农民对土地的使用权和收益权，而且赋予了农民对土地的处分权。

3. 合法的土地所有权限制

在美国，联邦政府和州政府享有对土地的征用权和土地管理的规划权，土地的发展权也由国家享有，国家通过发展权的转让来控制土地的开发、流转和征用。[②] 英国 1947 年制定的《城乡规划法》规定，一切土地的发展权归国家所有，这就是英国所谓的"土地发展权国有化"[③]。法国政府对土地所有权的限制主要表现在土地用途保护和土地流转，通过这些对土地所有权的限制性条件，法国实现了土地的农用和规模化经营。日本对土地所有权的限制是十分严格的，除了国家可以对土地进行征收和征用外，对土地的交易也有着严格的规定。

（二）土地市场交易方式

1. 多元化的土地产权市场

发达国家的土地交易市场主要有所有权市场、使用权市场、开发权市场、经营权市场和抵押权市场。

---

① 杨新海等：《借鉴英国经验完善中国土地产权流转》，《国家城市规划》2007 年第 22 期。

② 陈丹、唐茂华：《国外农地规模经营的基本经验及其借鉴》，《国家行政学院学报》2008 年第 4 期。

③ 陈勇：《英国土地制度及其实践》，《山东国土资源》2007 年第 2 期。

2. 平等的市场交易主体

在市场经济国家，土地市场十分活跃，交易对象和主体广泛且几乎不受限制，只要符合法律规定，保证规划的实施，交纳规定的税收就都可以参与土地的交易。

3. 成熟的市场管理方式

主要包括公众的参与和听证、完善的土地登记制度、收购储备制度和土地市场管理机构。

（三）土地利益分配机制

1. 政府的直接收益方式

政府作为土地的所有者，其收入主要来自两个方面：一是出售土地收入；二是土地出租收入。以美国的圣地亚哥市为例，当时停车场按毛收入的50%，游艇泊位按毛收入的25%，旅馆客房按毛收入的6%，旅馆小酒吧按毛收入的3%交纳租金，其租金比例每隔四年调整一次，政府有关部门需要掌握土地使用者的经营情况。

2. 政府的土地税收

一是不动产税，一般是地方税，作为地方财政收入和进行地方公共事业建设的主要资金来源。二是所得税，是对经营房地产或土地交易所得收入所征收的一个税项。除此之外，各国还根据自己实际情况制定相应的土地税种，如增值税、印花税、土地继承税、水税等。土地税收制度是国际上比较通行的一种制度和做法，建立和完善系统、科学、有效的土地税收制度，是我国土地收益分配制度的发展方向。

3. 收益的分配方式

除了初次分配和二次分配外，还有政府的政策性分配。在美国的一些州，政府低价出售土地，直接用于低收入居民的住房建设，作为政府对低收入居民的补贴，实际上是将土地的一部分收益直接分配转让给中低收入家庭。

（四）土地征收制度

发达国家的土地征收是指政府为了公共用途的需要，在支付公平补偿后，经过法定程序，运用公权力取得私人所有权土地及附属物的所有权以及相关权利的行为。

1. 完善的法律保证

美国联邦政府的权利法案和各州政府法律都对征收做出了规定，但各州的立法形式不尽相同。有些州有单独的征地法，如伊利诺伊州的《土地强制征收法》，有些州在《民事程序法》中零散地对征地程序进行了规定。①

2. 明确公共利益

在市场经济条件下，各国都根据自己的具体情况，在立法中对公共利益进行明确界定。国外界定"公共利益"的方式主要有两种：一是列举式界定，日本土地征收法律法规，穷尽性地列出了所有35种可以发动土地征收权的公益事业。二是概括式界定，加拿大、美国在与土地征收有关的法律法规中仅原则性地规定"只有出于公共利益方可发动土地征收权"，虽然对"公共利益"未加以明确界定，但可以通过议会法律和法院来判决土地征收是否符合"公共利益"。

3. 完善的补偿标准

土地征收具体补偿标准有相应的法律作为保障，大致可分为三类。一是按市场价格补偿，世界上大多数国家都采用这种方式，如美国、加拿大、英国等。二是按裁定价格补偿，指按法定征收裁判所或土地估价机构裁定或估定的价格补偿，如法国以征收土地周围土地的交易价格或所有者纳税时的申报价格为参考，由征收裁判所裁定补偿标准。三是按法定价格补偿，指按法律规定的基准地价或法律条文直接规定的标准补偿。国外有些国家的征地

---

① 彭开丽、李洪波：《美国的土地征用补偿制度及其对我国的启示》，《农业科技管理》2006年第12期。

补偿规定主要是在法定下限的基础上协商，而我国的规定却是补偿的上限，即近三年土地平均收益的 30 倍。

四 土地制度市场化改革对地方财政的影响

（一）"土地财政"收入对地方财政影响

自 1979 年的《中外合资经营企业法》提出可将场地使用权作为中方投资或合营企业向政府缴纳使用费开始，土地有偿使用制度经历了三十多年的改革，使土地收益大幅增加。1994 年分税制改革后，土地出让收入全部划归地方政府，为地方政府获取财政收入留下了巨大的操作空间。分税制后地方政府存在的税收局限以及中央和地方事权与财权的不对等，使得地方政府不得不寻求新的财政渠道获得财政收入以弥补财政缺口。地方政府利用土地通过各种方式获取收入的行为被称为"土地财政"，狭义上的土地财政收入指的是土地出让收入，广义上则泛指政府所获得的与土地或房地产相关的一切收入，包括以土地出让金为主的预算外收入，税收收入和利用土地融资的地方债务性收入。

1. 土地出让收入

随着城市化进程的加快，地方政府出让土地的规模不断增加，所获得的土地收入包括土地出让金、土地租赁租金以及其他供地方式获得的收入。出让与租赁使用权性质上的差异使得出让收益远胜于租赁收益，土地出让金对地方财政的贡献连年递增，2013 年占地方政府一般预算收入比例更是达到近 60%（见表 3 - 1）[1]。

从 2001 年开始，土地出让收入开始高速增长，其占地方财政收入的比重也开始急剧增加。这主要是因为地方政府对 2001 年发布的《关于加强国有土地资产管理的通知》的积极响应，大力推进了经营性用地公开出让，进一步显化了土地市场价值。2005 年

---

① 马雪：《财政分权下的土地问题》，《东岳论丛》2012 年第 5 期。

土地出让收入有所跌落是因为 2004 年出台的《关于继续开展经营性土地使用权招标拍卖挂牌出让情况执法监察工作的通知》要求，2004 年 8 月 31 日后各地不得再以历史遗留问题为由协议出让土地，因此很多地方政府在 2004 年集中批地，减少了 2005 年土地出让数量。① 可见，在土地出让制度建立、完善的过程中，中央政府发布的各种政策会极大地影响地方政府的土地出让行为，进而对地方财政收入产生影响。

表 3 - 1　2000 ~ 2013 年土地出让金的纯收益及占地方政府
一般收入的比例

单位：亿元

	土地出让金		土地租赁租金		土地其他供应方式	
	金额	比例	金额	比例	金额	比例
2000	595.6	9.30%	4.1	0.06%	25.2	0.4%
2001	1295.9	16.60%	4.0	0.05%	18.2	0.2%
2002	2416.8	28.40%	5.7	0.07%	31.8	0.4%
2003	5421.3	55.00%	4.8	0.05%	279.7	2.8%
2004	6412.2	53.90%	3.1	0.03%	43.5	0.4%
2005	5883.8	39.00%	9.7	0.06%	48.2	0.3%
2006	8077.6	44.10%	3.8	0.02%	27.7	0.2%
2007	12216.7	51.80%	2.5	0.01%	28.0	0.1%
2008	10259.8	35.80%	3.2	0.01%	151.4	0.5%
2009	17179.5	52.70%	25.7	0.01%	79.9	0.2%
2010	30108.9	74.14%				
2011	31500.0	59.30%				
2012	26900.0	43.60%				
2013	42000.0	59.80%				

数据来源：2000 ~ 2008 年地方财政收入数据来自国家统计局，2009 年来自财政部。2010 年以后数据根据综合国土资源部、国家统计局、财政部数据得出，具体参见：http://news.xinhuanet.com/house/nb/2014 - 04 - 26/c_1110422851.htm。

---

① 朱丽娜、石晓平：《中国土地出让制度改革对地方财政收入的影响分析》，《中国土地科学》2010 年第 7 期。

2. 土地税收收入

与土地相关的税收收入分为直接税收收入和间接税收收入。直接税收收入包括城镇土地使用税、房产税、土地增值税、耕地占用税和契税。这五项税收都属于地方税，即税收属于地方一般预算收入，税收资金支配权归地方政府。尽管我国实行了"史上最严厉的房地产调控政策"，各项税种仍保持较快增长速度。2012 年各地公共财政预算收入为 61078.29 亿元，税收收入 47319.08 亿元，其中城镇土地使用税 1541.71 亿元，房产税 1372.49 亿元，土地增值税 2719.06 亿元，耕地占用税 1620.71 亿元，契税 2874.01 亿元，[①] 合计 10127.98 亿元，占财政预算收入的 16.58%。

土地发展的建筑业和房地产业的营业税和相关税收纳入地方税收收入，属于土地相关间接税收收入。财政税务部门没有公开土地间接税收，即房地产营业税和建筑业营业税数据，暂不能纳入土地财政的计算。企业获得土地后进行生产和商业活动，提高了增值税等税收收入，尽管这部分税收收入不属于地方税收收入，但受其影响的城市维护建设税和教育附加税等地方税种又可以增加地方政府的税收收入。

3. 土地债务收入

地方政府通过融资平台利用土地抵押获取贷款也是获取地方财政收入的重要途径，地方政府债务收入越来越受到当地土地出让收入的影响。若以"承诺以土地出让收入偿还债务"总额除以"省市县三级政府负有偿还责任债务余额"来测算各地债务收入对土地出让收入的依赖度，[②] 可以发现北京土地偿债总额第一，浙江依赖度第一，即使对土地偿债依赖度较小的省份，也至少有 1/5 的债务要靠土地来偿还（见表 3 - 2）。

---

① 中华人民共和国国家统计局：《中国统计年鉴 2013》，中国统计出版社，2013。
② 刘德炳：《哪个省更依赖土地财政》，《中国经济周刊》2014 年第 4 期。

表 3 - 2　我国 23 个省份土地财政依赖度排名（截至 2012 年年底）

省份	统计口径	土地偿债规模（亿元）	土地偿债规模排名	土地偿债依赖度	依赖度排名
浙江	省、市、县级	2739.44	2	66.27%	1
天津	市级	1401.85	10	64.56%	2
福建	省级、8 个市级、64 个县级	1065.09	11	57.13%	3
海南	省级、2 个市级、12 个县级	519.54	20	56.74%	4
重庆	市级和 36 个区县级	1659.81	8	50.89%	5
北京	市级和 14 个区县级	3601.27	1	50～60%	
江西	11 个市级、90 个县级	1022.06	12	46.72%	7
上海	市级和 16 个区县级	2222.65	3	44.06%	8
湖北	13 个市级和 72 个县级	1762.17	6	42.99%	9
四川	18 个市级和 111 个县级	2125.65	4	40.00%	10
辽宁	13 个市级和 49 个县级	1983.20	5	38.91%	11
广西	自治区、市、县级	739.40	16	38.09%	12
山东	14 个市级和 81 个县级	1437.34	9	37.84%	13
江苏	13 个市级和 73 个县级政府			37.48%	14
安徽	16 个市级和 78 个县级	901.99	14	36.21%	15
黑龙江	8 个市级和 18 个县级	652.88	17	36.10%	16
湖南	14 个市级和 96 个县级	942.42	13	30.87%	17
广东	19 个市级和 63 个县级	1670.95	7	26.99%	18
陕西	10 个市级和 32 个县级	631.86	18	26.73%	19
吉林	6 个市级和 18 个县级	586.16	19	22.99%	20
甘肃	10 个市级和 28 个县级	206.54	22	22.40%	21
河北	11 个市级和 59 个县级	795.52	15	22.13%	22
山西	6 个市级和 10 个县级	268.94	21	20.67%	23

　　注：江苏没有公布土地偿债规模数字；北京没有公布比例数字及可供测算的数据，表中数据为估值；四川测算占比的分母为"市县两级政府负有偿还责任债务余额"，其他省份测算的分母为"省市县三级政府负有偿还责任债务余额"。

　　数据来源：各省份审计部门审计工作公告。

　　地方政府以土地收入作为债务担保，但是土地出让收入很大部分用于征地补偿、城市基础设施建设等，这就导致了人们对地方政府偿债能力的担忧。根据财政部统计数据显示，2008～2011年，征地补偿等支出占土地出让收入的比重分别为 37.14%、42.03%、49.66% 和 71.75%，城市基础设施建设支出占土地出让收入的比重分别为 29.84%、27.10%、27.92% 和 18.11%，每年二者合占土地出让收入的比例大约为 70%，甚至 90%，加上教育、社会保障、农业建设等支出，土地出让收入用于偿还债务的比重是非常小的，债务隐患促使我们不得不进行更深入的土地制度市场化改革。

（二）集体建设用地市场化改革对地方财政的影响

农村集体土地包括农业生产性土地和集体建设用地，农业生产性土地包括耕地、林地和草地等，集体建设用地则主要包括宅基地和经营性建设用地。受制于 18 亿亩耕地的红线以及宏观经济政策，透支农业生产土地获取财政收入是不稳定且不可持续的，如何促进集体建设用地市场化是改革的重点，其中集体经营性建设用地直接入市对地方财政的影响和风险评估更是重中之重。

1. 集体经营性建设用地市场化对地方财政的影响

农村集体经营性建设用地是村组织将集体建设用地租赁、转让给企业或个人使用的一种建设用地类型，但是目前我国集体经营性建设用地存在一种尴尬局面，虽然集体经营性建设用地的所有权属于集体所有，但是局面仍是"人人有份，人人无权"，通常是由个别领导干部说了算，而一旦涉及土地规划及土地流转方面的问题，则又是政府的涉足，整个过程将权利主体边缘化。所以，目前我国集体经营性建设用地流转过程中，通常是由地方政府进行操作，而地方政府操作的最大动机不单纯是合理规划统筹城乡建设，其背后的巨额财政收入也是重要因素。现今，很多地方政府通过大面积地规划及流转农村集体建设用地来缓解和弥补城镇化建设用地缺口，而在集体建设用地流转的整个过程中，除去给予农民一定的土地赔偿外，地方政府通过高价出让土地获得的巨额结余收入自然也会顺利流入地方政府口袋之中，从而为地方财政大幅创收。但是，从权利主体的利益方面来看，这在一定程度上损害了农民权利主体的利益，并不符合我国统筹城乡建设的切实利益，所以，当前对不完善的农村集体经营性建设用地制度改革呼声颇高。

党的十八届三中全会提出"建立城乡统一的建设用地市场，在符合规划和用途管制前提下，允许农村集体经营性建设用地出让、租赁、入股，实行与国有土地同等入市、同权同价"。这一政策在让农民分享更多的土地增益的同时，也将对地方政府财政产生重大影响，主要表现在以下两个方面：

首先是对土地出让收入的影响。土地财政的主要来源是土地出让金，而土地出让金具有即时性和一次性的特点，即土地出让金是一次性收入，解决地方财政一时的困难，不具有可持续性。而地方财政支出具有刚性，若将一次性收入作为经常性支出的财源，必然会加剧地方政府对土地财政的依赖。[①] 当前，地方政府财政严重依赖土地，有的土地出让金占地方财政收入高达60%，甚至70%以上。农村集体经营性建设用地平等入市，同权同价，将大幅度压缩地方政府垄断利润的空间，减少地方政府土地财政收入，进而对地方政府整个财政来源和结构产生重大影响。

其次是对债务风险的影响。中国地方政府的债务融资始于20世纪80年代，通过各种建设债券、银政合作和融资平台借款，为地方基础设施建设、吸引投资和经济发展发挥了不可或缺的作用，而这些债务风险是否可控也成为当前中国经济健康状况的重要指标之一。2013年8月6日审计署公布了2011年以来36个地方政府本级政府性债务情况的抽查结果，结果显示"截至2012年年底，36个地方本级政府性债务余额3.85万亿元，两年来增长12.94%"。集体经营性建设用地直接入市造成地方政府土地财政

---

① 许安拓、修竣强：《破解地方依赖土地财政的畸形发展模式》，《人民论坛》2012年第8期。

收入减少，必然进一步加剧地方政府的债务风险。相当多的地方承诺用土地出让收入作为偿债来源，一旦土地出让金及相关土地财政收入减少，势必影响地方政府偿债能力和偿债信誉，对地方财政的债务收入部分也造成连带影响。

2. 宅基地市场化流转对地方财政的影响

一旦宅基地进行市场化改革，农民主体便可以自行进行宅基地流转，在流转过程中，农民直接同开发商谈判，摆脱了政府介入，大幅度地增加了土地流转所获得的经济收益，从而使得一部分过去流入政府口袋中的出让金直接转向农民自己的口袋。但是在这个过程中，因为地方政府处于交易的过程外，所以必然会严重影响到地方政府所获得的土地收益，从而大幅度地压缩了地方政府土地出让的合同收入，使得地方财政收入严重缩水。但如果由农民主体同开发商直接谈判，农民主体必然处于弱势地位，为了保护农民的权益不被开发商严重侵犯，必然会建立第三方监督机构，而承担监督职能的任务又必然会落到地方政府身上，增加地方政府的财政负担。另外，受经济利益的驱使，农民流转宅基地的积极性必然会极大提高，农民会在经济利益的诱使下大量流转土地，甚至是违规申请审批以供流转宅基地来套取经济利益，从而很有可能突破国家18亿亩耕地的红线，而地方政府为了维护18亿亩耕地红线，必然要采取一定的保障措施，这在一定程度上也会消耗地方政府的财政资金，加重地方政府的财政负担。

五 改革土地制度的相关政策建议

（一）推进我国农村土地制度改革的总体思路

"坚持农村土地集体所有的前提下，促使农村土地承包权和经营权分离，形成所有权、承包权、经营权三权分置、经营权流转的格局"是当前推进农村土地制度改革的总体思路。实践中应沿用"政策完善—布局试点—全面推进"的思路促进土地适度规模经营和集体建设用地平等入市，以土地产权制度、财税分配制度和官员激励制度改革为重心，通过明确农民产权主体地位等十大措施，逐步解决当前农村土地制度中存在的主要问题，探索并赋予农民更多财产权利，明晰产权归属，完善各项权能，激活农村各类生产要素潜能，使农村土地制度与新型城镇化、农业现代化内洽，让农民成为改革的积极参与者和真正受益者。

（二）推进我国农村土地制度改革的具体措施

1. 明确农民产权主体地位

全面开展农村集体土地所有权、集体建设用地使用权、宅基地使用权和农村房屋产权确权登记颁证，对现存农地进行清产核实。比确地更重要的是确权——赋予农民明确、稳定、完整而有效的土地产权。就是在现有制度的框架内，明确土地产权的"责、权、利"，进一步弱化集体所有权，把占有权、使用权、收益权和处分权下放给农民，建立"归属清晰、权责明确、保护严格、流转顺畅"的现代农村产权制度。

2. 构建服务平台和监管机制

为实现当前农村土地使用权的保护、流转及合理利用，需要加快构建服务平台，为农民群众和经济组织提供更便捷及时的服务。一是建立土地管理技术和信息平台，将地理信息系统与土地权证系统结合起来，并实现对土地交易的实时监控和管理；二是建立土地流转和交易平台，逐步实现集体土地直接进入市场，平等交易；三是为了防止农民失地、土地投机和兼并风险，集体建设用地直接入市流转必须配有相应的市场监督管理机构；四是构建城乡土地储备制度，使政府保持一定的对土地市场的宏观调控能力，能够协调土地供需，防止土地市场出现市场失灵、寡头垄断等问题。[1]

---

[1] 许安拓、修竣强：《破解地方依赖土地财政的畸形发展模式》，《人民论坛》2012年第8期。

3. 加快基层组织体制改革

明晰村集体经济组织的产权，村社分离，政经分开，剥离村集体组织与村民自治组织。构建新型农村合作经济组织和新型土地股份合作社，确立农村合作经济组织的独立自主的产权和经营地位，并将原来由村集体经济组织承担的社会管理和服务功能回归政府和社区组织，从而理顺农村基层的社会管理与集体经济组织的关系。村委会组织或者成为村民合作经济组织，走向市场，自主经营，自负盈亏，或者根据村民意愿改组成为农村一般群众性社会组织；新社区成为农村居民自治组织，承接国家公共管理和公共服务，实行民主自治。

4. 完善农村土地征用制度

政府征地必须严格限制在公共利益需要的前提下。第一，必须以立法形式明确界定公益性用地的范围，将以公共利益的名义进行征地的项目逐一列出。第二，要建立公开、公平、公正和高效的土地征用管理体制和程序，保证被征地集体和被征地农户的知情权、参与权和申诉权。第三，改革征地补偿制度，公允地确定征地补偿标准。① 明确农民在土地增值收益中的分配比例。改变现行《土地管理法》规定的对被征耕地按原农业用途进行补偿的规定，要按市场价进行补偿，同时要考虑土地对于农民以及社会的多种功能。

5. 推进财政体制深化改革

财政制度的不完善是土地财政产生的一个重要的体制因素。要进一步推进分税制的改革，完善中央与地方之间及地方政府之间的税制统筹，明确地方税的来源和比例。应逐步建立和完善财产税制度，构建以土地税、房产税为基础的地方主体税体系。要积极稳妥地化解地方政府对土地财政的依赖，就必须加快地方财政体制改革的步伐。首先，合理界定地方政府的财权与事权范围，

---

① 张勇、包婷婷：《我国农村土地整治中农民土地财产权保护探讨》，《经济问题探索》2013 年第 3 期。

规范财政管理体制，积极推进省级以下财政体制改革；其次，要建立基层政府基本财力保障机制，为基层政府提供基本公共服务提供财力保障；最后，建立并完善科学合理、结构优化、公开透明的政府预算体系，使之能够全面反映政府收支总量、结构和管理活动。

6. 加大土地流转资金投入

农村土地的确权、确地、流转、改制等都需要大量的财政投入和专项资金的支持。如为了引导、支持和鼓励农村土地流转，构建城乡一体的土地流转市场，建议设立农村土地流转基金（包括土地整治资金和土地市场建设资金）。农村土地流转基金由政府财政投入或通过市场融资、企业入股和集体集资等多种方式筹措，由地方政府统一管理，接受地方人大和群众监督，专款专用于农村土地流转、储备及整治。

7. 切实推动政府职能转变

在土地管理中，政府集管理者与经营者于一身，这势必会导致以低价征收农民集体土地，再高价出让土地，以获取高额土地差价。政府的一身二职，既不利于土地管理，也不利于农民土地财产权保护。应当将政府的土地管理权与土地经营权分开，将土地经营权分离出去，只行使土地管理权，强化政府的社会管理和公共服务职能，同时加快地方政府机构改革和重建。土地收入减少及财政收支矛盾加剧将迫使地方政府机构改革。一是政府事权改革，进一步减少政府直接经济经营的职能，让市场和社会参与公共设施建设。二是精简机构和人员，减轻政府人员经费开支。[①]

8. 完善官员绩效考核体制

现行的考核体制是地方政府短期行为的体制性根源之一，应加大资源消耗、新增债务、民生工程等指标的权重，通过绩效改革加快政府职能和官员理念的转变。借此缓解"GDP竞赛"下城

---

① 张勇、包婷婷：《我国农村土地整治中农民土地财产权保护探讨》，《经济问题探索》2013年第3期。

市建设用地的低效率使用和对农民土地权益的忽视，规制地方政府利用土地财政和土地金融杠杆筹集巨额资金进行建设的冲动。此外，要弥补官员任期制的缺陷，防止地方官员利用现行土地制度下农民土地产权的相对残缺，大肆侵占、出售农民土地。

（三）分类别推进农地制度改革

1. 深化改革消除集体经营性建设用地入市障碍

第一，完善法律法规，依法确立农村建设用地使用权。简化建设用地供需双方的交易成本，消除现阶段农村建设用地市场的混乱和负外部性，同时取消国家对集体土地使用权的不合理限制，解决《宪法》和《土地管理法》相互矛盾的现象。[①]

第二，创新农村住宅制度，维护农民宅基地用益物权。切实遵守《物权法》，保障农民宅基地用益物权；放松农民住宅产权管制，允许和规范农民按照市场经济规律流转住宅，不应受地域、身份等限制，农民应当通过市场退出宅基地和住房，[②] 实行农村宅基地福利分配与市场配置双轨制；允许和规范农村集体和农民在符合规划的前提下可以面向市场建设住房；将农民纳入住房保障体系，农民与城市居民一样拥有住有所居的权利。

第三，明确农村集体经济组织、村委会与土地使用方三者之间的关系。在产权明晰的前提下，组建新型农村集体经济组织，如股份经济合作社、土地合作社等，作为非农建设用地的所有权代表者，管理和经营农民集体的股份和土地。农村非农建设用地入世后，各村委会可作为群众自治组织对集体经济组织的运作进行监督，土地利用者在遵循有关合同的同时，也要接受土地合作社或村委会的监督，偿付因土地增值而带来的收益。

第四，明确建设用地流转范围和条件，规范土地流转形式和

①　胡利玲：《农村集体建设用地流转的法律现状、问题与出路》，《湖南师范大学社会科学学报》2010 年第 2 期。

②　李青柏：《农村住宅市场化流转的必要性及途径》，《吉林建筑工程学院学报》2011 年第 5 期。

程序。非农建设用地的入市条件和范围应该符合用地规划，可以先限定在存量建设用地，待市场发育完善和时机成熟时再扩展到增量建设用地，同时允许城镇规划区内外的农村集体非农建设用地入市流转；非农建设用地流转时，必须于合同中明确土地流转期限；地方政府可根据各自的实际情况向土地使用方收取土地流转收益，以及流转业务费、登记费等，具体费用项目可参考国有土地收费项目。

第五，规范政府与其他市场主体的竞争行为，减少服务缺位和管理越位。对土地财政依赖很大的地方政府，若要做到与其他市场主体平起平坐、公开竞争农村建设用地，就需要逐步健全农村建设用地市场体系，加快培育农村建设用地市场主体步伐；政府应作为农村建设用地市场的管理者，而不是直接经营者；应让利于民而不与民争利，服务于民而不强加于民；与此同时，要严格规范和监督政府的交易行为，加强政府的外部监督。

2. 建立宅基地市场化流转机制

首先是建立和完善宅基地入市的相关制度，明确宅基地入市的对象、条件、范围、方式，以及流转的主体、程序、收益处置与管理等，为其入市提供法律依据；完善农村社会保障体系建设，将宅基地所肩负的居住保障职责置换出来，使其使用权还原为生产要素，发挥出宅基地财产功能。①

其次是坚持相关土地法规原则并且严格实行土地管控，地方政府和村集体务必要按照相关法规坚持"一户一宅"原则，堵住"一户多宅"的不正当流转，对宅基地的申请、流转、退出等环节建立规范而严格的审批程序。

此外，地方政府应该建立相应的土地资源税种，对已经拥有超标的、闲置的宅基地村民收取一定的资源税，并且在农户转让宅基地时，对其收取一定比例的、因超标所得的出让金用于村集体公益事业建设，从而从整体上严控土地管理。

---

① 李琼、赖雪梅：《浅谈宅基地进入市场的利弊》，《当代经济》2014 年第 16 期。

最后，理顺国家、集体和个人三者之间的利益分配关系。作为管理者，政府已经无权直接分享产权人的流转收益，但可以通过收取过程中的税费间接参与利益分配中；集体经济组织作为宅基地的所有者可以分享流转产生的部分收益，向政府有关部门缴纳完相关税费后，流转收益比例由集体经济组织同农民主体自己进行合理比例分配，原则上遵循农民主体获得绝大部分流转收益，集体组织获得小部分土地流转收益的原则。

第四章　当前农村土地流转的社会政治风险及防控^{*}

当前农村土地流转中出现的各类矛盾，诱发民心不安、基层不稳、社会不公、政治信任弱化以及国家稳定等社会和政治风险，影响到广大农村地区的稳定有序发展。这些风险的形成与农村土地流转程序不规范、市场化社会化服务体系不健全、流转监管防控体制机制不完善以及相关政策不配套密切相关。

为此，应明确深化改革防控风险的总体思路，积极调整政府角色，推动基层财政体制由"土地财政"向"税收财政"转变，坚守农地集体所有权、农业发展安全、农民合法权利不受损三条底线，深化农村土地制度、公共服务体制、基层组织机制、地方政府机构四项改革，健全土地流转法律、管理服务、监测、纠纷多级调处、城乡社会保障五类体系，创新农地流转信息沟通、政策咨询、评估、利益协调、激励约束、农村失地农民就业六种机制，在改革中逐步防控和化解风险，维护社会稳定和国家的长治久安。

近年来，伴随着新型城镇化、工业化的快速发展，我国农村土地流转速度明显加快、流转规模不断扩大。2007 年我国农村土

---

*　袁方成，华中师范大学中国农村综合改革协同创新研究中心教授、博士生导师，副主任，研究领域：地方与基层治理；陈泽华，华中师范大学中国农村综合改革协同创新研究中心助理研究员，研究领域：新型城镇化与农民土地权益保障；王明为，华中师范大学中国农村综合改革协同创新研究中心助理研究员，研究领域：中外地方和基层治理。

地流转规模约为 6372 万亩，据统计，截至 2014 年年底，我国家庭承包耕地面积已经超过 4 亿亩，占全国耕地面积的 28.8%。目前为止，全国将近 1/3 的土地已经完成了流转。2007～2014 年中国土地流转面积趋势见（图 4-1）。

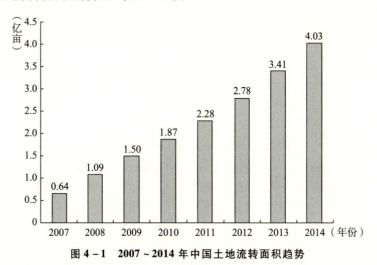

图 4-1　2007～2014 年中国土地流转面积趋势

选择将土地部分或全部流转给他人的农户数量接近 6000 万户，超过全国承包农户总量的 1/5，比 2013 年提高 4.7 个百分点。2010～2013 年全国家庭承包耕地流转面积增长环比趋于稳定并保持 20% 以上的增长率，2014 年受政府土地流转政策的引导，全国家庭承包耕地流转走向制度化、匀速推进，增长速度相比之前虽下降到 18.3%，但仍保持在 15% 以上的环比增长，见（图 4-2）。

按照目前的流转速度，未来 10 年内，我国农地流转面积和承包户数量将翻一番，农地结构将发生根本性的变化，由此将产生一系列的连锁应激反应。就目前来看，农地流转规模的持续扩大与快速增长，激化了各种潜在社会矛盾与冲突，其中蕴含的社会、政治风险也相继"浮出水面"，值得党和政府高度重视。

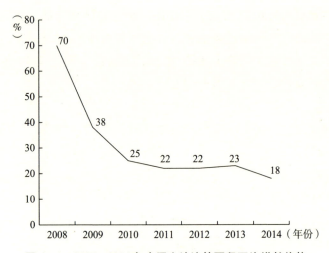

图4-2 2007~2014年中国土地流转面积环比增长趋势

数据来源于中国社科院金融研究所、社会科学文献出版社出版的《土地市场蓝皮书：中国农村土地市场发展报告（2015~2016）》。

一 农地流转蕴含社会政治风险

（一）社会风险

土地是最基础的生产要素，流动性是市场经济下生产要素最基本的特征，应该说，在市场化的经济条件下，实现土地的流转既是农户的理性选择行为，又是促进城乡生产要素流动和城乡经济共融、统筹城乡发展的重要一环。然而，在实践中，因土地流转而引发的农户转型生计困难、土地权益受损而激化群体性事件数量攀升，土地流转权益诱发村官贪腐等问题的集中显现又时时提醒我们在农地流转过程中要时刻警惕潜在的社会风险。

1. 农户生计堪忧，引起民心不安[①]

一是土地流转农户面临的生计转型风险。当前我国农民的生

---

① 沈茂英：《农村土地流转与农户权益保障研究——以成都统筹试验区为例》，《郑州航空工业管理学院学报》2008年第5期。

计结构发生转变，农地收益在农户家庭收入的占比大幅下降，农民生产的"兼业化"程度较高，然而，由于我国农村社会保障制度不健全，农地依然是相当部分农村人口的生计保障资源，[①] 尤其对于贫困地区而言。因而，一旦出现流转收益不稳定或季节性"兼业化"收益困难的情况，那么农户生计将面临困境。二是土地流转收益不确定带来的风险。土地流转收益是由偏向稳定性的直接收益（租金＋红利）以及缺乏稳定性的间接收益（非农收益）组成，这些收益均受制于承租人的经营能力、资信记录以及流转户的经营能力和市场环境影响等。农业在相当程度上是一种弱质产业，其生产经营受市场经营风险和自然生产风险的叠加影响，往往具有较大的不确定性，在极端情况下，承租方很可能血本无归而一走了之。此外，土地转出户（即失地农民）在劳动力市场不具备竞争优势，农户的再就业难度大，再就业风险也较大。

农地是最基础的生产资料，虽然经过近 40 年的经济社会转型，农民的土地情结已经转向现代型，但传统色彩依旧浓厚，在传统观念中，土地是农民的"命根子"[②]，同时也发挥着新型城镇化进程的"稳定器"和"蓄水池"的作用。土地流转后农户极易失去基本生活保障，相当程度上会影响民心的安定。

2. 群体纠纷扩大，激发基层不稳

近年来，因土地流转引发的群体间的纠纷与矛盾越来越多，维护社会安定的压力加大。以重庆市为例，五年内各级法院受理的土地纠纷案件翻了两番多。[③] 在这些案件中，一是农户与农户之

---

① 相关人员在 2015 年 12 月至 2016 年 3 月对国家社会科学基金一般项目"新型城镇化进程中人口—土地及其财政投入的均衡协调发展研究"（项目编号：15BZZ045）进行了 20 省随机抽样问卷调查。获得数据显示，目前家庭非农业收入占家庭收入的八成及以上的比例为 30.8%，相较以往有所提升；而农业收入占家庭总收入五成及以上的比例仅为 41.55%，稍低于非农业收入 16 个百分点。

② 陈胜祥：《分化视角下转型期农民土地情结变迁分析》，《中国土地科学》2013 年第 6 期。

③ 数据来源于钱锋等：《妥处农村土地流转，推动城乡统筹发展》，《人民法院报》2011 年 1 月 20 日。

间的土地边界冲突。由于农村土地家庭承包经营分配时，对土地边界的界定不严谨、不准确，引发了许多土地边界纠纷。二是土地经营者与土地承包户的矛盾。土地出让金的支付或因经营者经营亏损无力支付，甚至故意拖欠，致农户利益受损而上访等；或因农产品大幅涨价、土地增值，农户认为原先签订的流转合同内容显失公允，双方就合同变更发生争执等。这些矛盾纠纷往往演变为群体性的冲突甚至群体性事件，[①] 影响农村社会安定。

3. 村官贪腐蔓延，造成社会不公

从已查处的案件来看，因土地征用补偿款等土地收益资金数额巨大，土地流转逐渐成为少数村官贪腐作案最严重的领域。据统计，江苏省检察院 2009～2012 年查办的村干部贪腐案件中，约 70% 涉及征地拆迁领域；深圳市龙岗区"村官"周伟思，在旧城改造项目中"坐地生财"，收受贿赂上千万元。[②] 有些地方则采取村集体组织通过"反租倒包"等方式进行土地流转，他们以较低的价格从农民手中租赁土地，以较高价格出租，获取利益[③]。土地流转中相当一部分村官贪腐，会导致村民利益严重受损，不利于基层社会的和谐与稳定，以及农村社会事业的发展。

(二) 政治风险

目前，我国农村土地流转总体上保持平稳增长的状态，但是也可以看到，随着农村土地承包经营权和流转规模的不断扩大、速度增快，流转对象及利益关系趋于多元化，利益矛盾纠纷增多，

---

① 以湖北省为例，由土地流转引发的农村群体性事件已占到全部农村群体性事件的 65% 以上。参见柳长青、王友章、陈燕军：《湖北省农村征地中的突出问题及对策研究》，《党政干部论坛》2008 年第 1 期。

② 袁方成、陈泽华：《依法治国进程中的村干部贪腐及其治理》，《天津行政学院学报》2015 年第 6 期；曹溢：《"村官巨贪"戏码缘何不断上演？》，《中国纪检监督报》2014 年 10 月 22 日；张全林：《治理村官腐败也是大事》，《学习时报》2014 年 8 月 25 日。

③ 刘卫柏、陈柳钦、李中：《农村土地流转问题新思索》，《理论探索》2012 年第 2 期。

部分地方政府利用制度漏洞强权流转，出现了违背农民意愿"强制性"的农地流转现象，使得官民冲突不止，弱化了政治信任。另一方面地方政府对流转后土地使用的管控缺位、失位，加之其他因素的影响，使得我国粮食安全出现示警，影响政治稳定。

1. 官民冲突不止，弱化政治信任

尽管中央三令五申土地流转必须依法、自愿、有偿进行，但在实际操作中，一些地方政府往往从现实政绩出发，直接操控土地流转，损害农民利益。[①] 有的以权力剥夺农户的自主决策权，把农民排除在流转过程之外；[②] 有的以土地规模经营为借口，用行政命令强行收回农民的承包地搞"反租倒包"；有的与民争利，随意克扣农民的转包收益等。导致该现象出现的原因一方面在于当前土地征收制度不健全、对农地征收的界定不清，另一方面是对征收面积管治不严，加之农村集体土地产权关系不清，农民作为农地权利主体的地位形同虚设，土地流转的控制权浮置到少数乡镇领导、村干部手中。新闻报道中地方政府"强征""暴力征地"等行为[③]，不仅会影响中央和地方农地改革等各项政策的执行效力，而且会弱化农民对各级政府的信任和政治认同，严重削弱党和国家的权威和公信力。

2. 粮食安全示警，影响政治稳定

一是在我国的粮食主产区，农村土地流转后的"非粮化"倾向危及粮食生产。由于过分追求市场化利润和土地产出率，一些粮食主产区的流转土地，有的由传统的粮油生产转向发展高效农业，[④] 也有的用于良种繁育，这些地区用于种植经济作物和发展观光旅游

---

① 周飞舟：《生财有道：土地开发和转让中的政府和农民》，《社会学研究》2007年第 1 期。

② 许建明、邓衡山：《公平与效率：诱致性与强制性的农地流转方式—基于凤阳县小岗村与东陵村的调研分析》，《学习与探索》2016 年第 1 期。

③ 张玉林：《大清场：中国的圈地运动及其与英国的比较》，《中国农业大学学报（社会社科版）》2015 年第 1 期。

④ 2015 年《农村绿皮书》指出，全国流转的近 4 亿亩农地中，至少有 2 亿亩粮食生产用地将转为蔬菜、水果等非粮食的生产。参见中国社会科学院社会科学文献出版社出版的 2015 年《农村绿皮书》。

的趋势还在扩大。调查显示，农地流转"非粮化率"达 61.1%，转入大户非粮食作物种植面积占总播种面积的比率最高达47.13%，体现了流转规模越大，非粮化倾向越明显的一般规律。①土地流转"非粮化"的倾向，不仅会使土地肥力下降，而且还会改变甚至破坏田间水利设施、灌溉系统和土壤层。据调查，全国受到不同程度污染的耕地约有 1.5 亿亩，达到中国耕地总面积的1/10。② 二是农村土地流转后的"非农化"现象危及粮食生产。随着我国工业化和城镇化进程的加快，建设用地占用耕地的趋势不可避免，且在实践中，地方政府擅自改变土地用途把农地用来进行非农建设的行为难以控制，据土地部门统计，1991~2013 年地方政府超额占用非农用地面积达 2572.6 万亩，占计划占地面积的43%。③ 目前，我国大部分地区仍然存在通过"以租代征"等变相的土地流转形式非法将耕地转化成建设用地的现象④。

这种滥用征地权占用大量耕地进行非农建设的行为已经严重破坏耕地资源，直接导致种粮面积的减少，而在粮食主产区农地流转使用的"非粮化"倾向，加之农化生产经营的"兼业化、离农化"⑤

---

① 杨瑞珍等：《耕地流转中过度"非粮化"倾向产生的原因与对策》，《中国农业资源与区划》2012 年第 3 期；钱昱如等：《基于主成分分析的流转农地用途变化动力研究》，《中国土地科学》2009 年第 9 期。

② 蒋高明：《生态农业与粮食安全》，《战略与管理（内部版）》2015 年第 6 期；雷后兴：《土地流转要兼顾粮食安全和农民权益》，《中国政协》2011 年第 15 期。

③ 批准占地数据源自《中国统计年鉴 1996》《中国土地年鉴 1997》《中国国土资源年鉴 1999》《中国国土资源统计年鉴 2005~2013》《2013 年国土资源统计公报》；实际占地数据由《全国土地利用总体规划纲要（2006~2020）》《中国国土资源统计年鉴》各年度版等资料整理而成。

④ 高宏伟：《农业生态安全视角下的农村土地流转分析》，《经济问题》2015 年第2 期；据《全国土地利用总体规划纲要（2006~2020）》披露：2007 年的全国土地执法"百日行动"清查显示，全国"以租代征"涉及用地 33 万亩。

⑤ 基于 2014 年 7 月 15~20 日对山东曲阜市王庄镇、2014 年 8 月 9~12 日对河南南皮县古树村、2014 年 8 月 21~26 日对四川南江县光辉镇、2014 年 9 月 15~20 日对湖南省茶陵县南塘镇、2014 年 10 月 22~25 日对江西省贵溪县塘湾乡、2015 年 8 月 10~21 日对重庆市忠县和涪陵区多镇的问卷调研及 2015 年 10 月17~23 日对山东省东平县的访谈调研。

现象，势必影响到国家的粮食安全，进而影响到民众的日常生活、社会的和谐和经济的持续发展，最终影响到国家的政治稳定和国家战略安全。

二　风险汇聚的成因分析

（一）流转程序不规范①

总体上土地流转工作仍处于探索阶段，尚未形成完整规范的流转程序，且土地承包经营权流转的"隐形市场②"较为繁荣。在这种情况下，农户进行土地承包经营权流转大部分仅达成口头协议，③ 统一规范具有法律效力的书面合同少，缺乏科学管理。即便

---

① 沈茂英：《农村土地流转与农户权益保障研究——以成都统筹试验区为例》，《郑州航空工业管理学院学报》2008 年第 5 期。

② 如鄂州市的土地承包经营权流转率高达 53.8%，但其中 40.4% 为私下流转，进入流转市场交易的仅占 12.8%。"隐形市场"进行的交易具有流转任意性大、交易程序不规范、权利保障性低等特征，既不利于维护交易双方的利益又不利于政府对土地承包经营权流转进行监管。但是，居于制度底层的交易双方仍然更倾向于在"隐形市场"通过私下交易的方式完成土地承包经营权流转。这就造成了政府的制度供给因缺乏底层逻辑而不被交易双方接受，而交易双方内生的"隐形市场"式流转模式又不被政府所认可的困境。丁文・冯义强：《土地承包经营权流转市场的问题与对策研究》，《华中师范大学学报（人文社会科学版）》2016 年第 3 期；张勇：《城乡发展一体化进程中的制度供给与农民需要——基于湖北省鄂州市土地流转调查的实证分析》，《学习与实践》2013 年第 12 期。

③ 从流转过程来看，村民小组内部农户之间转包、出租流转居多。多数农户流转土地不愿通过中介组织，口头协议一年给多少钱或多少粮，既不遵循一定的程序、履行必要的手续，也不用合同或者契约的方式规范权利和义务。以上结论的得出基于 2014 年 7 月至 2015 年 10 月对山东省郓城县左营乡、山东省莒县陵阳乡、山东省曹县倪集乡、湖南省永顺县万坪镇、湖南省茶陵县严塘镇、山西省永济市蒲州镇、内蒙古奈曼旗沙日浩来镇、河南省长葛市古桥乡、河南省汝南县留盆镇、河南省息县杨店镇、江西省南康市龙华乡、湖北省监利县称集镇、湖北省蕲春县横东镇、湖北省谷城县庙滩镇、安徽省金寨县双河镇、安徽省寿县安乡、贵州省水城县木果镇、四川省南江县长赤镇、四川省芦山县宝盛乡等地实地访谈。

是签订合同，也由于合同格式不规范或流转面积不实、流转期限超出承包期、土地承包费没有考虑物价变化因素等合同内容的不完整，为双方权益纠纷埋下隐患。据调查显示①，在已发生的农地流转中，合同签订方式仍以私下协议（书面或口头，书面协议占比较大）为主，农户较少选择按照流转程序，签订正式合同并到政府部门办理过户手续，如表4-1所示。其主要原因在于土地流转手续较为烦琐，并且土地流转合同需要经过签证或公证机关公证才具有法律效力，而地方尚未建立起规范的土地流转档案，加之农村土地流转缺乏相关的法律保障，这些因素使得土地流转发生纠纷处理难度大，造成农村社会不稳定。

表4-1　土地流转合同签订方式对比

项目	私下书面协议	私下口头协议	正式合同政府过户	不作为
转入土地	61.4%	31.8%	4.5%	2.3%
转出土地	54.1%	32.6%	5.5%	7.7%

（二）服务体系不健全

一是全国农村产权交易服务机构供不应求，土地流转中的担保机构和仲裁机构缺失，土地流转风险较大，争端解决难度大。②二是土地流转市场服务体系有待完善。从流转服务机制的实践情况来看，市场没有发挥出有效作用，很多地方还存在片面追求流转规模和流转比例，靠行政命令下指标、定任务、赶速度的情况。③多数县乡没有土地流转服务机构，土地流转信息网络也未建

---

① 是指2015年12月至2016年3月笔者组织的国家社会科学基金一般项目"新型城镇化进程中人口—土地及其财政投入的均衡协调发展研究"（项目编号：15BZZ045）对全国20省进行的抽样调查。

② 凌斌：《土地流转的中国模式：组织基础与运行机制》，《法学研究》2014年第6期。

③ 贾贵浩：《基于粮食安全的耕地流转问题研究》，《宏观经济研究》2014年第8期。

立，更缺乏与土地流转相关的评估咨询、公证、仲裁等中介服务机构，导致农民土地流转收益缺乏与市场挂钩的增长机制。三是农村土地流转组织建设滞后，社会化服务体系亟待加强。[1] 农民经济合作组织（像土地合作社、专业合作社）等新型农村经营主体发展不健全、运行机制不完善，难以保障农户的土地权益。

（三）监管体制不完善

一是管理体制机制的关系不顺。行政监管、市场经营与产权管理三位一体都集中于土地行政管理部门。政府既充当了市场监管和宏观调控者的角色，又担任土地的经营者角色，政府利用行政权力，进行土地经营。土地行政部门同时行使监管与所有权主体角色。二是农村土地流转监管机制不健全。一些地方乡镇没有专人负责农业承包合同管理工作，对农村土地承包经营权流转放任自流，导致流转行为无人监管，流转纠纷无人受理，从而留下许多弊端和隐患。三是土地流转风险防控机制有待完善。除土地流转"非粮化"外，有些工商企业借从事农业规模经营的由头，通过农地流转占用大量耕地，擅自改变农地用途修建厂房，还有的以农地作为贷款抵押物，将贷款资金用于商业或者民间高利贷。目前以农资抵押贷款机制还不健全，这会对土地流转带来较大负面冲击。

（四）相关政策不匹配

一是土地流转扶持政策亟待完善。国家虽然出台了有关土地流转的政策法规，但地方配套政策措施及其具体的操作办法、指导性文件较少，土地流转项目激励措施、土地流转补偿制度与土地投资补偿制度等优惠政策有待于进一步建立健全。二是农村社会保障体系还不够健全。土地仍发挥着重要的保障功能，在农户

---

① 杜朝晖：《我国农村土地流转制度改革——模式、问题与对策》，《当代经济研究》2010 年第 2 期。

的社会保障没有从土地剥离出来之前，大规模的土地流转将会使农村社会处于较高的风险之中。三是农民土地权益流失，流转收益缺乏增长机制。一些地方的土地市场秩序混乱，非法占地、非法入市的问题相当严重。在流转合同约定上，农民土地流转收益一般固定，并没有随经济发展得到相应增长。

三　以改革促风险防控的思路与建议

（一）突破瓶颈，明确改革促防控思路

按照中央关于全面深化农村改革的精神，立足问题导向和底线思维，高度重视社会和政治风险，明确以改革促风险防控的思路，明确风险防控的方向，着力推进体制、机制和政策创新，通过改革激发和释放农业、农村和农民的活力，在全面深化改革过程中防控和化解风险，维护稳定的社会和政治局面。积极调整政府角色，推动基层财政体制由"土地财政"向"税收财政"转变。

一是要积极调整政府角色，从越位、缺位到归位、补位。明确地方政府在土地流转中不仅是组织者，也是服务者，通过组织宣传引导土地的规范有序流转。对土地流转中需要遵循的程序与法律，以及流转服务中介组织构建的程序及运作的规范加以管理和约束，以此保障土地流转工作顺利开展。加强公共基础设施建设，拓宽公共服务覆盖面，依法贯彻落实各种利农、惠农政策，维护农民合法权益和利益。同时，要妥善处理好地方政府、农民与中介组织的关系，地方政府要在其中发挥主导作用，与此同时也必须坚持以人为本，充分尊重农民意愿，切实维护农民权益。[①]

二是要努力推动"土地财政"向"税收财政"转变。理顺中央和地方的财权事权关系，以"省直管县""乡财县管"等改革推

---

① 席景奇：《地方政府在农村集体土地流转中的角色分析》,《兰州大学学报（社会科学版）》2013 年第 5 期；王守智：《地方政府与农民在农村土地流转中的角色定位及重塑》,《桂海论丛》2010 年第 1 期。

行财政层级的"扁平化"。加快推进财政转移支付制度改革，为地方政府更好地履行职能提供财力保障。重建地方政府的财政来源和基础，逐步建立和完善与现代社会发展相适应的土地财产税制度。完善地方政府财政支出的结构，促进地方财政支出的重点向人口城镇化和公共服务均等化转变，促进城乡融合式发展。

（二）坚守底线，明确风险防控的原则

首先，要坚持农村土地集体所有权。在坚持农村土地集体所有权的前提下，稳定农民对土地的承包权，放活农村土地的经营权，实行三权分置。① 其次，要坚持农业发展安全。以保证粮食安全为目标，实行最严格的耕地保护制度，坚持农业用地性质与生产发展协同推进，提高土地利用率。最后，要坚持农民合法权利不受损害。坚持把让农民享受改革红利放在首位，切实维护农民土地权益，保障农民对土地的占有、使用、收益、处置等合法权利。

（三）深化改革，夯实风险防控的基础

首先，要深化农村土地制度改革。探索健全程序规范、补偿合理、保障多元的土地流转征收制度；同权同价、流转顺畅、收益共享的农村集体经营性建设用地入市制度；依法公平取得、节约集约使用、自愿有偿退出的宅基地制度；建立兼顾国家、集体、个人的土地增值收益分配机制，合理提高个人收益。

其次，要加快城乡二元化公共服务体制改革，促进城乡基本公共服务均等化。进一步废除城乡二元化的制度和政策，先实现城乡基本公共服务体制的统一，进而逐步消除基本公共服务供给及事实上的差距。

最后，要加快基层组织体制的改革。明晰村集体经济组织的

---

① 参见中办国办印发《关于引导农村土地经营权有序流转发展农业适度规模经营的意见》，《中华人民共和国农业部公报》2014 年第 12 期。

产权，村社分离，政经分开，剥离村集体经济组织与村民自治组织。村委会组织或者成为村民合作经济组织，走向市场，自主经营，或者根据村民意愿改组成为农村一般群众性社会组织；新社区成为农村居民自治组织，实行民主自治。另外，还要加快地方政府机构的改革。根据不同层级地方政府的职责重点，重新调整地方政府机构设置。在中央确定的限额内，需要统一设置的机构应当上下对口，其他机构因地制宜设置。调整和完善垂直管理体制，进一步理顺和明确权责关系。深化乡镇机构改革，加强基层政权建设。

（四）健全体系，增强风险防控的能力

1. 健全农地流转法律体系

构建以《土地管理法》为基础的农地流转法律制度体系。在现行相关法律的基础上，通过对《土地管理法》的修改，使土地流转权的行使主体、程序、条件、监管和责任制度等得以明确，与此同时，配套行政法规和实施规章，以确保农户自主流转农地在法律层面上具备真实的可操作性。

2. 健全农地流转管理服务体系

一方面，组建多层级的土地流转管理服务组织，指导流转双方签订流转合同，并跟踪流转全过程；地方政府要建立土地流转档案，组建流转信息电子数据库，组织指导土地流转招标拍卖，加强土地流转服务管理。另一方面，建立覆盖市域乃至省域的综合性农村土地产权有形电子交易市场或交易所，实现公开、高效交易。[①]

3. 健全农地流转监测预警体系

建立耕地保护责任考核的动态监测和预警制度，强化政府主要领导作为第一责任人的职责；建立相关部门耕地保护绩效考评

---

① 樊兴丽、布海东：《浅析当前农村土地流转问题——从农村劳动力转移的视角》，《农村经济与科技》2013 年第 4 期。

追究制度，形成政府主导、多部门联动的土地执法监管长效机制；强化流转土地用途管制制度，建立健全长效管理机制，建立农村土地质量评价标准体系，对违规行为依法严惩。

4. 健全农地流转纠纷多级调处体系

在县、市、区一级设立土地流转纠纷调解仲裁委员会，乡镇一级设立调解庭，村级设立调解员，使调解和仲裁成为今后处理农村土地纠纷的主渠道。确保土地流转纠纷有法定机构受理、有专业人员审理、有固定地点办理，把纠纷解决在当地，把矛盾化解在基层。

5. 健全城乡一体的社会保障体系

坚持城乡一体化的政策导向，加大政府投入力度，加快新型农村社会养老保险、农民工社会保险、被征地农民社会保障工作的进程，逐步缩小城乡社会保障水平的差异，实现城乡社保制度有效衔接，建立起城乡一体化的社会保障体系。

（五）创新机制，提升风险防控的效能

1. 创新农地流转信息沟通机制①

开展农地流转服务平台创建试点，为流转双方提供农地流转信息服务、政策法规咨询服务，指导合同签订、协调沟通利益关系等；建设集体农地流转项目档案，规范土地流转行为，并在此基础上，逐步建成覆盖全国的土地流转信息平台、网络通信平台与决策支持平台等在内的土地流转信息管理系统。

2. 创新农地流转政策咨询机制

组建农地流转专家咨询机构，开展多元化、社会化的农地流转政策研究；实现政策咨询制度化，以制度保证土地流转决策的专业性、独立性；完善配套政策和制度，形成以政策主系统为核心，以信息、咨询和监督子系统为支撑的土地流转政策咨询体系。

---

① 邝奕轩：《建立健全土地流转服务体系》，《人民日报》2013年10月18日，第7版。

3. 创新农地流转评估机制

构建科学的农地等级体系，建设农地流转信息库，梳理流转土地评级，确立包含多因素在内的基准价格，同时建立全国统一的流转土地价格动态监测体系；引入第三方土地评估机构和评估人员对流转交易价格进行评估；健全土地流转评估价格信息公开制度，并通过电子信息网络及时公开发布。

4. 创新农地流转利益协调机制

建立土地流转的利益表达机制，畅通土地流转中的利益表达渠道；建立土地流转的利益分享机制，建立农业产业化利益联结机制和土地增值收益公平分配机制；建立土地流转的利益调控机制，既要建立流转失地农民法律援助机制，也要健全土地流转纠纷调解仲裁机制。①

5. 创新农地流转激励约束机制

一方面，以国家激励政策为导向，鼓励地方适时出台涉及财政扶持、项目扶持和用地扶持等激励土地流转的政策。另一方面，建立约束机制。对非农工商企业租赁农地的，要进行严格审批；对大量承租土地的，可以要求其注册资金至少是所流转土地年租赁费的三倍以上，以防有些土地经营主体擅自改变土地用途。

6. 创新农村失地农民就业机制

建立并完善基层就业服务网络，为失地农民提供及时的免费就业信息、中介服务。加快建立健全失地农民的就业保障基金制度；创新失地农民的就业运行机制，实行就业服务承诺制、就业限时办结制、就业准入门槛制等"三项制度"，实现多方位、多层次、多样式、全覆盖的失地农民就业服务。

① 刘润秋：《利益协调推进农村土地流转》，《人民论坛》2012 年第 2 期。

第五章　农村基础设施和基本公共服务财政需求与投入机制[*]

进入 21 世纪以来，针对经济社会发展长期面临的城乡发展不均衡问题，中国政府先后提出了建设"社会主义新农村"、走新型城镇化道路以及连片特困地区财政扶贫等一系列发展战略，其中，解决农村公共基础设施和基本公共服务供给严重不足成为各大战略的核心任务。经过三个五年规划期的建设，农村公共基础设施建设取得了长足的发展与进步。以农田水利为重点的农业基础设施建设进展明显加快，农村水电路气房建设取得突破性进展。同时，基本公共教育、公共卫生基本医疗以及社会养老等主要农村基本公共服务体系从无到有、渐成体系。但总体而言，农村地区公共产品提供仍然大大落后城市，与农民生产和生活相关的公共基础设施和基本公共服务体系虽然建立，但整体水平低，与农民需求相比还存在很大差距。自十八届三中全会以来，加大对农村公共基础设施建设和基本公共服务的财政投入、促进城乡均等化

---

[*] 张启春，华中师范大学公共管理学院教授，博士生导师，研究方向为财政与公共政策、区域经济学；江朦朦，华中师范大学经济与工商管理学院博士研究生，研究方向为社会经济统计；李向宇，华中师范大学经济与工商管理学院博士研究生，贵州师范学院副教授，研究方向为社会经济统计、农业经济；刘云，华中师范大学经济与工商管理学院硕士研究生，研究方向为财政与公共政策；何瑾，华中师范大学经济与工商管理学院硕士研究生，研究方向为财政与公共政策；李淑芳，中共湖北省委党校（湖北省行政学院）讲师，《湖北行政学院学报》编辑，研究方向为公共财政与公共政策。

发展在国家层面已达成共识。《中共中央关于全面深化改革若干重大问题的决定》明确提出要健全城乡发展一体化体制机制，统筹城乡基础设施建设和社区建设，推进城乡基本公共服务均等化的目标。2015 年中央一号文件也明确具体提出加大农村基础设施建设力度、提升农村公共服务水平、全面推进农村人居环境整治等任务要求。本书课题组结合供求双方、主客观评价，从中国农村公共基础设施和基本公共服务绩效评估、10 省区市问卷（农民卷、村镇卷）调研和课题组在湖北等地的重点实地调研结果，综合分析和评估中国农村公共基础设施和基本公共服务发展取得的成就和面临的问题、财政投入机制和分摊情况及亟须改进之处，旨在综合考察和把握中国农村公共基础设施和基本公共服务财政需求与投入机制发展状况，预测"十三五"规划期农村公共基础设施建设和基本公共服务财政需求规模和趋势，提出新时期农村公共基础设施建设和基本公共服务财政投入规模和方式、财政投入管理体制和分摊机制调整的政策建议，以期为进一步促进城乡均衡发展的财政政策的制定，进而为保障 2020 年基本公共服务总体均等化目标的实现提供支持和参考。

一 农村基础设施和基本公共服务发展情况

（一）农村基础设施和基本公共服务绩效评估

1. 构建绩效评估指标体系

中国农村公共基础设施和基本公共服务绩效评估指标体系由农村公共基础设施建设、农村基本公共服务以及相应的财政投入 3 个二级指标 14 个三级指标和 51 个四级指标组成，详见表 5 - 1 所示。

2. 研究方法与数据来源

本书采用"横向"拉开档次评价法和"纵横向"拉开档次评

表 5 - 1　农村基础设施和基本公共服务绩效评估指标体系

一级指标	二级指标	三级指标	四级指标
农村公共基础设施和基本公共服务绩效评估指标体系	Z1. 农村公共基础设施建设	Z1.1 蓄饮水设施建设	(1) 自来水厂数量；(2) 水压机数量；(3) 雨水收集水窖
		Z1.2 道路建设	(4) 道路长度
		Z1.3 农村电网建设	(5) 乡村办水电站数量；(6) 乡村办水电站发电量
		Z1.4 农田水利建设	(7) 水库数量；(8) 水土流失治理；(9) 除涝状况；(10) 灌渠状况
		Z1.5 基本公共教育设施建设	(11) 小学校舍建设状况；(12) 小学教学及辅助用房状况；(13) 小学校舍危房状况；(14) 初中校舍建设状况；(15) 初中教学及辅助用房状况；(16) 初中校舍危房
		Z1.6 基本医疗卫生设施建设	(17) 村卫生室数量；(18) 乡镇卫生院数量；(19) 卫生机构设备数量；(20) 卫生机构床位数量；(21) 卫生机构建设状况
	Z2. 农村基本公共服务	Z2.1 基本公共教育服务	(22) 小学升学情况；(23) 初中升学情况；(24) 小学老师数量；(25) 初中老师数量；(26) 小学老师质量；(27) 初中老师质量
		Z2.2 基本医疗卫生服务	(28) 乡镇卫生院病床使用情况；(29) 新农合医疗使用状况；(30) 参加新型农村合作医疗人数；(31) 乡村医生和卫生员数量
		Z2.3 基本社会服务	(32) 新型农村社会养老保险参保状况；(33) 农村居民最低生活保障情况；(34) 农村供养五保人数；(35) 农村医疗救助状况

续表

一级指标	二级指标	三级指标	四级指标
	Z3. 农村公共基础设施和基本公共服务财政投入	Z3.1 公共基础设施建设	(36) 农村蓄饮水财政投入；(37) 农村道路建设财政投入；(38) 农村电网财政投入；(39) 农田水利财政投入
		Z3.2 基本公共教育服务	(40) 小学教育财政投；(41) 小学基本建设财政投入；(42) 初中教育财政投入；(43) 中学基本建设财政投入
		Z3.3 基本医疗卫生服务	(44) 农村卫生财政投入；(45) 乡镇卫生院财政投入；(46) 新型农村合作医疗财政投入
		Z3.4 基本社会服务	(47) 新型农村社会养老保险财政投入；(48) 农村最低生活保障财政投入；(49) 农村五保供养财政投入；(50) 农村医疗救助财政投入
		Z3.5 社会化服务	(51) 农民合作经济组织财政投入

价法，① 分别对全国 31 个省级政府 2003 ~ 2012 年的农村公共基础
设施和基本公共服务绩效进行评估和分析，从而得出每年中国各
省的农村公共基础设施和基本公共服务的发展状况，使得各地区
在各年度的评价都具有直接的可比性。

　　考虑数据的可得性和连续性，最终选取了 2003 ~ 2012 年全国
以及全国 31 个省市区（不包含港澳台）的农村公共基础设施和基
本公共服务的数据资料。数据资料主要源自《中国统计年鉴》
（2003 ~ 2013）、《中国教育经费统计年鉴》（2003 ~ 2012）、《地方
财政统计资料》（2003 ~ 2009）、《中国教育统计年鉴》（2003 ~
2013）、《中国环境统计年鉴》（2003 ~ 2013）等。对于个别指标在
个别省份以及个别年份的数据缺失，采用线性拟合方式对其补全。
考虑到各指标数据量纲不同，且部分指标的判断方向不一致，报
告首先对取得的样本数据进行无量纲及正向化处理，然后求得评
估指标系数，通过样本评价函数得到各指标的绩效值。

　　3. 绩效评估结果

　　表 5 - 2 给出了 2003 ~ 2012 年中国农村公共基础设施、基本公
共服务及二者财政投入绩效值与财政投入效率结果。由表 5 - 2 可
以看出以下几点。第一，农村公共基础设施和基本公共服务绩效
得分整体上稳步上升。但农村基本公共服务绩效（发展水平）低
于农村公共基础设施，同时年均增长率（1.3%）相对更高。第
二，农村公共基础设施和基本公共服务地方财政投入大幅增长，
2012 年比 2003 年绩效值增长约 2.4 倍。其中，基本公共服务地方
财政投入高于公共基础设施地方财政投入，并具有更高的年增长
率。第三，农村公共基础设施地方财政投入效率十年间稍有起伏，
基本公共服务地方财政投入效率逐年缓慢增加，二者之间的财政

---

　　① "横向"拉开档次法通过确定不同的权重系数，对各年中国农村公共基础设施
　　　和基本公共服务的发展状况进行客观综合评价。"纵横向"拉开档次评价法引
　　　入的权重系数不含时间，但与时间有着隐含的联系，因而便于对中国 31 个省
　　　级政府在不同时刻的地区综合发展情况的动态进行对比，解决动态的多指标综
　　　合评价问题。

投入效率差距逐年缩小。

**表5-2 农村基础设施、基本公共服务及财政投入绩效值
与财政投入效率①**

系数

年份	公共基础设施	基本公共服务	公共基础设施地方财政投入	基本公共服务地方财政投入	公共基础设施和基本公共服务地方财政投入	公共基础设施地方财政投入效率	基本公共服务地方财政投入效率
2003	0.333	0.147	0.023	0.044	0.076	0.444	0.330
2004	0.307	0.154	0.024	0.052	0.086	0.444	0.330
2005	0.334	0.161	0.026	0.058	0.095	0.360	0.327
2006	0.334	0.183	0.027	0.063	0.102	0.353	0.384
2007	0.357	0.209	0.029	0.070	0.111	0.240	0.332
2008	0.336	0.226	0.035	0.095	0.143	0.386	0.379
2009	0.362	0.242	0.040	0.130	0.186	0.257	0.332
2010	0.360	0.251	0.045	0.145	0.208	0.386	0.379
2011	0.380	0.264	0.050	0.163	0.232	0.399	0.420
2012	0.370	0.277	0.055	0.179	0.255	0.391	0.400

基于各省农村公共基础设施、基本公共服务及地方财政投入绩效值，得出农村公共基础设施、基本公共服务及地方财政投入变异系数，如图5-1所示。数据显示，农村公共基础设施绩效值的变异系数较大，整体位于0.6以上；农村基本公共服务绩效值的变异系数则较小，长期保持在0.2左右。由表5-2可知，农村公共基础设施绩效值较高，农村基本公共服务绩效值较低，表明农

① 中国农村公共基础设施、基本公共服务及地方财政投入绩效值是采用"横向"拉开档次评价法对样本评价函数进行处理计算得到的。中国农村公共基础设施、基本公共服务地方财政投入效率是分别将农村公共基础设施、基本公共服务作为投入，将农村公共基础设施、基本公共服务地方财政投入作为产出，采用这四个指标的各省绩效值利用DEA方法计算得出的。

村公共基础设施整体服务水平较高，但均等化程度低；农村基本公共服务整体水平偏低，但均等化程度高。另外，地方政府对农村公共基础设施和基本公共服务财政投入的差异系数也较大，在0.5左右小幅波动（图5-1），表明地方政府对农村公共基础设施和基本公共服务财政投入存在显著的省际差异。

表5-3 农村基础设施、基本公共服务及财政投入的变异系数

	2003 年	2004 年	2005 年	2006 年	2007 年	2008 年	2009 年	2010 年	2011 年	2012 年
基础设施建设	0.625	0.625	0.644	0.628	0.569	0.631	0.614	0.631	0.624	0.638
基本公共服务	0.199	0.199	0.203	0.174	0.202	0.174	0.190	0.174	0.183	0.185
地方财政投入	0.545	0.545	0.538	0.509	0.498	0.504	0.530	0.504	0.484	0.492

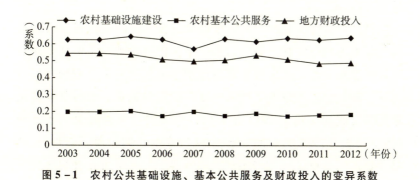

图5-1 农村公共基础设施、基本公共服务及财政投入的变异系数

（二）农村公共基础设施建设情况

根据绩效评估结果，结合对全国十省市的问卷调查与有代表性的田野考察，本书课题组认为，中国农村公共基础设施建设总体上处于持续发展的良性状态。但由于薄弱的发展基础，农村公共基础设施投资的累积效益仍嫌不足，广大农村未能充分享受中

国经济高速发展带来的溢出效应。同时，农业收益低下和农村去组织化的发展趋势，使得当前农村公共基础设施建设面临着劳动力成本居高、群众与企业投资意愿低等客观困难。具体来说，根据设施的建设情况与农民的认可程度，可以把中国农村各类公共基础设施的建设发展分为三种情况。

第一，满足农民基本需求，令农民相对满意的是农村电力设施、农村基本公共教育设施与基本医疗服务设施。得力于国家财政的倾力投入，这三项基础设施的受益面基本覆盖了中国的广大农村，只有极少数的中西部偏远地区尚未完全铺开。但是这三项基础设施却在不同程度上存在建设水平较低、服务层次不高的局限，2012 年全国农村电力、农村基本公共教育设施以及公共医疗服务设施的绩效值分别为 0.0426、0.0546、0.0854，逐渐落后于日益提高的需求总量与需求层次。当下，中国部分农村电网的供电能力已经不能满足日益增加的电力需求，而农村的公共教育设施与公共医疗服务设施只能在数量上提供基本保障，质量的提升任重道远。

第二，经过长期的、大规模的建设投入，正处于建设攻坚期的是农田水利与农村公路。目前，中国仍有接近一半的耕地缺乏有效的灌溉保障，且在有效灌溉面积中的节水灌溉工程面积仅占46%，农业生产还处于"靠天吃饭"的危险局面。农村交通建设取得巨大成就，截至 2013 年年底，全国农村公路的总里程达到378.5 万公里，99.97% 的乡镇和 99.70% 的建制村通了公路，[①] 但是"最后一公里"的出行障碍普遍存在，一些地方重建轻养，导致许多农村公路出现"油返砂""通返不通"等问题。[②]

第三，关系农民生活质量、农民需求意愿强烈的农村沼气与农村饮水设施建设不理想。当前，农村沼气由于受到建设条件的

---

① 交通运输部发行《中国农村公路发展十年（2003～2013 年）》。
② "油返砂"指的是公路磨损后缺乏正常养护，路况急剧下滑并不可恢复的现象。"通返不通"指的是修建好的农村公路严重破损，影响群众出行的现象。

限制，加之财政投入总量有限，这项既实惠农户、又有利于环境的民生工程尚未得到真正推广。2012 年中国农村沼气池产气量达到 157.6 亿立方米，若以户均产气为每年 400 立方米计算，农村户用沼气数量只有 3940 万户。另外，农村安全饮水工程在国家的强力推动下已经取得良好的建设成效，但是依然存在覆盖率不足的问题，截至 2011 年年底，全国农村饮水安全普及率仅为 77%，且集中供水受益率只有六成左右，大量分散式供水工程存在水质不达标与供水不稳定等问题。

（三）农村基本公共服务发展情况

绩效评估结果显示，2003～2012 年，中国农村基本公共服务水平逐年提升，绩效值从 2003 年的 0.147 增长到 2012 年的 0.277，覆盖面越来越广，但整体服务水平仍然偏低，东、中部地区大部分省市的绩效值高于西部地区，城乡、地区之间的发展不平衡问题并没有得到解决。满意度调查结果（表 5-4）显示，农民对于基本公共服务的满意度大致呈现一个稍微右偏（偏向满意方向）的分布形态。现从农民最为关注的三大主要基本公共服务——农村基本公共教育、基本医疗卫生服务、农村基本社会服务具体分析农村基本公共服务的发展情况和特征。

表 5-4　农村基本公共服务满意度①

基本公共服务类型和项目		基本公共服务农民满意度				
		非常满意	比较满意	一般	不太满意	非常不满意
基本公共教育服务	小学教育质量	9.17%	32.37%	38.60%	14.03%	4.20%
	中学教育质量	7.85%	34.85%	38.80%	12.21%	2.99%

---

① 在表中，农民对于基本公共服务类型和项目的满意度是通过农民对农村基本公共服务的满意程度来衡量的。满意度通过计算 1954 份有效调查问卷中基本公共教育服务、基本医疗卫生服务、基本社会服务的满意程度占比取得。

续表

基本公共服务类型和项目		基本公共服务农民满意度				
		非常满意	比较满意	一般	不太满意	非常不满意
基本公共教育服务	教师素质	7.24%	31.61%	43.41%	11.20%	3.90%
	免费教科书	16.06%	41.95%	26.90%	9.07%	2.13%
	寄宿生生活补助	10.64%	27.00%	37.49%	16.36%	3.90%
	学生营养改善	8.76%	24.42%	36.37%	21.94%	4.36%
基本医疗卫生服务	农村合作医疗	18.09%	48.68%	22.64%	6.48%	1.98%
基本社会服务	农村社会养老保险	13.07%	35.51%	31.61%	10.08%	2.68%
	最低生活保障	6.94%	24.37%	35.71%	16.57%	5.37%
	农村五保供养	7.65%	23.96%	36.63%	14.39%	5.22%
	社会救助和优抚	6.13%	21.38%	37.89%	16.46%	5.83%

数据来源：根据本书课题组调查问卷统计得出。

第一，我国农村基本公共教育服务发展状况良好。绩效评估结果表明（表5-5），在三大主要基本公共服务中，农村基本公共教育服务绩效值最大。分析全国31个省份在2003年、2007年、2011年的绩效得分（图5-2），可以看出各省农村基本公共教育服务水平整体上随年份变化不大，但地区之间依然存有差距，东部地区绩效得分明显高于中、西部地区。以2011年为例，北京、河北、浙江、上海、山东等东部地区绩效得分较高（0.14～0.08），而河南、云南、陕西、青海和新疆等中、西部地区绩效则处于相对较低的水平（0.08～0.04）。调研得知，农村义务教育基本普及，中小学升学率不断提高，教师素质不断提升，硬件设施配备率明显提高，农村学生营养补给得到保证，但与城市相比，农村公共教育资源明显不足，优秀师资力量紧缺，学校仍存在寄宿条件差、校舍安全问题以及电子信息设备更新速度慢等问题，从而导致农村学生进入985、211大学的比例近年来显著下降。满意度调查结果（表5-4）显示，农民对农村基本公共教育服务整体上倾向满意。具体来看，农民对免费教科书服务满意度（包括非常满意与比较满意）高达 58.01%，对中、小学教育质量服务满意度分别为 42.7%、41.54%，但对寄宿生生活补助和学生营养改善服务不满意度（包括不太满意与非常不满意）分别高达 20.26%、26.3%，这表明寄宿生生活补助和学生营养改善服务仍有较大的提升空间。

表 5 - 5　农村基本公共服务绩效评估值

系数

年份	基本公共教育服务	基本医疗卫生服务	基本社会服务
2003	0.0902	0.0526	0.0045
2004	0.0912	0.0571	0.0061
2005	0.0937	0.0587	0.0088
2006	0.0951	0.0571	0.0306
2007	0.1007	0.0658	0.0424
2008	0.1064	0.0707	0.0492
2009	0.1123	0.0765	0.0529
2010	0.1113	0.0825	0.0574
2011	0.1155	0.0848	0.0635
2012	0.1197	0.0892	0.0683

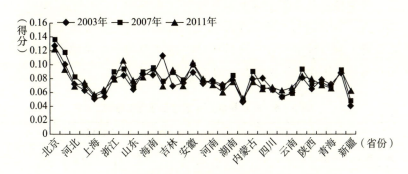

图 5 - 2　中国 2003 年、2007 年、2011 年 31 个省农村基本公共教育服务绩效得分

第二，我国农村基本医疗卫生服务水平取得明显进步，覆盖面明显增加。绩效评估结果表明（表5-5），在三大主要基本公共服务中，农村基本医疗卫生服务水平绩效得分居中并逐年增长，其年均增长率（0.054）高于基本公共教育服务年均增长率（0.028）。分析全国31个省份在2003年、2007年、2011年的农村基本公共医疗卫生服务绩效得分（图5-3）可以看到，各省份在三个不同年份上的绩效差异不大，但在同一年份上，北京、河北等东部地区的绩效得分较高，而河南、云南、陕西、青海和新疆等中、西部地区的绩效得分则处于相对较低的水平，表明省际间农村基本医疗卫生服务水平发展不平衡。

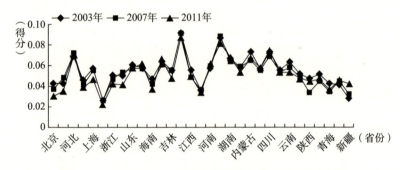

**图5-3　中国2003年、2007年、2011年31个省农村基本
医疗卫生服务绩效得分**

考察城乡基本医疗卫生服务情况（表5-6），可见在2010~2013年，我国农村医疗卫生资源与医疗保障水平在整体上都有明显提升。但与城市相比，农村医疗卫生资源与医疗保障水平依然相对落后，医疗卫生资源方面的差距甚至逐年增大。

表5-6　城乡基本公共医疗卫生服务情况

	2010 年	2011 年	2012 年	2013 年
城市每千人卫生技术人员（人）	7.62	6.68	8.54	9.18
农村每千人卫生技术人员（人）	3.04	2.66	3.41	3.64
城乡每千人卫生技术人员差距（人）	4.58	4.02	5.13	5.54

续表

	2010 年	2011 年	2012 年	2013 年
城市医疗保险参加人数（万人）	43263	47343	53641	57322
新型农村合作医疗参加人数（万人）	83600	83200	80500	80209
城乡医疗保险参加人数差距（万人）	40337	35857	26859	22887
城市医疗保险当年基金支出（亿元）	3271.6	4431.40	4868.5	5305.6
新型农村合作医疗当年基金支出（亿元）	1187.8	1710.19	2408.0	2909.2
城乡医疗保险当年基金支出差距（亿元）	2083.8	2721.21	2460.5	2396.4

数据来源：《中国统计年鉴（2011～2014）》。

调研得知，农村基本医疗保障覆盖面扩大，医务人员素质普遍提高，群众就医条件极大改善，但仍存在医疗专业技术人员缺乏、乡镇卫生院设备投入不足以及药品短缺等问题。

满意度调查结果（表5－4）显示，农民对农村基本医疗服务的满意度较高。在所调查的农民中，持满意态度的比例高达66.77%，持有一般态度的比例占22.64%，而表示不太满意的比例仅有8.46%。

第三，农村基本社会服务水平相对较低。绩效评估结果表明（表5－5），在三大主要基本公共服务中，农村基本社会服务绩效值最低，整体呈现增长趋势：2003～2005年增长缓慢，2005～2009年快速增长，2010～2012年慢速增长。调研得知，农村基本社会服务覆盖面扩大，但仍存在保障水平不高、乡镇敬老院床位不足等问题。满意度调查结果（表5－4）显示，农民对农村基本社会服务满意度普遍偏低。其中，对农村社会养老保险满意度相对最高，但持满意态度的比例也仅为48.58%。

鉴于中国农村公共基础设施和基本公共服务发展整体水平偏低，存在显著城乡、地区差异，无论是设施还是服务，内部都存在诸多结构性短板。因此，"十三五"时期，中国农村公共基础设施和基本公共服务仍存在较大财政需求。

二 农村基础设施和基本公共服务财政 投入及分摊现状

（一）农村基础设施和基本公共服务财政投入情况

1. 中国农村基础设施财政投入情况

从 1998 年实施积极财政政策以来，国家稳步加大了对于农业公共基础设施建设的投入力度，并在其中占据了绝对的主导地位。然而缘于农村基础设施投资的周期长、风险高、回报低的特点，虽然有一定规模的社会资本参与农村公共基础设施建设，但比重过小，并不具有普遍性。1999 ~ 2012 年，国家财政农业支出从1085.8 亿元增加到 12387.6 亿元，平均增长率达到 21.02%，占全部财政支出的比重从 8.2% 上升到 9.8%。① 但由于政府未能建立起规范的预算支出计划来保障与规范农村公共基础设施的长远发展，而多以专项转移支付形式来推进农村公共基础设施建设。这些专项资金来自农业、水利等多个部门，分属县级财政多个科室管理，名目繁多，资金总量难以宏观把握。此外，大多数专项资金需要基层地方政府主动申报，由于信息不对称，"跑部钱进"、各地苦乐不均情况不可避免。专项拨款周期长、存在时滞，导致国家整体经济社会发展规划在县乡基层的实施严重滞后。因为这些原因，国家财政农村公共基础设施投入的资金使用效率一直在较低水平徘徊，甚至呈现出微弱的下滑趋势，从 2003 年的 0.444 下降到 2012 年的 0.366。同时，这些问题也反映在农村公共基础设施建设绩效的缓慢增长上，2003 ~ 2012 年绩效值平均增幅仅为 1.33%。其中，农田水利与沼气设施的建设绩效增长缓慢，财政投入的规模效益较低；农村公路与

---

① 由于从现行财政收支统计中无法直接获取农村公共基础设施财政支出数据，本书课题组以"国家财政农支农支出"数据代替，它主要包括支持农业生产支出、农资农机等生产补贴、农村社会事业发展支出等，口径上略大于农村公共基础设施财政支出，但相对接近。

安全饮水设施虽然建设绩效明显，却面临着调整投资结构的迫切需要；农村电力设施与教育医疗设施的建设绩效长期低位波动，亟须从数量增长转向质量提升。

（1）加大对农田水利、沼气设施的投入力度

"十一五"时期全国共完成水利建设投资超过 7000 亿元，其中，中央投资 2934 亿元。"十二五"时期国家计划完成 70% 以上的大型灌区和 50% 以上的重点中型灌区骨干工程续建配套与节水改造任务，并主要通过大型商品粮基地项目、大中型灌区改造工程等专项工程来配置资金。这些财政投入给予了农田水利建设极大支持，但客观来说，农田水利设施的财政投入仍处于相对不足的状态，特别是广大的非粮食主产区更是极度缺少建设资金。[①] 所以，国家应该加大对农田水利设施的投入力度，扩大小型农田水利建设的资金覆盖范围。

从 2003 年开始，中央财政连续三年每年安排 10 亿资金补助农村户用沼气建设，2006 年之后，这一支持规模提高到每年 25 亿元。从 2009 年起，我国提高了对农村户用沼气建设的中央补助标准：西北、东北地区每户补助 1500 元，西南地区每户补助 1200 元，其他地区每户补助 1000 元。由于沼气设施能够切实降低生活成本、提高生活质量，在财政补贴的激励下，农民具有较强的建设积极性。但是，在没有财政补贴的激励下，由于需要一次性投入较大成本，[②] 中西部地区极少有农民主动自费建设沼气设施。这种状况反映出财政补贴在沼气设施发展中的关键作用，又鉴于沼气设施在中国农村覆盖率极低的严峻现实，政府应该加大对于农村沼气设施的财政投入力度。

（2）调整对农村公路、安全饮水设施的投资结构

"十一五"时期，中央对于农村公路的投资总规模为 1978 亿

---

① 根据本书课题组在中部地区某县的调查显示，该县当前的水利建设主要侧重于预防水灾与降低水灾危害，难以筹措足够的资金建设农田水利工程。

② 据本书课题组在中部某省与西部某省的调查显示，目前户用沼气的平均建设成本在 4000 元左右。

元，其中中央预算内投资 355 亿元，车购税资金 1623 亿元。中央投资极大地带动了地方政府与农民群众对于农村公路的建设热情，五年间全社会共计完成投资 9500 亿元。"十二五"期间，政府继续支持农村公路建设，着力改善中西部地区和老少边穷地区农村交通运输设施条件，新增和改造农村公路 100 万公里。其中，乡（镇）公路与乡（镇）际公路的建设由财政全部无偿支出；通村公路与村际公路则由村级组织承建，政府给予一定的财政补贴，但由于山区农村修路成本高，而地方政府又无力配套，目前的"村村通"工程已经诱发了新的地方债务；① 对于属于"村内户外"的村内公路，则主要依靠村民自己的力量来修建，政府只是通过"一事一议"② 的途径来进行相应的财政奖补。当前，"村村通"工程即将实现预期目标，原来的侧重乡级公路的投资策略面临调整，政府应该加大对村级公路与村内公路的支持力度，同时逐步建立完善农村公路养护机制，避免发生"通返不通"的现象。

自 2005 年国家启动农村安全饮水工程建设以来，全国累计投入建设资金超过 2400 亿元，其中中央财政投入超过 1500 亿元，解决了 4.6 亿农村人口的饮水安全问题。2003～2012 年，农村安全饮水工程的建设绩效一直保持在较好的发展态势，但是各个地区呈现明显差异，省际差异系数虽然有微弱下降，但还是处于 0.7 以上的较高水平。这种差异既与区域经济发展水平失衡有关，也与建设成本的地域差异有较大关系。根据本书课题组的调研，中西部地区农村安全饮水工程的建设成本要高于中东部地区，"十一五"时期的全国安全饮水工程的人均建设成本为 496.51 元，而西部地区达到了 528.08 元，特别是西部山区的建设成本更是介于 800～1000 元。因此，农

---

① 根据本书课题组在中部地区某县的调查，对于通往建制村的乡村公路硬化工程，政府给予每公里 15 万元的财政补贴，但实际工程的造价在每公里 30 万元左右，其余的建设成本转变为大量的农村集体债务，仅该县的农村集体债务总量便超过 6000 万元。

② "一事一议"是指，在农村税费改革这项系统工程中，取消了乡统筹和改革村提留后，原由乡统筹和村提留中开支的与农田水利基本建设、道路修建、植树造林、农业综合开发有关的土地治理项目。

村安全饮水工程财政投入应该更加倾向西部地区，在继续完善水网建设的同时，加大对自来水厂运营的财政支持力度，吸引更多的社会资本参与农村安全饮水工程的建设之中。

（3）提高农村电力设施、教育医疗设施质量，建立长效投入机制

2003～2012年，农村电网建设绩效在十年间从0.0167增长到0.0426，但相对而言仍处于较低水平。"十一五"期间，在已实施"送电到乡"工程基础上，国家共投入1325亿元，相继实施了中西部农网完善工程、无电地区电力建设等工程。"十二五"期间，中国两大电网公司总投资将超过5000亿元，计划对未改造的农村电网进行全面改造，对电力需求快速增长而出现供电不足的农村电网实施升级改造。考虑到农村电力设施是一种国有企业垄断经营的公共产品，为了避免企业在利益刺激下做出有公共福利的"短视行为"，政府应建立起一个长期的电网建设发展规划，特别是要建立起对于经济效益为负的、且处于偏远山区的农村电网建设的监督机制。

"十一五"时期国家相继实施中西部农村初中校舍改造等建设工程，持续加大对农村公共基础教育设施建设的投入力度。2009年开始在全国范围内实施中小学校舍安全工程，根据财政部统计数据，2009～2011年，中央财政累计安排校舍安全工程专项资金140亿元。2014年，国家开始启动"全面改薄"，即全面改善贫困地区义务教育薄弱学校基本办学条件项目，不同于以往的专项计划，"全面改薄"遵循"缺什么补什么"的方针，力求保证农村中小学的基本教学条件。

2009年，国家启动实施新一轮《健全农村医疗卫生服务体系建设方案》。2010年，国家共投入中央预算内资金358.5亿元，支持了1877所县级医院、5169所中心乡镇卫生院和11250所村卫生室建设。"十二五"时期，按照"大病不出县""小病不出社区"的要求，政府加强了以县级医院为龙头、乡镇卫生院和村卫生室为基础的农村三级医疗卫生服务网络建设。根据本书课题组在中部某县的调查，2011～2014年，国家财政对于该县农村公共基本医疗设施建设的总投入为1114万元，共改造了12个乡镇卫生院与

44个村卫生室，每个村卫生室的建设标准为5万元。

总体而言，国家对于农村电力设施、公共教育设施与基础医疗设施的投资建设已经满足了数量扩展的需求，"十三五"时期的发展目标应该着眼于提升基础设施的质量与档次。为此，国家应调整对于这三项农村公共基础设施的发展思路，整合临时性的专项投资计划，建立长效投入机制。同时，由于这些设施的基本架构已经建设完成，形成了较强的投资吸引力，政府可以尝试以灵活多样的方式吸引社会资本加入建设序列。

2. 中国农村基本公共服务财政投入情况

在中国农村基本公共服务中，政府财政投入占主导地位。2003~2013年，国家对农村基本公共服务的财政投入规模稳步加大。绩效评估结果（表5-2）显示，地方政府对中国农村基本公共服务财政投入效率整体上稳步上升，但效率值总体偏小。

（1）农村基本公共教育财政投入情况

现阶段，农村基本公共教育主要由政府财政投入。国家对农村基本公共教育服务的财政投入呈大幅增长态势，农村义务教育经费总量由2003年的1266.03万亿增长到2012年的6085.5万亿，增长3.81倍。十年间，各级政府教育财政拨款年均增长率为17.4%，高于财政经常性收入年均增长率16.8%；农村义务教育一般公共预算教育经费增长5.4倍。在"十二五"期间，农村义务教育一般公共预算教育经费总额超过46000亿元，超出"十一五"期间总额的2倍。农村义务教育地方财政投入变异系数由2003年的0.776下降到2012年的0.476，表明农村义务教育的地方财政投入虽然存在显著的省际差异，但省际间差异逐年缩小。

基于各省绩效评估结果计算得出，2003~2012年中国农村基本公共教育地方财政投入纯技术效率、规模效率和综合效率（表5-7）。① 可见，十年间中国农村基本公共教育地方财政投入纯技

---

① 纯技术效率衡量了财政资金管理和投入方式的有效程度，规模效率衡量了财政投入规模的合理性，综合效率则衡量了财政投入的总体效率状况。

术效率整体上逐步增长，但效率值偏低，十年均值为 0.351，表明地方财政投入未得到充分利用。中国农村基本公共教育地方财政投入规模效率整体上处于较高水平，稍有起伏，十年均值为 0.803，表明地方财政投入规模较为合理。中国农村基本公共教育地方财政投入综合效率整体稳步上升，但效率值偏小，十年均值为 0.278，表明地方财政投入总体效率不高，主要源于地方财政投入较低的纯技术效率。

表 5-7　农村基本公共服务地方财政投入效率①

	农村基本公共教育			新型农村养老保险			新型农村合作医疗		
	综合效率	纯技术效率	规模效率	综合效率	纯技术效率	规模效率	综合效率	纯技术效率	规模效率
2003	0.234	0.295	0.794				0.861	0.888	0.963
2004	0.234	0.295	0.794				0.861	0.880	0.963
2005	0.238	0.276	0.859				0.861	0.888	0.963
2006	0.287	0.383	0.754				0.861	0.888	0.963
2007	0.260	0.299	0.915	0.208	0.347	0.597	0.709	0.803	0.878
2008	0.291	0.388	0.754	0.216	0.330	0.647	0.861	0.888	0.963
2009	0.252	0.377	0.661	0.228	0.314	0.698	0.831	0.891	0.929
2010	0.291	0.388	0.754	0.232	0.311	0.722	0.861	0.888	0.963
2011	0.365	0.405	0.930	0.232	0.311	0.722	0.834	0.869	0.953
2012	0.326	0.407	0.816	0.232	0.311	0.722	0.805	0.840	0.936
平均	0.278	0.351	0.803	0.220	0.319	0.692	0.835	0.873	0.947

（2）新型农村养老保险财政投入情况

"新农保"采取个人缴费、集体补助和政府补贴相结合的方式筹资，个人实行固定缴费制。中央补贴的最低标准养老金由 2009

---

① 将基本公共教育服务地方财政投入作为投入，将基本公共教育服务作为产出，采用这两个指标的各省绩效值利用 DEA 方法计算得出中国基本公共教育服务地方财政投入效率。同理计算得出"新农保""新农合"地方财政投入效率。

年55元/(人/月) 提高到2014年70元/(人/月)。① 地方政府对缴费者补贴标准不低于30元/(人/年)。国家财政对"新农保"的财政补贴规模由2009年的183.84亿元增加到2013年的1021.5亿元,提高了5.6倍,占国家财政支出的比重也由0.24%提高到0.73%。

但调研得知,当前"新农保"财政投入存在以下问题。一方面,各地政府对于"新农保"的补贴标准存在较大差异,导致"一地一策"的碎片化补贴机制。例如,湖北省保康县与监利县均为66元/(人/年),山东省临沂县为78元/(人/年),福建省泉州市为100元/(人/年)。② 另一方面,中央财政负担的基础养老金实行统一额度补贴方式,导致基础养老金在各地的收入替代率不均衡③。如甘肃收入替代率最高,达到12.92%,上海收入替代率最低,仅为3.36%,前者约为后者的4倍,这导致生活成本较高的东部农村地区面临着较大的养老压力。

由于"新农保"自2007年开始试点实行,基于各省绩效评估结果计算得出2007~2012年中国新型农村养老保险地方财政投入效率值(表5-7)。可以看到:六年间,中国新型农村养老保险地方财政投入纯技术效率整体上缓慢下降,效率值偏低,年均值为0.319,表明地方财政投入资金利用率逐年下降,财政投入方式可能不合理;中国新型农村养老保险地方财政投入规模效率整体上慢速上升,并处于规模收益递增阶段,年均值为0.692,表明财政投入规模不足,导致效率偏低;中国新型农村养老保险地方财政投入综合效率整体上缓速上升,从2007年的0.208到2012年的0.232,仅增加了0.024,效率值总体偏低,年均值仅为0.220。这表明地方财政投入总体效率偏低,是由较低的地方财政投入纯技

---

① 根据2009年颁布的《关于开展新型农村社会养老保险试点的指导意见》和2014年国务院提出的建立统一的城乡居民基本养老保险制度得出。
② 根据调查问卷(村情表)统计得出"新农保"地方财政补贴标准。
③ 基础养老金收入替代率是指当年基础养老金占上一年当地人均收入水平的比重。

术效率和规模效率共同造成。

（3）新型农村合作医疗保险财政投入情况

新型农村合作医疗保险采取个人缴费、集体扶持和政府资助的方式筹集资金。财政补助资金占新农合筹资总额的比重从 2004 年的 55% 增长到 2013 年的 80% 左右，政府投入在"新农合"筹资中占主导地位。人均财政补助标准从 2003 年的 20 元提高到 2014 年的 320 元。各级政府大幅增加了对"新农合"参合农民的补助，财政补助"新农合"参合农民的资金总规模在 2013 年已有 9000 多亿元。调研发现，当前财政补助标准与农民实际医疗需求仍存在较大差距。由于"新农合"执行中要求农民个人先行支付，所以农民看不起大病的问题依然十分严重。

考察 2003～2012 年中国新型农村合作医疗地方财政投入效率（表 5-7），可以看到：十年间，中国新型农村合作医疗地方财政投入综合效率、纯技术效率和规模效率整体上都处于较高的水平，十年均值依次为 0.835、0.873 和 0.947，这表明地方财政投入总体效率较高，财政资金管理和投入方式较为合理。

（二）农村公共基础设施和基本公共服务财政投入分摊现状

根据目前政府间支出责任划分的规定以及本书课题组调研情况，各级政府对农村公共基础设施和基本公共服务的财政投入分摊现状如下。

1. 农村公共基础设施财政投入分摊现状

根据本书课题组在武陵山区某县的实地调研，各级政府对农村公共基础设施建设支出责任的分摊情况详见表 5-8。

表 5-8　农村公共基础设施建设投入分摊现状

项目分类		支出责任
农业生产基础设施	跨经济区域大江大河治理	中央政府负责
	大型农田水利	

续表

项目分类			支出责任
农村公共基础设施建设	农业生产基础设施	小流域治理	县级政府负责，中央与省级政府通过专项进行补助
		农业生产基地	
		小型农田水利	
	农民生活基础设施	农村道路	县、乡级政府负责；中西部地区，中央每公里补助 15 万元；东部地区地方政府自行解决
		农村安全饮水	县级政府负责，中央、省级政府以专项资金投入，县级政府按照 1：1 的比例进行配套
		农村危房改造	中央安排农村危房改造补助资金，每户平均 7500 元；省级政府对特困户进行补助
	农村社会发展基础设施	农村义务教育校舍	中西部地区，中央与地方（省、县）按照 1：1 的比例进行分摊；东部地区县级政府负责
		农村医疗卫生设施	县级政府负责，中央与省级政府通过专项对贫困地区补助

资料来源：根据本书课题组实地调研的资料整理得出。

目前除大型水利、跨区域流域治理等具有较大区域外溢特征的农村公共基础设施属于中央政府事权外，大部分农村公共基础设施建设均属县乡两级政府事权范围。但根据本书课题组在湖北等地的调研发现，县级政府对农村公共基础设施的投入多是通过争取中央专项转移支付完成的，县本级财政安排到农村公共基础设施的财力仅限于配套要求。

就农业生产性基础设施而言，目前县级政府对一些小流域治理、农业生产基地以及小型农田水利设施的投入主要通过向中央申请"小型农田水利重点县"项目，县本级每年基本上没有财力投入到农业生产性基础设施。对农村生活性基础设施来说，县级政府对农村道路的建设以及农村安全饮水工程的投入仍然主要依靠中央政府的专项转移支付。其中中央通过"农村安全饮水工程"

项目对农村饮水安全进行补助，县级政府按照 1：1 的比例进行配套。在农村社会性基础设施建设方面，县级政府对农村义务教育校舍的建设主要依靠中央的"校舍安全工程专项"以及"薄弱学校改造计划专项"，县本级的投入多以配套要求为限。

本书课题组认为，出现目前的这种分摊现状主要因为县级政府财力十分有限，仅能维持"吃饭财政"模式，但其在农村公共基础设施建设中却承担了与其财力不相匹配的事权，从而导致县级政府在农村公共基础设施建设上只能依赖中央政府的专项转移支付，继而导致县级政府在农村公共基础设施领域事权、支出责任和财力三者之间不相匹配。

根据新《预算法》修正案的要求，新时期将规范专项转移支付，逐渐减少专项转移支付的比例，这势必会影响到县级政府对农村公共基础设施的投入。因此，在新时期如何理顺县级政府在农村公共基础设施建设领域的事权、支出责任和财力三者间的关系尤为重要。

2. 农村基本公共服务财政投入分摊现状

在"省直管县"和"乡财县管"财政管理体制改革背景下，农村基本公共服务财政投入涉及的主体主要是中央、省级和县级政府。我国所有农村基本公共服务中，除基本公共教育中的课本费由中央政府完全承担（且仅限于中西部地区）之外，其他农村基本公共服务财政投入分摊情况主要可以分为由地方政府承担和由中央和地方政府共同承担两种情况，详见表 5-9。

表 5-9　农村基本公共服务财政投入分摊现状

项目分类			支出责任
农村基本公共服务	农村基本公共教育	免除课本费	中西部地区中央政府负责；东部地区省级负责
		免除学杂费	中部地区中央与省级按照 6：4 比例；西部地区中央与省按照 8：2 比例；东部地区除直辖市外，按照财力状况分省确定
		公用经费	
		经济困难寄宿生生活补助	中西部地区中央与省级按照 5：5 比例；东部地区省级负责

续表

项目分类			支出责任
农村基本公共服务	农村基本公共教育	校舍维修改造	中西部地区中央与县级按照5:5比例；东部地区县级负责
		教师工资	县级财政负责
	农村基本医疗卫生服务	农村公共卫生服务	省、县级政府财政负责，中央政府通过一般转移性支付和专项转移支付对困难地区给予补助
		农村医疗服务体系建设	省、县级政府财政负责，中央通过设立专项资金对贫困地区农村卫生机构基础设施建设和设备购置等给予补助
		新型农村合作医疗保险	中央、省、县级政府共同承担
	农村基本社会服务	农村居民最低生活保障	省级政府确定每人每年的补助标准，中、东部地区，省级与县级政府按照5:5的比例进行分摊，西部地区，省级与县级政府按照6:4的比例进行分摊
		农村五保户供养	
		医疗救助	县级政府负担
		孤儿养育保障	省级政府安排孤儿专项资金
		新型农村社会养老保险	中央和省、县级政府共同承担，其中中央财政对中西部地区按中央确定的基础养老金标准给予全额补助，对东部地区给予50%的补助

资料来源：根据《关于深化农村义务教育经费保障机制改革的通知》《关于农村卫生事业补助政策的若干意见》《全国基本公共服务"十二五"规划》和本书课题组实地调研资料整理得到。

（1）地方政府及其内部财政责任分摊情况

我国地方政府对农村基本公共服务财政投入有省级政府负责，县级政府负责及省、县两级政府共担三种形式，且主要事权和财政责任仍在县级政府。

在众多农村基本公共服务中，仅有孤儿养育保障由省级政府负责，东部省份还承担课本费和经济困难寄宿生生活补助的财政投入责任。县级政府主要承担校舍维修改造（东部地区）、教师工资和医疗救助方面的财政投入责任。农村公共卫生服务体系建设、农村医疗服务体系建设、农村居民最低生活保障及五保户供养的财政投入由省级、县级政府共同分摊。其中，农村公共卫生服务和农村医疗服务体系财政责任应由同级政府承担，但这些服务多位于县、乡、村，导致其财政责任实际上主要由县级政府承担。农村居民最低生活保障及五保户供养由省级、县级政府分别按照东部地区 6∶4 和西部地区 5∶5 的比例共担。因此，从以上分析可知，地方政府承担的农村基本公共服务事权和财政责任重心仍在县级政府。

从农村基本公共教育服务方面来看，人员经费（主要是教师工资）全部由县级政府承担，县级政府财政压力过大，农村优秀教师紧缺。近年来，教育经费中，人员经费占教育经费的比重虽然呈不断下降的趋势，但是 2011 年这一比例仍高于 70%，这给县级政府带来了巨大的财政压力。以湖北省某县为例，2014 年全县本级的财政收入只有 7.73 亿元，其中县级政府对教育的总支出为 3.3 亿元，而这其中用于教师工资的支出就接近 2 亿元，占到了教育总支出的 60% 左右，县本级财政收入的 20%。

从农村基本医疗卫生服务方面来看，2009~2013 年中央累计安排用于基本公共卫生服务的补助资金达 800 多亿元，支持基本医疗服务（包括加强医疗机构基础建设、设备购置、人才队伍建设）的补助资金达 450 亿元，共占总投入的 30% 左右。虽然中央投入较大，但由于主要支出责任仍由地方政府，特别是县级政府承担，因此，这些服务省际发展不均衡、城乡差距扩大、农村居民满意度不高的情况突出。

从农村基本社会服务提供情况来看，农村居民最低生活保障及五保户供养补助标准过低，经常由于县级政府财政困难而导致资金无法及时到位。以湖北省某县为例，2014 年该县对农村五保户的供养标准为每人每年 4310 元，而 2014 年当地农民家庭人均总收入为 8564 元，也就是说对农村五保户的供养标准只有当地农村居民人均总收入的一半。但是，每年实际到位的资金却还不到一半，2014 年该县全年五保户供养的资金应为 481 万元，而实际到位的资金只有 200 万元左右。

作者认为，目前县级政府承担支出责任过重，缺乏与之一致的财权。因此，从农村公共服务的属性出发，上移一部分本该属于中央和省级的事权，使得各级政府事权与财权一致，将有效提供农村基本公共服务。尽管"公共卫生服务"与"医疗服务"都关乎国民健康素质，但两者存在公共产品"纯度"差异，"公共卫生服务"较之于"医疗服务"，具有更强的正外部性，是"纯度"更高的公共服务，更加适合由更高层级政府（中央和省级政府）来负责，而"医疗服务"则具有更强的个人受益性，而且涉及信息更为复杂，适合由低层级政府（县级政府）来负责。因此，应该具体界定中央政府和省级政府提供公共卫生服务和医疗服务的财政责任，避免将这些事权在实践过程中过渡下移至县级政府。

（2）中央和地方政府财政责任分摊情况

中央和地方政府共担农村基本公共服务的情况主要分为中央和省级政府共担，中央和县级政府共担及中央、省级和县级政府共担三种情况。

基础教育服务中的学杂费、公用经费由中央和省级政府分别按照中部地区6∶4和西部地区8∶2的比例分摊，中西部地区经济困难寄宿生生活补助由中央和省级政府按照5∶5的比例分摊。虽然中央对学杂费和公用经费财政投入比例较高，但由于其在基础教育服务中所占比重偏低，到2011年基础教育中的公用经费占教育经费比重仅为28.75%，而支出比重较高的人员经费支出责任却由县级政府单独承担，这导致农村基础教育服务中拖欠工资、优秀教师不足。

中西部地区校舍维修改造由中央和县级政府按照5∶5的比例分摊。维持学校运转，解决人员经费不足是优先考虑的问题。在县级政府财政困难的情况下，校舍维修改造资金难以到位，寄宿条件差、校舍安全问题以及电子信息设备更新速度慢等问题突出，加剧了农村地区居民接受教育不平等的情况。

"新农合"和"新农保"由中央、省和县三级政府共同承担，其中，"新农合"中央财政补助约占三分之一（从2003年开始累计补助已达3000亿元）。但由于现阶段统筹层次普遍过低，县级政府实际上承担主要支出责任，导致其财政补助标准与农民实际医疗需求存在较大缺口。中央政府对"新农保"的财政补助基本维持在50%～75%。虽然中央对"新农保"财政补贴金额在不断上升，但由于地方缺乏统一的标准，"一地一策"导致了新的不平等。

综合调研情况可知，目前县级政府的财政支出责任较重，中央政府和省级政府通过临时性的专项转移支付等方式在一定程度上解决了县级政府的财力不足问题。但这种非制度性的解决方式具有不可持续性。因此，解决县级政府财权问题，使得事权与财权、事权与支出责任一致尤为重要。在基本教育服务中，人员经费由县级政府负责，而公用经费却由中央与省级政府共同负责，这导致基本公共教育服务这一事权的支出责任在县级，人员经费和公用经费纵向分割，不符合事权和支出责任一致的财政分权一般原则。县级政府承担的农村义务教育教师工资支出责任上移到省级政府是当前的现实选择。

（三）现阶段国家对农村社会化服务的财政激励和扶持政策

我国各级财政实施了一系列支持农村社会化服务体系的政策措施，主要目的是充分发挥财政资金引导作用，带动金融和社会资金更多投入农业和农村。当前，我国农村社会化服务的财政激励和扶持政策呈现以下特征。第一，从农村社会化服务环节角度来说，农田水利设施建设和维护、农技推广、中低产田改造等生产经营环节得到了较多财政支持，产品流通和贮藏等环节获得的支持不足。本书课题组的实地调研结果显示，农村基础设施项目和农田水利设施建设项目的覆盖面较广，但在新农村现代物流网络建设、政策性农业保险等项目上的投入很少，或者说只在极少数地区有投入，这说明我国农村社会化服务整体覆盖面还不是很广，尤其是产中和产后服务大多还处于试点探索阶段。第二，从财政激励和扶持方式看，财政扶持政策较多、覆盖面较广，主要

体现在生产种植、农技推广等产中服务上。财政激励政策则更多
体现在农田水利设施建设和维护、农田灌溉等产前服务上。现阶
段税收优惠和补贴等扶持政策较多，激励措施较少。第三，从政
策作用的对象看，各级政府都加大了对农村合作经济组织的财政
扶持和项目支持力度，但基层实践仍面临一些困难。以湖北省武
陵山区某县为例，在扶持农村合作经济组织发展的过程中仍面临
财政扶持力度不足、财政资金划拨渠道不畅通等困难。

三 农村基础设施和基本公共服务财政投入预测及政策建议

（一）总体思路与原则

本书本着以下总体思路与原则，开展中国农村公共基础设施
和基本公共服务财政投入规模预测并提出政策建议。

第一，立足于"十三五"规划期需要。从现阶段中国农村公
共基础设施和基本公共服务发展状况、财政投入和分摊状况实际
出发，聚焦"十三五"规划期中国农村公共基础设施建设和基本
公共服务提供的财政投入现实需求，服务于"十三五"规划期的
相关建设财政支出政策需要。

第二，瞄准 2020 年总体均等化目标。党的十八大和十八届三
中全会提出加快健全基本公共服务体系，在 2020 年总体实现基本
公共服务均等化的目标；2015 年中央一号文件提出加快农村基础
设施和公共服务水平提升，推进城乡基本公共服务均等化的具体
任务。本书以促进 2020 年国家基本公共服务均等化的总体实现、
缩小城乡公共基础设施和基本公共服务差距为政策目标，尝试通
过渐进主义预算原则和基于人均标准的结构方案测算"十三五"
规划期中国农村公共基础设施和基本公共服务的财政投入规模。

第三，遵循支出法定原则。根据《中华人民共和国预算法》
修正案要求与现代财政制度建设精神，"十三五"规划期的农村公

共基础设施和基本公共服务财政投入必须调整财政投入方式，纳入规范预算管理。坚持公开、透明的预算制度，细化预算编制、强化预算执行、完善预算执行监督。根据《深化财税体制改革总体方案》要求，明确中央和地方的事权和支出责任，建立事权和支出责任相适应的制度，完善转移支付制度。本书遵循《预算法》修订精神、建立现代财政制度及深化财税体制改革总体方案，提出"十三五"规划期中国农村公共基础设施和基本公共服务财政投入、分摊机制建议。

（二）中国农村公共基础设施和基本公共服务财政投入规模预测

"十三五"规划期，中国农村公共基础设施和基本公共服务的政府财政投入规模和态势取决于多方面因素。

首先，从事权和支出责任来看，政府确立的 2020 年基本公共服务总体均等化目标和所制定的具体均等化标准，作为事权范围和标准从根本上决定了新时期政府的支出责任和财政投入的总体规模。而农村公共基础设施和基本公共服务绩效评估和调研结果所反映的现阶段发展情况、对社会公众特别是农村居民对农村公共基础设施和基本公共服务需求程度的判断和评估，是新时期农村公共基础设施和基本公共服务财政投入增量规模调整和结构优化的重要依据。处于建设攻坚期的设施，农民生活质量，基本公共服务整体偏低的供给水平，成为新时期财政投入的重要考量因素。

其次，从政府财力和预算原则来看，政府在新时期可动用的总体财力构成对政府财政投入的根本制约，而经济发展的宏观态势直接影响到新时期政府财政投入的整体规模。从影响财政支出适度规模的基础因素和渐进主义预算原则来看，随着经济发展水平的逐步提高，应相应扩大对包括农村公共基础设施和基本公共服务在内的各项财政支出的投入规模。因此，根据一定时期的经济发展平均水平、人口增长速率和财政支出平均增长率估算"十三五"规划期农村公共基础设施和基本公共服务的财政投入大体规模是可靠的。同时，对于近期出现的经济"新常态"及其所带来的预算硬约束，本书在进行实际规模预测时也给予充分考虑。另一方面，从城市反哺农村、促进城乡均衡发展、缩小城乡差距的战略要求来看，政府财政投入又必须在渐进增长的基础上保持向农村基础设施建设和农村基本公共服务的重点倾斜，这就要求对农村公共基础设施和基本公共服务的财政投入增速必须高于城市投入增长速率。

因此，新时期政府财政须在明确事权和支出责任清单基础上，保持并适度加大对农村公共基础设施建设和基本公共服务的财政投入规模，做到应保则保、足额保障、及时保障。

1. "十三五"期间农村公共基础设施的财政投入预测

根据渐进主义预算编制原则，基于纵向比较[①]，国家财政农业支出过去十年的平均增长速度为 21.02%，以此增速进行估计，2020 年国家财政农业支出将达到 56996 亿元；另基于与相关数据的横向比较[②]，"十三五"规划期国家财政农业支出的平均增长速度应介于 18.99% ~ 23.53%。据此进行推测，2020 年国家财政农业支出的宏观阈值应该在 49781.83 亿 ~ 67168.66 亿元。若依据经济"新常态"背景下 7% 的增长率来计算，2020 年将达到 21284.2 亿元。

同时，根据农村公共基础设施发展现状与农民实际需求作出以下预测。首先，对于建设绩效增长缓慢，资金规模效益低的农田水利与沼气设施，政府需在"十二五"时期投入增速的基础上再有所提速。具体以沼气设施来说，若要实现 2020 年 8000 万户的

---

① 纵向比较，假设根据国家财政农业支出 2000 ~ 2012 年的平均增长速度来推测 2020 年国家财政农业支出，计算公式为：2020 年国家财政农业支出 = 2012 年国家财政农业支出 × (1 + 平均增长率)[8]。

② 横向比较，假设国家财政农业支出分别按照 2000 ~ 2012 年公共财政预算支出、固定资产投资国家预算支出、城镇固定资产投资的平均增长率来推测 2020 年国家财政农业支出。

中长期建设目标，"十三五"时期内政府需新增 2300 万户，年均新增 460 万户，① 若以每户补贴 2000 元的标准进行计算，政府则每年需要投入 92 亿元。其次，对于面临投资结构需要调整的农村公路与安全饮水设施来说，政府在农村公路上应该改变原来侧重于乡级公路的投资策略，转而加大对村级公路与村内公路的建设支持力度；同时，把更大比重的农村安全饮水工程投入转移到建设成本较高的西部地区，确保人均财政补贴达到 800～1000 元。最后，农村电力设施与教育医疗设施亟须提升质量，尤其是农民群众特别关注的教育医疗设施，政府应有效整合现有资源，并积极完善设施结构，提升设施档次。以农村基本医疗设施为例，"十三五"时期全面改造与提升 64 万多个村卫生室与 37000 多个乡镇卫生院，若以每个村卫生室 10 万元、每个乡镇卫生院 500 万的标准来进行估算，则需要财政投入 2500 亿元左右。

2. "十三五"期间农村基本公共服务的财政投入预测

根据渐进主义预算原则，假定"十三五"时期中国基本公共教育、"新农保"、"新农合"分别按照过去十年 16.85%、40.2% 和 24.5% 的平均增长率增长，"十三五"时期财政投入总体规模将分别达到 85056.19 亿元、39376.72 亿元、38815.11 亿元；在经济"新常态"背景下，假定"十三五"时期中国基本公共教育、"新农保"、"新农合"以 7% 的 GDP 增长速度增长，"十三五"时期财政投入总体规模将分别达到 45029.91 亿元、6992.43 亿元、14984.13 亿元。因此，"十三五"时期农村义务教育财政投入宏观阈值应在 45029.91 亿～85056.19 亿元，新农保的财政投入宏观阈值应在 6992.43 亿～39376.72 亿元，新农合的财政投入宏观阈值应在 14984.13 亿～38815.11 亿元。

同时，参照零基预算编制思路，从人均标准出发，根据农村

---

① 根据中国农村沼气利用总量与户均用气量进行估计，2011 年年底中国农村沼气用户达到 4325 万户，以每年 350 万户的平均增速进行预测，2015 年年底将达到 5725 万户。

基本公共教育、"新农保"、"新农合"财政支出结构预测出"十三五"期间国家财政对农村基本公共教育、"新农保"和"新农合"①的投入分别为63875.63亿元、14228.54亿元和17396.7亿元，都在前述的农村基本公共教育、"新农保"、"新农合"财政投入的宏观阈值内。

因此，本书建议引入中期财政框架，借鉴欧盟中期预算经验，参考渐进主义预算设计和零基预算思想，确定"十三五"规划期财政投入总体规模及各年度预算支出规模。根据预测结果，建议截止到2020年农村公共基础设施财政投入的宏观阈值为49781.83亿~67168.66亿元；农村基本公共教育财政投入的宏观阈值为45029.91亿~85056.19亿元；"新农保"的财政补助的宏观阈值为6992.43亿~39376.72亿元；"新农合"的财政补助的宏观阈值为14984.13亿~38815.11亿元。

（三）中国农村公共基础设施和基本公共服务财政投入政策建议

本书建议，在"十三五"规划期，政府应以进一步打造和完善政府财政投入为主，社会资本参与为辅。并以一般公共预算保障为主，转移支付侧重于均等化保障的财政投入机制。

1. 明确政府间农村公共基础设施和基本公共服务事权和支出责任划分清单

建议将农村道路建设确立为省级政府和县级政府共同事权，由省级与县级政府按照一定比例来共同承担；农村安全饮水工程按照《预算法》修正方案取消县级政府配套要求后，由中央和省

---

① 农村基本公共教育财政投入由中、小学生人均公用经费、人员经费、基础建设经费标准分别乘以对应学生人数得到；"新农保"由人均最低标准基础养老金、人均地方政府缴费补贴标准、人均重度残疾人口缴费标准分别乘以60岁及以上农村人口，16~59岁参加"新农保"农村人口数和16~59岁农村重度残疾人口数得到；"新农合"由人均财政补助标准乘以参加新农合人口数加上人均筹资标准乘以农村"低保户"和"五保户"总人口数得到。

级政府共同负责；考虑在时机成熟时将县级政府承担的农村义务教育教师工资支出责任上移到省级政府，实现事权与支出责任的统一；考虑将农村公共卫生服务事权上移到中央和省级，由中央与省共同承担，县级政府以管理为主。建议重新调研、测算、调整确定各类农村公共基础设施建设和基本公共服务供给的单位成本，建立规范的农村公共基础设施和基本公共服务的事权和支出责任制度。

2. 坚持以政府财政投入为主，依法调整和改进财政投入方式，建立规范的预算保障制度

建议继续坚持政府主导、以财政投入为主不动摇，在此基础上，调整和改进财政投入方式。严格遵循《政府收支分类科目》分类体系，重新设计农村公共基础设施建设相关预算支出科目，按照功能和经济性质严格区分，并细化到"类、款、项"三级科目；调整和完善基本公共服务预算支出设计；加大非经济性公共基础设施和基本公共服务财政投入；强化各类农村公共基础设施和基本公共服务转移支付在地方政府预算编制中的反映和监督。此外，建议以预算科目为标准，统一农村公共基础设施和基本公共服务统计标准，为农村公共基础设施和基本公共服务预算的规范化和透明监督提供技术基础。

3. 清理、改革和完善农村公共基础设施和基本公共服务政府间转移支付制度

建议农村公共基础设施领域保留部分专项转移支付，如农村安全饮水工程、小型农田水利重点县工程，以确保向农村基础设施的投入倾斜。农村基本公共服务，全国均等化要求的中央补助则应纳入一般性转移支付范围。同时，还须加大中央转移支付对现有结构性短板公共基础设施和基本公共服务的支持力度。

4. 依据基本公共服务体系全国标准，保障城乡均等化、标准化的农村公共基础设施建设和基本公共服务供给财政投入

建议制定、完善农村公共基础设施统一建设标准，在此基础上明确财政投入保障标准；根据全国统一标准、城乡差异测算的

农村基本公共服务财力缺口，确定中央用于主要基本公共服务均等化的一般性转移支付规模和年度拨款规模；考虑在时机成熟时将农村学前教育和高中教育纳入农村基本公共教育服务保障范围；制定、改进和提高对"农村五保户"和低保户的补助标准；降低"新农合"重大疾病个人先行垫付门槛，完善大病救助制度；调整对"新农保"的固定金额补贴制，改行固定比例补贴制，并统一地方政府的财政补贴标准，消除"一省一策"的碎片化格局，促进"新农保"的区际均等化。

5. 尝试在农村公共基础设施建设和农村基本公共服务领域引入 PPP 模式

考虑在坚持政府投入为主的情况下，对农村道路建设、医疗服务以及农村社会化服务等具有一定竞争性和排他性的农村准公共基础设施和服务，如农村社会养老服务、饮用水水源地环境综合整治、农业面源污染治理、农村环境综合整治等领域，推行 PPP 模式，开展政府购买农村基本公共服务，扩大农村公共基础设施建设和基本公共服务领域向社会资本开放程度。

第六章　新时期农村集体经济发展及其财政支持[*]

我国是一个农业大国，农村人口众多。积极探索集体所有制实现形式，提高农业生产水平，发展壮大集体经济，是推动农村发展、农民增收的重要前提，也是全面建成小康社会和实现中华民族伟大中国梦等战略目标的重要基础。在当前形势下，发展壮大村级集体经济，既是发展农村公共事业、建设社会主义新农村的物质基础，也是保障村级组织正常运转、巩固党在农村执政基础的重要保证。发展壮大集体经济，也是农村实现小康的重要保障，而广大农村实现小康是我国全面建成小康社会的重要基石。习总书记强调，"小康不小康，关键看老乡""不能丢了农村这一头"。探索集体所有制经济，发展壮大集体经济，实现农村的小康，成为中央领导高度重视的政策议题，也成了地方政府以及学术界普遍关注的现实课题。因此，认真研究新时期村级集体经济发展面临的新情况、新问题，探索有效财政投入新机制，对于贯彻落实党的农村政策，维护农村改革、发展和稳定大局具有重要的现实意义。

---

[*]　袁方成，华中师范大学中国农村综合改革协同创新研究中心教授、博士生导师，副主任，研究领域：地方与基层治理；罗家为，华中师范大学中国农村综合改革协同创新研究中心助理研究员，研究领域：地方和基层治理；刘开创，华中师范大学中国农村综合改革协同创新研究中心助理研究员，研究领域：新型城镇化与农民土地权益保障。

一 农村集体经济的历史演变及其阶段特征

农村集体所有制经济组织包括两种类型：一是农业中的集体所有制；二是农村中集体所有制性质的乡办企业或村办企业。两种集体经济的制度形成和演变既具有密切的联系又存在一定的差异。[①]

(一) 农业集体所有制的变迁

农业中的集体所有制是现阶段我国农业中的基本所有制形式。[②] 按照我国的历史变迁以及对农业集体所有制经济的认识，其制度演变的历史，以改革为标志，可划分为两个阶段：改革前农业集体所有制经济和改革以来农业集体所有制经济。[③]

1. 农村改革前的农业集体所有制经济

(1) 形成期：20 世纪 50 年代

农业集体所有制的形成方式明确单一，即通过对个体农业社会主义改造的方式，经过互助组—初级合作社—高级合作社—人民公社的发展过程形成。[④] 在传统的集体所有制理论的解释框架下，"按股分红"是初级合作社的应有成分，因此初级合作社也被视为"半集体"性质的经济；高级合作社已经不存在个人股份，在"社"的集体范围内实现了所有权面前的人人平等、集中管理、共同劳动、按劳分配，属于完全集体化的公有制；[⑤] 人民公社是若干高级合作社的联合体，在人民公社中，原高级合作社被划分为若干生产大队和生产小队，这就使得集体经营的规模和范围更大、

---

① 冯蕾：《中国农村集体经济实现形式研究》，博士学位论文，吉林大学，2014。

② 李厚廷：《我国集体所有制的历史演进及其制度启迪》，《江苏师范大学学报 (哲学社会科学版)》2015 年第 4 期。

③ 雷红：《农地使用权制度变迁与创新研究》，博士学位论文，四川大学，2007。

④ 王树春：《中国农村集体经济制度变迁的历史及其趋势》，《天津商学院学报》2003 年第 1 期。

⑤ 韩松：《论集体所有权的主体形式》，《法制与社会发展》2000 年第 5 期。

公有化的程度更高。人民公社的主要特征为"一大二公""政社合一"，它是一种"工农商学兵合一"的组织，其实质是将政权组织、社会组织、经济组织合为一体，形成了政治、经济、社会高度集中统一的管理体制。①

（2）调整期：20世纪60年代初到"文化大革命"前

一方面，人民公社超越了生产力的发展水平，盲目追求"一大二公"，不仅扼杀了个人利益的基础，而且实行"一平二调"，也损害了各生产集体、生产大队和生产小队的群体利益，严重损害生产积极性，导致对人民公社制度的不彻底改革和调整，将其调整为"三级所有、队为基础"。另一方面，在推进人民公社化运动的同时，又掀起了"大跃进"运动，无论是人民公社化运动还是大跃进运动都忽视了经济发展的基本规律，脱离了当时中国社会的基本国情，对国民经济的发展产生了严重的破坏。为了恢复和发展国民经济，国家采取了"调整、巩固、充实、提高"的八字方针。② 重申坚持"三级所有、队为基础"，恢复了自留地和集市贸易，甚至还实行过"包产到户"，但这种包产到户很快又被否定。③ 这种调整可视为局限于集体共同生产经营范围内的对农村经济体制的局部改革。

（3）停滞期："文化大革命"十年

"文化大革命"十年，"四人帮"宣扬"宁要社会主义的草，也不要资本主义的苗""要割资本主义尾巴"，鼓吹人民公社在所有制上要"穷过渡"，形成了农业集体所有制经济"一大二公三纯"，使农业经济受到了严重影响。④ 然而，从农业集体经济的制度角度看，并没有发生根本变化。集体化否定了个人利益存在的

---

① 徐勇：《"行政下乡"：动员、任务与命令——现代国家向乡土社会渗透的行政机制》，《华中师范大学学报人文社会科学版》2007年第5期。

② 张齐学：《试析人民公社化运动中党对农民的思想教育》，《当代中国史研究》2003年第1期。

③ 王胜：《20世纪50年代后期中国农村建设的历史回顾》，《求实》2010年第5期。

④ 胡德怀：《感悟两极思维与改革创新》，《理论与实践》2002年第6期。

基础，中国的农业集体化由国家政治主导，其形成过程迅速而剧烈，加之国家政治又受"左"的错误理论指导，致使农业集体所有制经济的制度变迁陷入"闭锁"困境，农村经济陷入停滞。[①]

2. 改革以来的农业集体所有制经济

中国的体制改革，实质是制度变迁的特殊形式，因此，改革年代，集体所有制经济的制度变迁就表现为对集体所有制经济体制的形式等方面的变革。[②]

（1）20 世纪 70 年代末至 80 年代初

在这一时期，中国的农村经济体制迎来了一次前所未有的大变革。它促进农村经济体制由原来的集体所有制的集中经营、集中劳动、集中分配的管理体制转向以集体的统一领导和家庭联产承包责任制分散经营相结合的经营管理体制。[③] 这种统分结合的经济体制的优势主要表现在既坚持了基本农业生产资料的集体所有制的根本性质，又承认了每家每户在土地承包经营权上的平等地位，并明确了农户之间的产权、责任和利益分配关系，促进了集体利益和个人利益的结合，一定程度上调动了农民生产的积极性。同时，从政治上来看，在"政社合一"的人民公社解体后，乡、镇政府和村级自治组织准建被建立起来，土地的集体所有权事实上归为村落范围内的村民集体。[④] 80 年代以来，以家庭承包经营为基础的统分结合的经营体制不断发展和完善，对我国农业经济的发展以及经济体制改革具有至关重要的作用。

（2）20 世纪 90 年代

根据国际国内经济形势的发展变化，国家对家庭联产承包责任制进行了调整，决定在原定的耕地承包期到期后再延长 30 年。

① 王景新等：《集体经济村庄》，《开放时代》2015 年第 1 期。

② 王树春：《中国农村集体经济制度变迁的历史及其趋势》，《天津商学院学报》2003 年第 1 期。

③ 翟新花：《我国农村集体经济体制历史变迁中的农民发展》，博士学位论文，山西大学，2015。

④ 孔祥智、刘同山：《论我国农村基本经营制度：历史、挑战与选择》，《政治经济学评论》2013 年第 4 期。

这就进一步弱化了集体所有权对农户家庭经营的约束，承包者在拥有土地使用权的基础上有了更加充分的经营自主权，在一定程度上为以土地入股或转让、转租奠定了产权制度基础，也为农业市场化经营奠定了制度基础。① 以土地入股或因经营上的共同利益的需要而自发形成的各种合作经济组织不断壮大。农业集体所有制制度变迁，伴随着农村非农业的非公有制经济的发展，极大程度地影响了农村经济的发展，然而，这一轮改革是对以家庭承包经营为基础的统分结合的经营体制的巩固与完善，制度创新稍显不足，农业经济制度还需不断变革。②

（二）非农业集体所有制经济的制度变迁

农村中非农业集体所有制经济，是指农村中的集体所有制企业，即乡办企业和村办企业。主要从事非农业领域的生产经营，相对于农业中的集体所有制，农村非农业集体所有制经济在产生方式、产权关系和管理体制等方面具有自己特色。

乡或村办企业与人民公社的产生发展过程紧密相联。随着人民公社的创立，在意识形态和实现工业化的驱使下，全民所有制单位被下放给公社管理。人民公社期间，伴随"大跃进"运动和"三线"建设，公社、生产大队、生产小队尤其是前二者都创立社办、队办企业，国家和当地政府对这些社办、队办集体企业实行严格的管控，在用工制度、生产经营、福利制度、分配制度等方面实行严格的计划经营与政策约束，在人民公社内部实行高度集中的统一管理。③ 企业的领导人由人民公社或生产大队的领导成员亲自担任或任命委派。④

---

① 王景新：《中国农村土地制度变迁 30 年：回眸与瞻望》，《现代经济探讨》2008 年第 6 期。
② 李厚廷：《我国集体所有制的历史演进及其制度启迪》，《江苏师范大学学报哲学社会科学版》2015 年第 4 期。
③ 王树春：《中国农村集体经济制度变迁的历史及其趋势》，《天津商学院学报》2003 年第 1 期。
④ 辛逸：《试论人民公社的历史地位》，《当代中国史研究》2001 年第 3 期。

　　随着改革开放的不断深入，农村集体所有制企业快速发展。改革之初，国家给予了社队企业奖售补贴、税收优惠等一系列政策优惠，推动了社队企业的迅速发展。在人民公社逐渐解体后，原社队企业转变为乡（镇）办企业和村办企业，这种转变集中体现在其集体所有制和所有权转由乡政府和村委会代理行使，并在管理权上有不同程度的下放或采取了承包经营的形式，调动了各方办集体企业的积极性。① 需要指出的是，在国民经济发展水平较低的情况下，当时中国经济还处于卖方市场，人均收入不高、消费结构不合理，恩格尔系数较高，对产品的质量要求比较低。社会主义市场经济刚刚起步，市场机制和相关法律政策不够完善，对假冒伪劣产品的打击力度也不够，农村集体企业发展的市场空间较大，地方保护主义盛行。②

　　随着改革开放的进一步推进，社会主义市场经济体制不断完善，个体经济、私营经济与股份合作制经济等经济成分迅速成长，这使得农村非农集体所有制经济的发展愈加复杂化和多元化。农村非农业集体所有制经济形式越来越多样化和复杂化。除对原集体企业和乡或村集体投资兴办的新企业采取统一经营和承包、租赁的经营形式之外，还有乡或村以集体的名义将原集体企业改制为个体或私营企业或外资企业投资的股份制企业，乡或村以集体的名义将原集体企业改制为与国有企业或其他集体企业联合投资的企业。③ 乡民或村民联合投资将原集体企业改制为股份合作经济或其它形式的合作制经济等。④ 这种制度的变迁，为农村非农集体

① 王树春：《中国农村集体经济制度变迁的历史及其趋势》，《天津商学院学报》2003 年第 1 期。

② 马晓河、赵淑芳：《中国改革开放 30 年来产业结构转换、政策演进及其评价》，《改革》2008 年第 6 期。

③ 董亚珍：《我国农村集体经济发展的历程回顾与展望》，《经济纵横》2008 年第 8 期。

④ 王树春：《中国农村集体经济制度变迁的历史及其趋势》，《天津商学院学报》2003 年第 1 期。

所有制经济的发展注入了活力，适应了当前社会主义市场经济的发展趋势。

总体上看，改革开放初期，中国加大了对内改革的力度，农村非农集体经济得到了快速发展。然而，进入 20 世纪 90 年代中后期，中国加快了对外开放的步伐，经济结构逐步调整，中国企业加速与国际企业接轨，技术水准不断提升，而集体企业却停滞不前。这导致集体企业在技术、资金、管理和产品质量等方面都难以适应日趋激烈的市场竞争，相当一部分农村集体企业陷入停滞甚至濒临破产，进而导致农民集体经济收入增长缓慢，城乡居民收入差距进一步拉大。这些都表明，农村非农集体经济制度亟须创新，进而实现农村经济的腾飞。

二　新时期农村集体经济发展的总体特征与典型模式

（一）农村集体经济发展的总体特征

第一，农村集体经济组织发展步入新的格局。进入 21 世纪，伴随我国工业化进程及城市化建设的加快，城乡差距逐步扩大，主要体现为城乡居民收入水平、生活条件差距的拉大以及工农业之间生产效率、经济效益的高低差异。这些差距的增大使农村中的人、财、物等资源大量地由农村流向城市，"三农"问题凸显。2001 年我国正式加入世界贸易组织，不仅为我们带来了发展机遇，也带来了挑战。农产品销售市场国门的逐步开放加剧了我国农产品市场的竞争压力，从而使得我国组织化程度不高的小农户面临着国外发达国家农业生产者的激烈竞争。

因此，为了提高我国农民的组织化程度，增强其市场竞争力，保障其收益及我国的粮食安全，我国各级政府和相关部门对建立的多种新型农村集体经济实现形式，进行政策上的引导和组织行为上的规范。从 2004 年起，国家连续十一年的"中央一号"文件提到要积极推进农村集体经济多种有效实现形式的发展，引导其规范运行，着力加强能力建设。至此，我国农村集体经济多样化的实现形式开始步入深化改革、推进发展的阶段。

20 世纪 90 年代所形成的多种农村集体经济实现形式属于自发形成，在组织建设、运行规范、业务服务等领域都还处于摸索阶段。进入 2000 年以后，在政府宏观政策的引导、市场竞争的压力和农民强烈的需求推动下，多样化的农村集体经济实现形式在多个方面展开了改革。首先，推动集体产权改革，对集体财产折股量化，使原来名义上"人人都有"但实则无法体现的集体成员权利得以量化，而且通过折股量化及股利分红也使农民享受到了成员权利的具体实惠，增强了农村集体经济的吸引力和凝聚力。同时，集体股的设置比例也开始逐步降低，有的地区甚至取消。村级各项公益设施事业支出主要从集体经济年终收益里的公积金、公益金中提取。

第二，在内部管理及外部运行上逐渐正规化、规范化。2007年，国家颁布施行《农民专业合作社法》，这标志着我国在引导农村集体经济逐步走上法制化轨道。同时，在服务内容和层次上不断扩展，逐渐走向产供销、贸工农一体化的发展道路，实现农户与市场的有效对接，在增加农产品附加值、提高农业比较经济利益的同时，使农业逐步走向现代化。

第三，农村村级集体经济发展出现了多元化模式。农村集体经济的发展模式是指农村集体资产保值增值的实现形式和路径。从经济学的角度来说，经济发展的模式是经济效率的重要影响因素，甚至具有决定性的作用，同样的资源禀赋和要素条件，在不同的发展模式下会产生不同的产出绩效。在社会主义市场经济体制下，承包制、股份制、合作制、租赁制等多种发展模式被引入农村集体经济，这在一定程度上打破了社区和所有制的界限。通过不断发展与国有、个体、集体、私营及外资企业的合作，对土地、劳动力、资金、信息、技术、资源等生产要素进行全方位多元化组合，一大批跨区域、跨行业、跨所有制的新型集体经济形态由此产生。① 从全国来看，主要形成了苏南模式、华西模式、珠江模式、南街模式四种比较成功的模式。

　　一些地方根据自身经济发展以及资源禀赋的实际情况，形成了地方独具特色的集体经济发展模式。一是征地补偿收入发展模式。这种模式主要集中在长江经济带、珠江三角洲、各种开发园区和城镇周边地区的农村。这些地方的村社以征地补偿收入作为启动资金，充分利用基础设施比较完备、市场经济比较发达、优越的地理位置等有利条件，通过招商引资、兴建厂房、商铺出租、创办乡村集体企业等多种途径，运用承包制、股份制、租赁制等多种经营形式，促进集体经济的发展与壮大。② 二是行政手段扶持发展模式。这种模式主要集中在经济欠发达地区的平原和山区的贫困村。在这种模式下，各村社主要通过政府财政拨款扶贫、领导挂点扶贫、部门挂钩扶贫、工作队驻点扶贫及结对帮扶等形式，为农村集体经济发展输血造血。三是自我谋求发展模式。这类村庄具备基本的交通、通信等基础设施条件，有一定的山林、水电等可供开发利用的集体资源，村庄领导班子团结有力，主要通过开发集体资源、依托龙头企业、为家庭经营提供服务等方式发展壮大集体经济。

（二）新时期农村集体经济发展的典型模式

1. 苏南模式

　　苏南模式是指江苏省江南部分即苏州、无锡和常州地区以农民自身力量发展乡镇企业，实现非农业的乡镇企业的发展跨越。此模式中乡镇企业的性质是集体经济所有制，乡镇政府起着主导作用，乡镇企业的发展紧紧围绕乡镇政府的规划。

---

①　陈会广：《中国农村土地制度变迁的理论与经验研究述评》，《甘肃行政学院学报》2010年第4期。

②　潘光辉：《广东征地补偿制度变迁：从货币补偿到社会保障》，《南方国土资源》2008年第2期。

苏南地区毗邻国际大都市上海，区域内有苏州、无锡、常州等发达工业城市，陆海空立体交通四通八达。苏南的农民与在上海等大中型城市的产业工人有着千丝万缕的联系，苏南城市群密集，相互之间沟通信息快捷方便，农村容易接受城市的经济技术辐射与产业转移。自古以来，苏南地区就是手工业萌芽与发展的地区，现代则是民族资本主义工商业的发源地，这一传统延续到计划经济时代，苏南地区就开始发展农村集体经济。这些为乡镇企业的发展积累了宝贵的经验和必要的资金。

1958 年人民公社时期，苏南地区就存在公社办的企业，主要为农民从事农业生产服务。20 世纪 70 年代，农业机械厂和集体农场在苏南地区出现。十一届三中全会后，苏南地区抓住中央支持企业发展的机遇，进入大发展阶段，不仅成功地实现了数以万计农民的非农转移，且实行"以工建农、以工建镇"，不断提高农业现代化水平，大量的小城镇迅速崛起，呈现工业化和城市化推动下的"离土不离乡，进厂不进城"的独特景观。

苏南地区主要由政府出面，集中土地、资本和劳动力，并由政府任命企业家管理企业。将企业家和社会闲置资本盘活并最大限度地利用，通过资本原始积累阶段迅速扩大再生产，在适当时机组建企业集团，拓宽经营范围，打造农业企业的"航母"。在计划经济向市场经济过渡的初始阶段，政府直接干预、动员和组织企业生产经营活动，具有自主创业所达不到的速度快、成本低的优势，成为苏南地区乡镇政府组建农业企业的首选形式。

2. 华西模式

华西村位于江苏省江阴市华士镇，始建于 1961 年，40 多年来始终不懈地坚持发展集体经济，从最初的 0.96 平方公里占地面积，发展成为拥有五个子村的大华西。华西村的集体经济经过多年的发展，拥有固定资产 62.77 多亿元，形成钢铁、纺织、旅游三大产业，8 家上市公司，60 多家下属企业，总产值超过了 500 亿元。华西村已经走出了一条以工业化致富农民、以城镇化发展农村、以产业化提升农业的华西特色发展之路，成为了社会主义新农村建设的典范，为其他地区新农村建设提供了丰富的经验[①]。

1961 年，华西村人口 667 人，土地面积 845 亩，分为 1300 多块。1965~1973 年的 8 年里，村支部书记吴仁宝发动村民，开发出 400 多块能排、能灌、高容量、机械化作业的稳产农田。从 1972 年起，华西村粮食产量连续 6 年超过万吨，一跃成为全国知名的农业先进单位。1980 年，联产承包责任制被引入江阴市平乡县，华西村根据自己的情况——人多地少、产业发展快、集体经济强，选择坚持集体经济，实事求是地提出产业结构的调整方案。将该村 600 亩农田，由 30 名粮田专家集体承包，所有的富余劳动力转移到乡镇企业。早在 20 世纪 90 年代，华西村已建有高标准的现代农业示范田，采取"以工补农，以工建农"的措施，实现了种植机械化、服务社会化、吃粮商品化、排灌渠系化、管理专业化。[②]

华西村的企业探索从 20 世纪 70 年代初起步，经过 80 年代和 90 年代的发展和壮大，最后成为了"天下第一"村。20 世纪 70 年代，华西人着手农村产业发展，他们排除干扰，冒险创办小五金厂。改革开放前夕，华西村工业产业取得了长足进步。1978 年，华西村的工业产值已经达到了 69 万元，银行存款 100 万美元。经过十几年的发展，1994 年 8 月成立了国家级企业集团——华西集团公司。1998 年 8 月 10 日，"华西村"股票在深圳证券交易所上市，正式成为中国农村经济的第一家全面发展的上市公司。

华西村在发展过程中，始终坚持党的实事求是思想路线，努力与中央精神相吻合，走具有华西特色的农村集体经济道路。其特征如下。一是建立了强有力的企业管理监管机制。华西集团公司内部管理严格实行"四个统一"，即统一支配生产力资源，统一降低原材料成本，统一维护保养机械设备，统一食宿管理。二是

[①]　省委宣传部华西经验课题组：《社会主义新农村建设的典范》，《新华日报》2006 年 8 月 4 日。

[②]　赵国良：《华西村是怎样抓好两个文明建设的》，《科学社会主义》1996 年第 4 期。

建立了收入分配的奖惩激励和约束机制。村集体管理华西村原住民，华西企业管理非原住民人群，按村两委会议定的"条款"管理到位，责任到人，年终分红，永不动本，赏罚分明。在市场经济大潮日益涌动的今天，华西村仍然坚持这种独特的分配机制。多年来集体经济积累数亿元奖金，调动了干群从事生产的积极性，整个华西村展示了强大的凝聚力。

华西模式实现了村庄治理与企业管理的有机结合，体现了现代企业制度与传统"村规民约"恰到好处的融合与对接。从企业发展的角度来看，华西集团和中国所有优秀的民营企业集团一样，站在了时代的最前沿，把握了中国改革开放这一重大的历史机遇，立足当时国内供给严重不足，全面发展纺织、钢材等有关产业，大力发展第三产业，并大力引进先进技术，建立现代企业制度，最终成为大规模的集团公司。[①] 2010 年，华西村创造 35.4 亿元的工农业生产总值，实现 4.6 亿元的利税和人均 14.3 万元的年经济收入。华西村的发展，带动了周边工业园区和生活服务区的发展，越来越多的国内外人士来到华西参观、学习，华西村的旅游业开始蓬勃发展起来，近年每年接待游客人数超过 100 万人，间接带动地方经济收入 2.7 亿元。华西村实现了从 20 世纪 90 年代的"小康社会"到 21 世纪初的"中康社会"，再到今天的"大康社会"的生活水平的提高，实现了全村人共同富裕的目标，成为中国建设社会主义的样板村。

集体经济是实现共同富裕的最有效道路。其较强的抗衡能力既能够发挥出国有经济的强大实力，又能很好地展现个体经济的灵活性。集体经济比个体经济更有利于规模经济的发展，又减小了国有经济中管得太死、创新力不足的负面影响，因此在多元化的经济竞争中，具有较强的抗衡能力。华西村以骨干企业为依托，以资金为纽带组建企业集团，这种规模经济成为地区经济总量上

① 何晓波：《民族地区工业乡村发展模式与华西模式的比较研究》，《兰州学刊》 2013 年第 12 期。

升的重要法宝。组建集体经济属性的集团经营模式，促进了经济结构的优化。

3. 珠江模式

珠江三角洲指由国务院正式批准的珠江三角洲经济开放地区，是由珠江沿岸广州、深圳、佛山、珠海、东莞、中山、惠州、江门、肇庆9个城市组成的区域，面积24437平方公里，人口4283万。其乡镇企业的发展模式，被称为"珠江模式"①。

"珠江模式"的内涵是"引进外资，三来一补"。珠三角作为改革开放的最前沿，紧靠香港、澳门，与海外华人华侨有着千丝万缕的联系，适合发展外向型经济，进而加快本地区工业化进程。

据统计，珠三角地区的华侨超过250万，港澳同胞达278万人；地区内铁路、公路、水路交通四通八达；毗邻港澳台，具有接受信息快、技术基础雄厚、民间游资多、购买设备到岸成本低的特点。生活在海外的华侨家乡观念浓厚，愿意为家乡做出贡献。事实证明，华侨回国创业带动了珠三角的快速发展。此外，大量的经济交流为珠江三角洲培训技术和管理人才、引进新技术和设备、发展乡镇企业起到了至关重要的作用。因此，"珠江模式"的形成有其深刻的历史原因。

21世纪以后，"珠江模式"的内涵发生变化，由单纯的"三来一补"型加工企业转型升级成各具特色的深加工产业链，在引进外资方面加大了力度。主要形式有：外商购买原有工厂的土地使用权，承担起投资制造企业的责任，原有企业性质变为外资；中方以土地、厂房折成股份，与引进的外资组成合资股份制企业，企业性质改为中外合资；引进外商独资或与中外进行合资举办新企业，企业性质为外资。这几年来，直接引进三资企业成为深圳市郊区产业转型升级的新亮点，且有逐年增长的趋势。

珠三角地区作为中国农业产业化最早的地区之一，随着改革的深化，布局也日渐科学化。珠三角地区以广州、深圳两个中心

① 卢荻：《"珠江模式"的形成、特色、作用》，《中共党史资料》2009年第3期。

城市带动城市经济向农村辐射，推进农村的城镇化步伐，合理规划产业布局，加强城市化过程中的软硬件建设，缩短城乡差距，为城乡一体化做好实验试点工作。

为推进农业产业化，珠三角地区重点扶持农业龙头企业的快速发展，引导外资、民资参与"三高"农业的开发力度，形成现代化农业示范区的规模建设。广州、深圳两大城市，在信息、融资、科技、人才等方面具有强大的优势，在城乡一体化过程中充分发挥自身科技引领、"经济航母"的作用，创设了一批用于高新技术的引进、吸收和开发的基地，形成广深高新技术走廊，打造广东的"硅谷"，辐射带动农村集体经济发展壮大，直至最终形成巨无霸式的农业股份企业，用经济作为保障完成农村的城镇化建设。

4. 南街模式

南街村位于河南省漯河市临颖县，早在 20 世纪 90 年代产值就突破 1 亿元，成为有名的"亿元村"。南街村模式的一大特点就是提倡集体主义理念，建设"共产主义小社会"。而其"共产主义的要素"核心是独特的平均主义经济体制。自 20 世纪 80 年代开始，南街村强调用毛泽东思想的光辉教育农民，坚持走集体共同富裕道路，实现农村现代化。30 年来，经过一代又一代的不懈努力，南街村享誉国内外，被兴誉为全国文明村、中国十大名村、第一雷锋村。

南街村成功的关键在于它在农业集体化推动下完成了工业集体化。世纪 80 年代初，随着人民公社的逐渐解体，南街村顺应了历史发展潮流，实行了土地联产承包制度。而 1984 年，南街村党支部收回面粉厂和砖厂由集体承包，随后逐步回收耕地，进行集体经营，直至 1990 年，全村 2300 亩耕地全部交回村集体，村个体工商业者也陆续将自己的产业献给集体，从而实现了生产资料公有制。通过回收耕地开设村办企业，1989 年当地集体经济产值达到了 2100 万元。90 年代中期，南街村集团已下辖有 26 个企业，其中 5 个是中外合资企业。1991 年，南街村摘取了河南省首个

"亿元村"称号。

此外，从20世纪90年代初开始，南街村的贷款额连续多年数倍于其利税。南街村通过集体筹资得以创业，发展壮大离不开国家政策和地方政府的扶持。即使多年未见效益，银行也愿意向南街村放款，银行在很大程度上并不是出于商业目的贷款，而是出于"扶持典型"的目的，实施政治贷款。这种政治干预下的依赖投资的粗放式增长模式，在计划经济时代缺乏市场的情况下，经过地方政府资源重新配置，仍然取得惊人的发展。正是有了银行巨额贷款的扶持，南街村经济虽说企业投资效率低于全国，增长速度却远远高于全国。如果没有国家政策和地方政府的扶持，没有银行的放贷，这种经济模式难以为继。

苏南、华西、珠江和南街这些地方的农业集体经济模式的出现，有其内在原因。苏南本身就是历史上的发达地区，距离大城市较近，信息、技术、资金的获取成本低。华西村根据自身特点，坚持实施集体所有制，使得土地等资产统归村庄集体所有，解决了村庄治理和企业创建中极度缺乏合作这一治理难题，使得全体村民和职工形成了牢固的利益共同体，极大地增强了激励力度，发挥了群众的共同智慧。苏南模式中，地方政府起着引领作用，愿意帮助企业铺路搭桥，获取计划外的原料用于企业的生产，推进产品销售，出面处理商务纠纷，及时提醒企业规避国家政策或经济运营风险。华西模式中，政府建立了"村规民约"和相关奖惩机制，彰显制度的规范和强制作用。珠江模式中，乡村以集体经济为主，乡、村、组以集体的形式举办企业，联户和个体以个人的形式举办企业，集中了农村所有剩余劳动力，结合传统技术优势，鼓励集资办厂，推动农村集体经济全面发展。在南街村模式中，农村集体经济以农民入股集资获取原始资本创业，依靠"政府信用"获取银行贷款流通，免费占用土地资源，降低劳动力成本，获得初级阶段的扩张。

从这些地区的发展历程中，我们可以看到，农村集体产权制度的创新对农村集体经济的发展产生重大作用。苏南乡镇企业的第一次创业，从家庭作坊转变成股份合作；第二次创业，股份合作兼并，组建企业集团，吸收社会法人和个人参股，推进规模效益。珠江乡镇企业以三资企业为主，乡镇企业借助三资企业的引入转型升级，实现自身在发展过程中的飞跃。华西村大力发展股份制，抱团发展，解决了农村集体经济贷款难的难题，走出了农村集体经济特有的道路，实力不断增强，成为农村集体经济的标杆。

三 当前农村集体经济发展中的现实矛盾及其成因

（一）当前农村集体经济发展中的现实矛盾

1. 整体发展不平衡，两极分化现象严重

由于地理位置、资源禀赋、历史基础等因素，我国农村集体经济发展整体上呈现两极分化态势。少数的城中村、沿海村等依托良好的地理位置、资源等优势，大力发展农产品加工业、工业及旅游业，三大产业之间形成了良性互动，从而在以多种实现形式推动和发展农村集体经济的过程中，不断壮大了集体经济的实力。例如众所周知的江苏华西村、河南南街村、广东南海村等，集体年收入过亿元。而与之对比鲜明的是大多数地处内陆或偏远地带、区位优势不明显的村，缺少开发项目又缺少可依托的资源，且集体经济组织处于松散或半松散状态，缺乏有效的经营管理，导致很多村的集体经济收入常年只有几万元或几千元，有的甚至资不抵债，集体经济"统"的功能几近丧失，陷入停滞状态。

因此，一边是"较少数"发展较快、较好的"强村"，一边是"大多数"发展缓慢、停滞的"弱村"。这种严重的两极分化态势只能说明农村集体经济整体上发展不足，缺乏有效的自我维持、自我发展的内在机制。从全国来看，东部沿海地区好于中西部内

陆地区，本地区内部城镇周边村强于偏远地区村。据调查，50%以上的全国较富裕的村级集体集中在东部沿海地区，只有 10% 集中在西部，并且较富裕的村级集体个数仅占全国行政村总数的 30%。

2. 集体经济组织负债过大，相当部分村集体入不敷出

随着政府公共管理职能和乡镇公益事业向村级延伸，集体经济组织不但要承担乡镇政府合作医疗、农民福利、卫生保洁、文化服务、社会治安、来访信息等管理职能，而且还要承担危桥维修、河道整治、村级道路建设、水电排灌等工程任务，庞大的社会公益福利事业开支给集体经济组织带来了巨大的债务。[①] 同时，村干部、管理人员的报酬和办公管理费用也逐渐上升，有的村支出项目多于 60 项，有的村仅人头费就要覆盖 100 多人。各种支出负担日益加重，给村级集体经济组织带来了巨大压力，一些集体经济薄弱的村庄根本无力兴办村级公益事业和为村民办实事。[②]

据调查，农村税费改革后，不少村通过收欠还债、划转抵债、削减高息减债、剥离挂账等消债措施使债务总额有所减少，但由于农村生产及公益事业建设，以及实施惠农办实事，村级集体不良债务反弹严重（不少地方还存在着"隐形债务"，如有的地方存在工程应付款未付、占用组级资金等问题），使得相当部分村集体入不敷出。[③] 例如 2013 年陕西省的村域经济发展示范村的村均净资产为 113.36 万元，在所调查的陕西省 11 个地级市中，村均净资产最多的是渭南，高达 519.75 万元/村；最低的是商洛，仅为30.55 万元/村，最低和最多相差 16 倍，表现出极大的区域差异（如表 6 - 1）。

---

① 沈延生：《村政的兴衰与重建》，《战略与管理》1998 年第 6 期。
② 黄鹤群：《发展壮大村级集体经济的思考》，《现代经济探讨》2010 年第 1 期。
③ 陈洁等：《村级债务的现状、体制成因及其化解——对 223 个行政村及 3 个样本县（市）的调查》，《管理世界》2006 年第 5 期。

表6-1 陕西省村域经济示范村的资产与负债

地级市	省级示范村数量	村集体资产总数（万）	村集体负债总数（万）	村平均净资产（万）
西安	259	38554.58	9597.5	111.8
宝鸡	308	177572.4	101572.3	246.75
咸阳	310	14554.4	3576.3	35.41
渭南	158	99198.79	17078.26	519.75
铜川	100	10276	886.9	93.89
延安	384	1096	152	2.46
榆林	145	6267.7	710.5	38.33
汉中	120	7651.18	1570.36	50.56
安康	126	7215.8	38	56.97
商洛	108	4087.4	788.33	30.55
杨凌	21	630		
全省合计	2039	367104.25	135970.45	113.36

3. 村集体经营性收入普遍较低，集体经济管理不善

衡量村集体经济发展水平高低的主要标志是村营收入，当前大量的村的村营收入较低而且管理混乱甚至是空白，村级公共事业的公益事业主要还是依靠"上面给""下面收""外面欠"在艰难维持。[①] 部分村生产经营单一，技术水平滞后，农村产业结构调整步伐小，农村集体经营性收入普遍较低；部分村庄尤其是中西部一些资源匮乏，地处偏远的村庄村民商品经济意识淡薄，商业经营能力差；思想观念较为陈旧，存在"等、靠、要"思想，缺少新的经济增长点。据调查，商洛市村集体收入20万元以上的村有454个，占总村数的26%，也就是说有3/4的村集体收入在20万元以下。全市集体收入在5万元以下的村有591个，占35%。村级集体经济薄弱已成为农村现代化建设的严重制约因素。

同时，一些村级组织的财务人员素质不高，财经制度落实不

---

① 黄鹤群：《发展壮大村级集体经济的思考》，《现代经济探讨》2010年第1期。

好，对集体经济管理不善，财经纪律涣散，账目管理混乱。有的村固定资产长期处于失管状态，公共财产没有及时登记并提折旧，集体资产被挪用、无偿占有；有的村为了快发展、出"政绩"，不经论证和市场调查，一哄而上办项目，结果因经营管理能力跟不上而使项目垮掉；有的村为应付名目繁多的达标升级，把有限的资金甚至贷款用于各种"硬件"建设，以应付上级检查评比；有的村集体经济账目回收不力，部分承包户扯皮赖账，困难户无力支付，造成多年累积欠款人头多，数目大；有的村庙小和尚多，干部严重超编，工资补贴支出基数大，社会管理支出负担沉重；有的村尽管债台高筑，但仍然吃喝玩乐，大手大脚，肆意挥霍，其结果是寅吃卯粮，集体亏空；有的村干部党性原则差，贪图享受，甚至贪污、挪用公款、私分冒领，用公款贿赂等。[①]

4."空壳村"现象较为普遍，集体经济发展缺乏支撑

目前，全国很多农村集体经济的收入来源主要依靠集体资源的发包和租赁，收入渠道单一且收益不高。自家庭联产承包经营以后，农村集体可用来经营使用的资源主要集中在一些价值相对较低的荒山、荒滩和湖面等，若不进行投资开发直接发包租赁，则很难取得较高收益。而且有些村庄集体积累资产使用殆尽，既无可经营性资源又无可开发项目，吸引不来资本，从而导致集体经济长期无经营性收入甚至负债累累，成了所谓的"空壳村"。"空壳村"顾名思义就是农村集体经济空有其名，常年无经济收入，甚至债台高筑，其自身都难以维系，难以满足农村各项公共需求，带领农民致富、农村繁荣的重担就更无从谈起。我国农村地区部分集体经济组织由于缺乏资源，招商引资能力弱，村集体企业缺失，村集体经济发展乏力，加之年轻人大都选择外出务工，仅儿童、妇女、老人留守村庄，村庄集体经济发展缺乏必要的人才支撑，最终陷入了集体经济发展的恶性循环："发展缓慢—集体经济无实力—发展停滞—"的"空壳村"。

---

① 黄鹤群：《发展壮大村级集体经济的思考》，《现代经济探讨》2010 年第 1 期。

5. 集体经济发展速度缓慢，明显滞后于农村经济发展

集体经济是农村组织运转和农村社会事业发展的经济基础，只有农村集体经济与农村经济整体发展速度协调一致，前者才能为后者提供良好的发展环境和配套服务。而长期以来，广大农村地区在推行家庭承包经营责任制后，对"分"的过于重视，对"统"的普遍忽视，导致集体经济的发展速度滞后于农村经济发展速度，"民富村穷"现象普遍存在，农村集体经济发展速度的缓慢无法满足农村经济发展对其提出的要求。

在目前我国的财政经济条件下，农村集体经济依然在农村公共基础设施、农田水利建设、村民福利保障等方面发挥着重要作用。然而，我国许多农村集体经济组织由于体制机制不畅，集体经济组织资金缺乏甚至负债累累，且外部又缺乏必要的财政支持，村集体经济组织提供管理服务以及进行资源开发和资产积累的各项功能逐步丧失。[①] 部分村庄尽管拥有一定的集体经济，但整体实力不强，既难发挥第二、第三产业对农民增收的促进作用，也难满足农业生产和农民生活对各项公共产品的需要。

对山东省某市调查发现，该市农民人均年收入和农村经济总收入平均增长了 28.6% 和 32.3%，而村集体经济收入仅增长了 9.3%。农村集体经济发展的缓慢，不仅制约其为农村提供公共服务的能力，而且从长远来看也会影响农民增收和新农村建设的发展速度。

（二）农村集体经济发展困境的原因分析

1. 家庭承包经营责任制没有赋予农民个人实质的集体财产权

产权是围绕物的占有而形成的排他性关系，包括两个核心部分：一是产权的主体，二是主体的权利。有效产权不仅主体是明确的，而且主体的相应权利也是完整的。产权是协调经济活动中各方利益的边界，合理的产权关系能够对经济主体形成有效的激

---

① 王景新等：《集体经济村庄》，《开放时代》2015 年第 1 期。

励和约束，从而降低交易成本，避免机会主义的发生，提高资源的配置效率。[1] 目前，我国农村集体经济组织生产资料归农民集体所有，农民作为集体经济组织中的成员，享有名义上的所有权，拥有集体财产所有权及其收益分红权，但农民如何通过制度化、规范化的渠道享受集体财产及其收益呢?[2] 如何明确产权主体及其权利，赋予农民个人实质的集体产权，明晰利益边界，形成有效的激励和约束机制，成为当前农村集体经济产权所亟待破解的问题。

从高级社以后，传统社区集体经济被保留和坚持下来，这种社区集体经济的本质特征是财产的合并，否认私人产权，农民和集体经济组织之间并不是根据利益关系自愿形成的，而是依靠农民对土地的依附关系以及区域行政管理上的从属关系，这就导致了社区集体经济组织与其成员之间的权益关系不明确，集体产权虚置。[3]

从理论上和政策上讲，农村集体财产本应属于本行政区内的农民共同占有，但是由于管理不善，监督缺位，真正能对集体经济进行支配的仅仅是少数干部，传统集体经济一定程度上异化为"干部经济"，党政不分、政经不分、政企不分的种种弊端由此产生。[4] 结果，作为集体经济产权的农民无法事前参与决策、事中参与管理、事后参与监督，市场经济的一般原则常常失灵，由此滋生出权钱交易、集体资产流失等腐败问题。在集体经济的实际经营中，有的村干部违背农民意愿，强行把农民土地流转给集体，然后高价转包出去，而只补偿给农民微薄的土地承包金。在这种

①　朱悦蘅、黄韬:《农村土地集体产权的主体化及其治理机制》，《经济社会体制比较》2013 年第 2 期。

②　项继权:《我国农地产权的法律主体与实践载体的变迁》，《华中农业大学学报社会科学版》2014 年第 1 期。

③　韩俊:《关于农村集体经济与合作经济的若干理论与政策问题》，《中国农村经济》1998 年第 12 期。

④　高达:《农村集体经济组织成员权研究》，博士学位论文，西南政法大学，2014。

集体经济经营和管理下，农民已从利益的主体被异化为剥夺的对象。①

因此，在农村集体经济产权主体虚位、主体权利残缺的情况下，农民也就没有了积极性去关心和发展集体经济，甚至认为集体经济可有可无。成员对集体经济的漠不关心导致农村集体经济在外无监督的情况下，形成"干部经济"，少数人得实惠，集体财产流失严重。

2. 农村村级集体经济内部组织形式和运行机制失范

农村集体经济的发展既需要有独立的集体经济组织为其提供强有力的组织保障，也需要在集体经济内部形成有效的治理结构，保障其管理决策的规范性和科学性。

然而，由于我国村级集体经济产权的虚置以及管理体制的缺陷，村党支部和村委会往往承担了农村集体经济组织职能，村级党组织、村委会组织与农村集体经济组织边界重合，形成了"三位一体"治理架构，导致其内部普遍存在政经职能不分的问题。②而且，农村集体经济组织的非独立性，使其在发挥对外经济职能时经常会受到行政手段的干预，严重影响和制约了集体经济的市场化运作及其对利润最大化的追求。村干部作为农村集体经济组织的代理人，往往也有其自身的利益诉求，在集体经济产权模糊而内在民主监督又缺失的条件下，"政经合一"的管理方式，增强了村干部"道德风险"出现的可能性。

当农村集体经济组织内部存在效率缺失时，只有其对外表现出利润最大化行为，建立市场竞争型的企业机制，并在市场中取得的效率优势足以抵消内部效率损失的情况下，才能使得它在一定时期取得较大扩展。而在"政经合一"管理方式下的农村集体经济，一方面存在着内部效率损失，另一方面难以真正追求利润

---

① 陶若伦、陈祖卫：《扬弃和创新——发展农村集体经济的思考》，《江南论坛》2002 年第 12 期。

② 尤琳：《城乡一体化背景下村委会发展的制度瓶颈及完善路径——兼评新〈村民委员会组织法〉》，《求实》2011 年第 2 期。

最大化，其结果是效率的损失。

农村集体经济组织与村党支部和村委会形成了"三块牌子、一套班子"，缺乏相应的独立性，与之相适应的内部治理结构没有建立起来。一方面，组织和决策机制不健全。很多农村集体经济都没有设立相应的内部组织结构，民主决策、民主管理、民主监督的机制或形同虚设或没有良性运转，导致农村集体经济发展的很多重大决策如投资项目、人事任免、收益分配等，由少数人说了算，成了所谓的"一言堂"。农村集体经济的日常管理，主要依靠决策者的个人经验、主观意志，随意性很大，而且内部民主监督决策机制的不健全、集体经济产权的模糊又使农民个体本身无动力进行监督，即使出现决策失误或亏损也无人问津，所以经常会出现上述的"道德风险"问题。另一方面，集体经济内部相应管理的规章制度不健全。规章制度的缺失使组织成员与决策者之间的责权利关系不明，导致内部运行无章可循，易造成混乱。再加之财务、政务的不公开，信息的不对称等，从而使农村集体经济的运行活动很难置于集体成员的监督之下，违规操作现象频发。一个内部运行机制不顺畅、管理不规范、组织缺乏独立性的农村集体经济是无法在波涛汹涌、竞争激烈的市场经济中发展壮大的。

3. 政府对村级集体经济缺乏持续有效的政策支持

农村集体经济作为国家对话农民的桥梁，其地位和作用都很特殊，只有农村集体经济实力不断壮大，才会有雄厚的力量去助推农村繁荣、农民富裕和农业现代化。相对于市场中的其他经营主体，农村集体经济所经营的产品及涉足的产业，绝大多数与农业有着密切关联。农业本身具有天然弱质性，风险很高，从而导致农村集体经济在进入市场参与竞争时所负担的风险更大。

因此，综合农村集体经济的地位、作用及其本身的竞争能力等诸多因素，在当前竞争激烈的市场环境中，政府对农村集体经济强有力的扶持就显得尤为重要。然而，政府在整体协调上的不足，以及地方各级政府认识上的偏差，使得农村集体经济既缺乏良好的外部运行环境，又没有有力的政策支持，在内忧外困的情况下，其发展举步维艰。

家庭联产承包责任制的推行，强调和稳定了农户土地承包权利，不允许集体向承包使用土地的农户收租，农村集体经济组织丧失了通过土地所有权来获取收益的可能。而农村税费改革的推行，尽管减轻了农民负担，却使得农村集体经济组织收入来源更加狭窄。一些村庄农村集体经济组织收入来源单一，主要依靠承包租赁荒山、荒滩、荒坡等资源获取收入，农村"三荒"资源直接承包租赁，收益并不理想，需要必要的资金投入加以整合。但农村集体经济组织往往因缺乏资金而难以进行投资开发。随着金融部门风险意识增强，其对农村集体经济组织的贷款愈加苛刻，农村集体经济组织因此无法及时地对村庄资源加以有效开发。

因此，无论从农村集体经济组织的内部还是外部看，其收入来源都极其有限，导致集体经济组织缺乏必要的资金为村庄发展提供公共产品、公共服务，甚至导致农村集体经济入不敷出、负债累累。① 背着沉重包袱的农村集体经济只有在政府政策的积极引导和支持下才能走出困境，而政府政策对其扶持的乏力，使其有发展之心而无发展之力。在农业投入方面，2013 年中国农业财政支出为 13790 亿元，相比 2007 年增长 319%（见图 6-2），但占公共财政支出比重仍然较低，仅为 9.47%。同比美国，2005 年，美国用于扶持农业的财政支出高达 900 多亿美元，约占当年美国农业GDP 的 40% 左右。而 2008~2012 年，美国对农业财政补助金额达到 2900 亿美元。

应当说，"三农"问题一直以来就是政府关心和关注的重大问题，政府更加重视农民收入问题，无论是中央还是地方各级政府都花力气、下功夫，制定多项政策措施来围绕农民收入做文章，政府转移支付、支农惠农力度不断加大，各项增收减负政策频出，从而形成了一种思维惯性或固化认识，即更多地强调个体而忽视

---

① 熊彩云：《政府扶持：集体经济有效实现形式的外部推力》，《华中师范大学学报人文社会科学版》2015 年第 1 期。

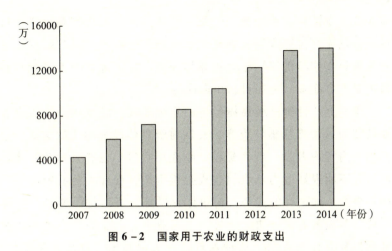

图6-2　国家用于农业的财政支出

集体发展，导致了农民"个体本位"与村社"集体本位"关系的失衡。不可否认，农民问题（农民增收）是"三农"问题中的核心问题，中央和地方政府制定政策增加农民收入本是应有之义。然而，村集体作为农民生产生活依附的载体，具有"造血"功能，集体经济发展壮大是农民收入持续稳步增长的长效保障机制，发展壮大集体经济，是实现"输血"向"造血"转变的必经通道。

　　党的十六大以后，中央虽然强调要大力发展农村集体经济，但各级地方政府既定的思维习惯并未因此而改变，长期重农民增收轻集体经济发展的做法，使得农村集体经济在发展过程中缺乏强有力的外部保障。而中央虽一贯重视农村集体经济，但其给予的往往是方向性、原则性的指导，缺乏具体的、可操作的政策支持，加之与农村集体经济相关的配套法律法规尚未建立，农村集体经济的发展缺乏政府必要的政策支持和法律法规保障。因此，发展壮大农村集体经济，要从政策法规着手，制定出扶持农村集体经济组织发展的配套政策。

　　4. 思想认识的偏差是造成村级集体经济薄弱的观念因素

　　对村级集体经济发展的各种认识偏差和误区，严重干扰和制约着村级集体经济的发展。有人认为，村级集体经济是计划经济特定时代的产物，随着社会主义市场经济体制的改革与完善，国有企业、乡镇企业纷纷改制，发展集体经济不符合市场经济发展的时代潮流，村集体经济同样应该让位于民营经济。[①] 这一观点，把发展村集体经济等同于兴办集体企业，片面地认为发展集体经济就是"办企业、上项目、找贷款"。

事实上，目前村级集体经济的实现形式，已经从直接兴办企业转变为运营管理集体资产。发展村级集体经济的主要方式，也已拓展为资源开发、资产经营、物业租赁等。也有人认为，集体经济并不能很好地为新农村建设提供资金，而加大公共财政投入则不失为一种更好的选择；村集体提供部分可由村民通过"一事一议"筹资筹劳来解决。此外，工商业主、企业等社会各界也会赞助捐资共建新农村。这种观点是有失偏颇的。财政转移支付、靠先富起来的人支持村级公益事业建设，只能作为补充，不能作为依靠。目前各级财政实力仍不强，公共财政全面覆盖农村尚需一个相当长的时期，同时广大农民还不够富裕，不能完全靠自食其力去发展和改善生产生活条件。

综上所述，总结导致农村集体经济呈现"衰弱有余、发展不足"态势的原因，最根本的是没有找到农村集体经济的有效实现形式，特别是没有构建起集体经济实现形式的内在机制。农村集体经济产权的模糊性无法有效体现集体成员的个人利益。一方面，其内部难以形成有效的治理结构及激励监督机制，集体财产流失严重；另一方面，制约了农村集体经济积极参与市场竞争、获取各种社会资源的机会，增加了其封闭性，导致产供销无法有效联结，加之又缺乏政府的有力支持，使得外部运行机制不畅。因此，要实现农村集体经济的健康发展，就要积极探索农村集体经济的有效实现形式，构建农村集体经济实现形式的内部运行机制、外部财政投入机制和激励监督机制等内在机制，保障集体经济能逐步发展壮大。

---

① 熊万胜：《基层自主性何以可能——关于乡村集体企业兴衰现象的制度分析》，《社会学研究》2010年第3期。

四　推动农村村级集体经济发展的政策建议

（一）财政层面

1. 整合财政政策，提高村级集体经济的支持力度

农村集体经济组织发展之初，企业发展迅速，占有市场份额较大，但集体经济在技术和产品质量上与国有企业存在差距，卖方占上风。此后，随着改革开放的进一步深入和跨国集团的进入，国内企业遭遇了独木桥，资金、技术、质量无法与跨国集团相比，市场买方占上风，农村集体经济一度举步维艰，无法解决发展过程中的贷款困难、税负过重、技术含量低、人才短缺等问题，形成不了高科技的农业股份公司。

鉴于农村集体经济在农村社区建设的特殊地位，应整合资金扶持、税负降低、人才下放等相关政策。各金融部门要把支持农村集体经济组织作为信贷支农重点，对取得实体法人地位的农村集体经济组织，可降低贷款门槛，实行优惠利率。在地方财政支出中，要加大财政对农业和农村的支持力度，扩大公共财政覆盖农村的范围，强化政府对农村的公共服务，以降低农村集体企业所承担的社会负担。[①] 在税收方面，不断完善农村税收优惠政策，采用减税、低税和免税的政策来支持农村集体经济的发展，促进村级集体经济发展的减压转型。

2. 激发内在活力，创新村级集体经济的有效载体

发展是壮大村级集体经济的根本出路。加快发展就是增强"造血功能"，要按照"经营性资产抓创收、资源性资产抓开发、公益性资产抓管护"的总体思路，把治标与治本、开源与节流、富民与强村结合起来，加大资产盘活和开发利用力度，最大限度

---

① 韩连贵等：《关于探讨农业产业化经营安全保障体系建设方略规程的思路》，《经济研究参考》2013 年第 3 期。

地增加村级集体收入，努力开拓集体经济发展的新局面。

首先，盘活村庄集体闲置存量资产。充分利用集体原有闲置的办公楼、废弃学校、厂房等设施，对其进行整修、翻建或改造，以扩大规模，提高存量资产的利用率，增加稳定、可持续的收入来源。将村公共服务中心等一些公益性集体资产投入市场，进行租赁处理，以获得租金收益。清理村部、仓库、机械设备等村集体固定资产，采用租赁、折价入股或者拍卖转让等方式盘活，防止固定资产流失，提高集体资产利用率。①

其次，用活自有资金。充分发挥城郊村资金优势，积极尝试通过参股、合资等形式与其他所有制经济合作，发展混合所有制经济。鼓励城郊集体经济实力强的村跨地区兴建标准厂房和物业设施，拓展集体资源运作空间，盘活集体资金，增强第二、第三产业的发展后劲。②

再次，用好专项支农资金。要对农林、水利、畜牧和农业开发等部门掌握的各类专项支农资金捆绑使用，向贫困村倾斜，重点帮助这些村调整产业结构、发展特色产业、推广适用技术、实施低产田改造，切实加快农业产业化步伐。③

最后，发挥资源优势。全面开展村级集体土地、水等资源性资产排查。根据村庄自身的地域和资源情况，利用相关资源的租赁经营收取管理费用，以获取集体经营性收入。积极对村庄、宅基地和闲置地进行整治与转换，以增加可以利用的耕地面积，将部分耕地用于置换集体建设用地指标，以服务于集体经济的发展和创新。创新农村集体建设用地使用权管理办法，有偿调剂使用，实现用地指标价值化，增加村集体收入。加快建立城乡统一的土

---

① 赵兴泉：《转变发展思路，创新村级集体经济发展途径》，《农村经营管理》2007 年第 3 期。
② 王晓燕：《环太湖地区村级集体经济发展壮大研究》，《常州大学学报（社会科学版）》2014 年第 3 期。
③ 韩连贵等：《关于探讨农业产业化经营安全保障体系建设方略规程的思路》，《经济研究参考》2013 年第 3 期。

地市场，可将自用有余的土地指标以公开规范的方式转让、出租土地使用权，增加村集体土地收益。结合农村环境卫生治理、村庄整治和河道疏浚，开发盘活集体水土资源，通过招租发包，增加村集体收入。① 大力发展土地股份合作，相关村庄可以土地入股的方式，实现土地股份化、股份资本化，让集体有稳定和长期的土地收益回报。建立村集体留用地制度，在规划征地面积中留有5%～10%的村集体经济发展用地，在征地时一并办理土地功能转换手续。②

3. 规范资金流程，强化村级集体经济的管理能力

发展村级集体经济问题，还要在"有章理财"上下功夫。"有章理财"关键在于转变观念，树立管理也是生产力的观念，加强对村级集体经济的管理。理顺乡镇政府与村集体之间的资金关系，对村级各项收支包括财政转移支付等补助收入实施按职能部门对口管理，防止平调、侵占、挪用村级资金，扭转部分地区乡村资金管理混乱的局面。③ 村集体经济组织必须遵循"量力而行、量入为出"的原则，坚决遏制和防范村级新增债务的发生。充分利用现行国家的筹资筹劳政策，通过加强"一事一议"资金项目化管理，积极争取财政奖补资金，减轻村级债务反弹压力。④ 尊重农民的意愿，不得向村级集体下达硬指标，强行摊派。对于经营性、服务性延伸到村的项目，可以通过政府购买服务以及企业购买服务的市场运作方式付费，这样既可以增加村集体服务性收入又可以增加农民就业机会。

4. 政府助推动力，营造村级集体经济的宽松环境

对于那些村级经济薄弱村，各级党委政府要切实采取措施以

---

① 黄鹤群：《发展壮大村级集体经济的思考》，《现代经济探讨》2010 年第 1 期。
② 徐建春、李翠珍：《浙江农村土地股份制改革实践和探索》，《中国土地科学》2013 年第 5 期。
③ 《中国乡镇行政管理研究》课题组：《中国乡镇行政管理研究》，《地方政府管理》1998 年 S2 期。
④ 杜辉：《村级公益事业建设一事一议、财政奖补的执行偏差与矫正》，《贵州社会科学》2012 年第 3 期。

"帮扶补血"式助推发展。

一是开展强弱结对帮扶活动。集体经济强村与经济薄弱村之间在资源、人口、经济发展等方面具有一定的合作基础，要积极探索二者之间结对帮扶、资源互补、互利共赢、共同发展的路子，认真建立领导联系经济薄弱村制度。选派一批后备干部到经济薄弱村挂职锻炼，指导村级集体经济发展。实行县乡部门、经济强村、重点企业挂钩经济薄弱村，在人员、项目、资金等各方面给予扶持。大力推广异地发展的做法，在城镇和中心村安排一定土地给经济薄弱村建造商业用房，租金归薄弱村所有。要设立发展村级集体经济专项基金，一方面，做好基金的维护工作，除政府财政拨款外，积极吸纳社会闲散资金以及企业资金充实基金；另一方面，对村级集体经济特别困难的村，适当拨款补助，跟踪考察落实项目，增强其自我积累能力。此外，政府应从政策上以及思想上积极引导地方企业和企业家以及各行业有名望、经济实力强的群体与自己的家乡或经济薄弱村开展结对共建活动。

二是要加大政策扶持。各级财政要安排资金，实行以奖代补，筹建村级集体经济发展基金，对集体经济收入不足 5 万元的薄弱村，以项目扶持为载体，增强其自我积累、自我发展能力，实行滚动式发展。[①] 对经济薄弱村开发性扶贫项目实行财政贴息的政策。加大农业产业化经营、乡村道路建设、农业综合开发、村庄整治、环境治理、河道建设等方面的财政资金投入，优化村级集体经济硬件环境与软件环境。实行新增地方留成财力补助到村政策。加强集体经济组织工商、税务、金融等方面的政策扶持措施。对村集体物业租赁收入，税务部门征收的营业税可采取先征后返或财政奖励的办法实施返还，同时经批准免征政府规定的各项基金。鼓励村集体经济组织入股兴办专业合作社、土地股份合作社、农业龙头企业、农技协会等农业经营组织，对集体经济组织发展第三产业所需办理的各种证照，工商部门免收除省、国家以外的

---

① 黄鹤群：《发展壮大村级集体经济的思考》，《现代经济探讨》2010 年第 1 期。

一切规费。① 金融部门特别是农村合作银行、农村信用社要扩大联保范围、完善担保方式，努力缓解农村贷款难的问题。企业资助村用于基础设施建设和公益事业发展的资金，可以在税前列支。

三是要帮助建立多层次农产品市场信息网络，搞活农村市场经济。加强农产品市场信息体系建设，形成多层次农产品市场信息网络。搞好农产品供求关系以及农业新技术、农产品行情、新产品开发方面的信息服务。建立健全信息发布制度，充分发挥现有农技 110 的作用。开辟形式多样的先进适用技术专题介绍、主要农产品国内外市场最新行情介绍，通过举办专家和集体经济组织成员以及负责人面对面、效益农业典型剖析、农业发展专题论坛等渠道，为农业集体经济组织提供信息服务和技术服务，架起沟通集体经济组织与市场之间的桥梁。②

四是要加强对村级集体经济的能力和绩效的考核，在对集体经济组织负责人以及村庄集体经济发展水平的严格考核基础上进行综合排位，开展村际竞赛。纠正"部门权力政府化、企业行为行政化"倾向，设置符合科学发展的达标升级考核指标，把村干部从繁杂的行政事务中解脱出来，为集体经济组织的发展减负增效。③ 根据村集体经济发展水平完善村干部编制管理。认真研究村干部报酬和奖励政策，建立村干部报酬稳定增长机制，完善村干部养老保障措施，激励村干部把精力集中到发展集体经济、带领群众致富上，最大限度地调动村干部发展村级集体经济的积极性。

（二）体制层面

1. 进一步推进农村集体产权制度改革

农村土地承包经营权、土地、集体收入分配是神圣法律赋予

---

① 张晖：《城乡一体化背景下农村集体经济的演进与反思》，《中州学刊》2015 年第 5 期。

② 韩连贵等：《关于探讨农业产业化经营安全保障体系建设方略规程的思路》，《经济研究参考》2013 年第 3 期。

③ 黄鹤群：《发展壮大村级集体经济的思考》，《现代经济探讨》2010 年第 1 期。

农民的财产权利，是农村集体所有制的基本体现。[1] 明确农村集体产权的属性和个体农民城市化和新农村建设的重要基础和前提。2013 年中央一号文件提出：建立归属清晰、权能完整、流转顺畅、保护严格的农村集体产权制度，是激发农业和农村发展活力的内在要求。必须健全农村集体经济组织资金资产资源管理制度，依法保障农民的土地承包经营权、宅基地使用权、集体收益分配权。文件提出用 5 年时间完成农村土地承包经营权批准登记机构和完善农村土地承包经营权登记制度，为农民稳定和固化，实现和保护农民土地产权打下坚实的基础。[2] 加快征地制度改革，完善土地征用补偿方法，规范对土地征收行为的约束，提高农民在土地增值收益中的分配比例，从而确保失地农民生活水平的提高和长期生活安全。同时加快农村集体"三资"管理制度化、标准化、信息化以及健全的管理制度，提出农村集体"三资"的处理方法和一系列的重要措施。[3] 同时加快农村人口流动的趋势，并完善集体经济组织成员权利保障制度基础，在制度源头解决妨碍农民行使民主决策权力、参与民主管理和参与民主监督的相关权利的症结。[4]

2. 进一步加强农村基层组织建设

发展村级集体经济的关键是切实加强以党支部为核心的村组织建设。在当前社会主义市场经济体制下，农业经济发展日益市场化，把握市场形势，发展好农村经济是衡量村干部领导能力的一个重要方面。要加强对村级领导班子的"调整换血"，按照"五个好"的任用标准，选好"富民书记"，建好"富民班子"，大胆启用一些"经济能人""致富能手"进村级领导班子，不断增强村级领导班子带领群众脱贫致富的能力。压缩村干部人员编制，明

---

① 陈小君：《我国农村土地法律制度变革的思路与框架——十八届三中全会〈决定〉相关内容解读》，《法学研究》2014 年第 4 期。

② 彭新立：《农村集体产权制度改革的思考与建议》，《农业经济》2014 年第 8 期。

③ 兰亚宾、罗薇、黄雨：《农村集体"三资"管理的探索与实践——以四川宜宾市为例》，《现代农业》2015 年第 10 期。

④ 陈小君：《我国农村土地法律制度变革的思路与框架——十八届三中全会〈决定〉相关内容解读》，《法学研究》2014 年第 4 期。

确岗位职责。加强村干部关于市场经济相关理论知识以及经济全球化中经济规则、经济发展趋势、农业产业化经营、相关法律法规等方面的培训，不断更新农民思想观念，提高村干部发展农业经济的本领和依法管理村务的能力。

3. 积极推动股份合作制改革，创新集体经济管理机制

村庄集体经济进行股份合作制改革，将集体经营性资产量化到全体村民，建立相应的法人治理结构，有利于解决集体资产管理中存在的权能结构错位、产权主体缺位、民主监督失灵等体制性缺陷，有利于形成与市场经济规律相适应的充满活力的产权制度，为集体经济发展打造"产权清晰，运行规范，权责明确，管理高效"的全新运作平台。① 农村集体经济进行股份制改革的目标在于尽可能地降低集体股权的比例，减少设置集体股，尽可能地将集体经济产权量化到全体农民，维护农民利益。② 同时，集体经济股份制改革应该坚持依法、民主、合理、公正的原则，严格把握改革的重要步骤与关键环节，将集体经济组织股权制改革、农村市场经济发展与农业产业化结合起来，不断健全和完善股份经济合作人员的工资制度、财务制度与激励制度，减少搭便车行为，增强集体经济组织运行的透明性和公开性，以保证集体经济组织为民发展，为村民谋福利。③

4. 鼓励推行"一村一策"，培育村级集体经济新品牌

按照巩固发达村、壮大较发达村、减少欠发达村的推进步骤，推行"一村一策"，不断挖掘村级集体经济发展新的增长点。④ 不同的村庄在历史文化、地理位置、经济发展水平以及资源禀赋各个方面各不相同，应该因地制宜地促进发展。针对山区和以农业

---

① 方志权：《农村集体经济组织产权制度改革若干问题》，《中国农村经济》2014年第 7 期。

② 傅晨：《社区型农村股份合作制产权制度研究》，《改革》2001 年第 5 期。

③ 韩连贵等：《关于探讨农业产业化经营安全保障体系建设方略规程的思路》，《经济研究参考》2013 年第 3 期。

④ 李剑文：《农村村级集体经济存在的问题及发展途径探讨》，《经济问题探索》2011 年第 6 期。

为主的村，要充分利用当地特色的自然资源，形成集体经济发展的特色品牌，以品牌建设为主，通过打响品牌打通交通，为这些地区集体经济的特色品牌走出去铺平道路。在农业发展情况较好、社会化服务体系较为发达的地区，应该利用地区发达的市场体系，兴建农贸市场、专业市场，开辟村级集体的收入来源。在资源丰富、社会经济发展的基础条件较好，但缺乏资金的地区，要引进外来资本，参与民营经济招商引资，引进企业落户，引进项目开发，增加集体经营项目，扩大集体经营规模。在地处城郊结合部、大型市场以及大型工业基地的村庄，应该在合理规划的基础上兴建集体所有住房、产品集散地、仓库以及相关物流和运输基地，进行租赁和承包经营以增加集体经济收入。

5. 健全网络体系，增强农村社会化服务水平

农村集体经济的发展离不开与农产品相关的整套社会化网络服务体系的建设，一是要尽快形成县域内多层次农产品市场信息网络，围绕农产品行情，农产品供求关系以及农业新技术、新产品开展服务。[①] 二是要积极支持发展农业专业合作组织，积极采取各种优惠政策和措施，扶持农业专业合作组织、民间协会等各种村级产业化组织的发展。三是通过合作组织为其成员提供产前、产中、产后各种农业技术和农产品市场信息服务，增加集体经济收入。[②] 四是积极发展农村小额信贷，为农村集体经济的发展提供资金支持。五是要建立起集体经济发展的人才培养和输送基地，可与地方大专院校、农技站等人才培养机构建立长期合作关系，以解决集体经济组织发展在技术、管理、资金等方面的人才需求。

6. 明确目标，制定村级经济发展的战略规划

明确目标任务，理清发展思路，搭建发展平台，拓展发展空间，落实发展举措。要统筹考虑村级经济的发展，实行差别化政

---

① 高强、孔祥智：《我国农业社会化服务体系演进轨迹与政策匹配：1978～2013年》，《改革》2013年第4期。

② 韩俊：《"十二五"时期我国农村改革发展的政策框架与基本思路》，《改革》2010年第5期。

策。一是壮大一批。促进有产业优势、经济实力雄厚、发展势头好的村继续发展与壮大，形成地区集体经济发展的引领效应，并加强跨村合作以及村级集体经济发展交流，促进地区农村集体经济发展整体迈向新台阶。二是调整一批。对于拥有一定集体经济实力的村以及规划调整归并的村，要支持其整合存量资源，合理调整产业布局，形成有利于集约利用农村资源和环境保护、与镇乡经济发展相衔接的村级经济。① 三是扶持一批。对于集体经济发展薄弱的村庄和可支配收入较低的村庄，国家要加大财政支持力度，通过财政转移支付为村庄集体经济的发展注入启动资金，并通过股份制改革吸纳村庄社会上闲散资金，以壮大集体经济发展实力。

（三）路径层面

1. 盘活集体存量资产，走经营产权之路

集体资产管理不善是当前集体经济发展喜忧参半的重要原因，要对现有的集体经营不善的企业资产进行有效地管理、使用和运作，使资源、资产使用权合理流动。

每个村都存在集体存量资产，存量资产的管理是经济收入的重要来源。在现有农村土地制度下，可对集体经济产权进行竞争性的承包、租赁等经营，由农户出钱一次性买断集体产权一定的经营年限，而后农户实现产业化经营，自负盈亏，集体获得一次性买断的资金。此笔资金可部分投入资源和资产的开发，部分用于村积累和公益事业建设然后再进行拍卖、租赁，如此循环，使集体资产由以实物为主的静态管理向以价值形态为主的动态管理转变，提高资产的使用效益，促进集体资产保值增值，实现滚动发展。②

---

① 黄鹤群：《发展壮大村级集体经济的思考》，《现代经济探讨》2010 年第 1 期。
② 李剑文：《农村村级集体经济存在的问题及发展途径探讨》，《经济问题探索》2011 年第 6 期。

2. 挖掘土地资源潜力，走以地生财之路

农村最主要的资源是土地，要善于把资源优势向经济优势转变，充分挖掘土地资源的潜力。[1] 具体而言，一是要充分利用集体的荒地、林地、山地以及荒坡资源，对这些闲置的集体土地进行综合开发，以促进闲置土地有效利用，实现集体土地保值增值。二是在一些劳务输出大省，要在稳定土地承包关系、坚持自愿有偿原则的前提下，鼓励和引导村民进行土地流转，逐步建立健全市场化的土地承包经营权流转机制，实现农村土地的整合与适度规模经营，提高农业产业化效益。三是要立足区位优势，采取以土地使用权入股、租赁等形式，建立现代化农业龙头企业，使集体经济组织走向市场，在农业产业化经营中实现农民增收和集体增利。

3. 发挥自身优势，走资源开发之路

充分利用资源，提高资源的利用率是发展集体经济的重要路径。一方面要面向市场，选准项目，按照依法、自愿与有偿的原则进行土地承包经营权合理流转，集中调出连片土地，招商引资开发高效种植业和特种养殖业，建设高科技农业园区，由业主经营，集体收取租金和适当提成。[2] 另一方面，对于进城务工或者不想种田的农户所腾出来的土地由集体返租倒包，统一经营，走集约化发展道路。同时，积极适应农业发展的市场化，提高集体土地资源、矿产资源、水面资源的市场化率，通过市场化的运作方式将资源优势转变为经济发展优势。

4. 积极参与农业产业化经营，走服务创收之路

在经济全球化不断深入、市场化体制机制逐渐完善的今天，现代农业必然是产业化经营。要充分发掘农业特色产品，在此基础上由集体主导、多方参与兴办交易市场、市场中介组织和流通

---

[1] 韩连贵等：《关于探讨农业产业化经营安全保障体系建设方略规程的思路》，《经济研究参考》2013 年第 3 期。

[2] 黄建水：《农村土地承包经营权流转制度立法研究》，《河南大学学报（社会科学版）》2011 年第 1 期。

经营服务实体。充分发挥沿街、沿路、临厂、靠镇等优势，采取集体主导、大户挑头、摊贩唱戏、多元投入的形式，兴办专业销售市场，组建龙头流通企业，与农民签订产销合同，开展产、加、销一条龙服务，实现在服务农民中赢利，增加集体经济收入。① 此外，集体经济的产业化经营要以服务为主，以市场经济环境下现代农业企业的运行机制创新为突破口，提高现代农业的产业化经营水平。

5. 抢抓政策机遇，走"争资招商"之路

21 世纪以来，连续十几年的中央一号文件都聚焦三农问题，国家政策对农村地区的扶持力度不断加大。因此，西部地区要抓住西部大开发政策向西部倾斜的机遇，充分发挥地方资源优势以及政策优惠，变资源优势和政策优势为集体经济发展优势。一方面加强基础设施建设，利用国家环境保护以及资源开发各方面的政策，争取对口部门资金支持，增加集体经济收入。另一方面，采取招商引资、多元参股等形式新办一批有规模、上档次、机制新、运作活，符合现代企业运行机制的第二、第三产业项目，扩张总量，盘活存量资产，壮大集体经济实力。② 东部地区要充分依托广阔的市场、雄厚的工业基础、发达的社会服务体系以及充足的人力资源，走农业现代化经营之路，将农业发展与工业、服务业结合起来，通过完善集体经营制度发展生态农庄、环保农业，促进集体经济发展壮大。

6. 开源节流，走"增收节支"之路

增加集体经济收入，促进集体经济发展，离不开收支"两条线"。一方面，要探索集体经济经营和发展的多种实现形式，盘活集体资产的存量，利用现代化经营方式实现集体经济资产保值增值，提高集体资产增量。另一方面，要健全财务管理制度，做好

---

① 韩连贵等：《关于探讨农业产业化经营安全保障体系建设方略规程的思路》，《经济研究参考》2013 年第 3 期。

② 李剑文：《农村村级集体经济存在的问题及发展途径探讨》，《经济问题探索》2011 年第 6 期。

资产核算、资产界定工作，坚持完善村务、财务公开制度，建立村级账务定期审计制度和村干部离任审计制度，将集体经济组织与村委会、党组织分离，逐步实现政经分开、政社分开，减少村组办公经费和接待费用，给集体经济组织减负，减少一切不必要的经费开支，通过增收节支增加集体经济收入。[①] 通过市场化的运行方式，对集体经济开源节流，增强集体经济组织的自我约束与村民监督，以实现集体经济的良性运行。

① 王蕾：《进一步完善我国农村财务管理的几点思考》，《科学与管理》2011 年第 5 期。

第七章 教育均衡发展的政策理念、目标及执行[*]

政策研究，尤其是政策评估，有一个基本前提：政策目标、政策措施以及政策执行都应该秉持同一政策理念，缺乏一个评价基点，将难以评价政策措施是否符合政策目标的要求，以及政策执行是否实现了原初的政策目标。[①] 义务教育均衡发展的政策领域自然也应该坚持理念一致这一基本前提，然而在实际操作中，均衡教育政策的理念界定与具体措施设计之间存在差异性，影响了实际的政策评估。

近年来，义务教育均衡发展成为教育政策和教育研究的热点问题。中央和地方不断出台关于教育均衡发展的文件，各种研究文献也大量出现。然而一个奇怪的现象是各方的关注点都落在如何实现均衡、如何评价均衡的效果，却少有谈及何谓"均衡"，似

* 李芝兰（Linda Chelan Li），香港城市大学公共政策学系教授，研究领域：中央地方关系；刘英，华南理工大学公共管理学院讲师，研究领域：政府社会关系；杨振杰，中南财经政法大学公共管理学院副教授，研究领域：地方财政改革。

　本章研究得到香港研究资助局项目"中国政府间事权划分的政治分析：改革话语、变迁过程及意义"（项目编号：CityU 9041606）和教育部人文社会科学研究青年项目"新常态下我国县级政府财政能力综合评估研究"（项目编号：15YJC810019）的资助。

① Davidson, E. J. , 2005, *Evaluation Methodology Basics*: *The Nuts and Bolts of Sound Evaluation*, Thousand Oaks, CA: Sage; Chianca T. C. , 2007, "International development Evaluation: An analysis and policy proposals", Unpublished doctoral dissertation, Western Michigan University, Kalamazoo; Organization for Economic Cooperation and Development (OECD), 1992, " Development assistance manual: DAC principles for effective aid", Paris: Organization for Economic Cooperation and Development.

乎"均衡"是众所周知的、不言自明的。如果在不厘清"均衡"背后的理念差异的情况下谈均衡发展，只会事倍功半。本书将以义务教育均衡发展中政策目标、措施及执行中理念差异而导致的无效评价展开，阐述政策理念界定、政策目标制定和措施设计保持一致性的重要性。

一 义务教育均衡的相对公平与绝对公平

现代政府在提供公共服务产品时，没有什么理念比公平更为突出，义务教育的提供同样如此。教育公平成为现代各国政府实施和发展义务教育的普适性价值理念。目前全世界190多个国家和地区中有170多个国家普及和实施免费的义务教育。中国于2000年年底初步实现普及九年制义务教育的目标，并于2007年、2008年先后免除全国农村和城市地区的义务教育阶段学杂费。

各国政府虽然都认同应该为国民提供公平教育，但是对于公平的内涵却存在不同理解。义务教育推行比较早的发达国家就教育公平存在两种观点：相对公平（relative equity）和绝对公平（absolute equity）。其中相对公平含有比较之意，具体而言，指将不同地区或校区之间享受教育资源投入（input）或教育效果（outcome）的差异控制在一定范围内，如不超过50%。最极端的相对公平则是要求差异性为零，即不存在差异性，所有学校和学生都享受一样的待遇。由此可见，相对公平背后的理念是指"平等"（equality），要处理的是相对剥夺（relative deprivation）的问题。而绝对公平则不包含受众之间的比较，它关注的重点不是学校和校区享受的教育资源或教育结果是否一样，而是学校或学生是否享受了充分的教育资源和教育机会，也就是说，绝对教育公平强调的是学生获得的教育机会和资源是否充分，重点在量的供给是否足够，而不在是否平均分配。从这个意义上说，绝对公平的价值理念为"足够"（adequacy），要处理的是绝对剥夺（absolute deprivation）的问题。绝对公平理念则要求一个最低标准之上的教育投入和产出。政府向弱势地区的转移支付可助其达标，而无需限制富裕地区对义务教育的投入。[1]

相对公平背后的价值理念是追求无差异的公平，通过不断缩小校际间差距和地区间差距来实现资源公平分配。相对公平理念要求政府提供一个将差异程度控制在一定范围内的义务教育政策体系。为了做到这一点，除了对弱势地区提供转移支付来增强"底部"外，还需要限制较富裕地区的教育投入，或者是要求中央政府按照各地财力的差异提供按比例的转移支付，使得各地的教育发展水平尽量少受当地经济发展水平的影响，也就是要做到财政中性。[2] 而绝对公平考虑的是为所有受众提供充分的机会和资源，并不追求平均分配，分配差异性不是问题，重点是为所有人提供一个基本的保障线。换句话说：富人和穷人存在差别是正常的，但是要保证穷人有吃、有住、有学上，即"保底"，当然，这个保障线也要随着经济发展而相应提升。

在中国，义务教育均衡政策又体现了怎样的公平理念呢？从官方的多次不同政策表述来看，义务教育均衡发展是要确保城乡、地区、校际以及不同的群体之间都能在义务教育方面享受大体相同（相对平等）的办学条件和教育质量。如教育部《关于进一步推进义务教育均衡发展的若干意见》中提到促进义务教育均衡发展是为了"有效遏制城乡之间、地区之间和学校之间教育差距扩大的势头"[3]，国务院《关于深化农村义务教育经费保障机制改革的通知》中明确指出公平教育是要"防止教育资源过

---

① Johnston, J. M. and W. Duncombe, 1998, "Balancing Conflicting Policy Objectives: The Case of School Finance Reform", *Public Administration Review*, 58, No.2: 145 - 158; Reich, R., 2006, "Equality and Adequacy in the State's Provision of Education: Mapping the Conceptual Landscape", http://cepa. stanford. edu/sites/default/files/1 - Reich%283 - 07%29. pdf (2014 - 12 - 20).

② 郭朝晖：《实现区域义务教育均等化的财政中性研究》，《广东财经职业学院学报》2008 年第 10 期。

③ 教育部：《教育部关于进一步推进义务教育均衡发展的若干意见》，2005 年 5 月 25 日，http://fagui. eol. cn/html/200909/1435. shtml（2010 年 10 月 5 日）。

度向少数学校集中"。① 可见，中央政府就义务教育均衡发展背后秉持的是一种相对公平的理念，也就是说中央当时强调的主要是缩小差距，而不是提供充足的教育服务供家长和学生选择，即重点不在保"底"。

二 义务教育均衡发展政策

现有均衡教育的政策是为了缩小义务教育发展中的各种差距，达至相对公平，那么具体的政策措施是否能对症下药达到的效果呢？我们发现，虽然政策目标是追求相对公平，而实际政策措施却是教育相对公平和绝对公平理念的"二元"共存的情况：农村义务教育经费保障新机制政策旨在提供基本保障，体现的是基本水平的教育绝对公平。以缩小县域内校际差距为目标的义务教育均衡发展政策，则多以教育相对公平理念为指导。不同教育政策表现了不一致的教育公平理念，源于当前义务教育在农村和县域遭遇不同的发展难题：农村义务教育投入新机制的初始任务是化解因农村税费改革所造成的义务教育经费短缺问题，解决的是基本教育的绝对公平问题；缩小县域内部的义务教育发展差距政策则源自学校之间的资源差距过大所导致的择校现象，针对的是教育相对公平的问题。

2005 年年底，国务院出台的《关于深化农村义务教育经费保障机制改革的通知》对农村义务教育发展具有关键的转折性作用。政策的实施不但免除了农村义务教育学生的学杂费，而且逐步增加农村中小学生生均公用经费的最低标准，"新机制"的资金主要由中央和省两级财政按比例负责，西部地区为 8:2，中部地区为 6:4，东部地区除直辖市外，按照财力状况分省确定。农村义务教育投入新机制主要是为农村义务教育中小学基本运转提供一个最低标准。从这个意义上来说，该政策措施体现的是一种初步阶段

---

① 国务院：《关于深化农村义务教育经费保障机制改革的通知》，2005，http://www. gov. cn/zwgk/2006 - 02/07/content_181267. htm（2012 - 10 - 4）。

的教育绝对公平的理念。

　　出台"新机制"政策是为了缓解农村义务教育经费紧张的问题。农村义务教育一直是"农村教育农民办"及乡村两级通过各种税费让农民承担教育责任。1994 年分税制改革后，财力上移，事权下移，基层政府支出责任更多，财力却不断减少。地方政府为了维持运转通过搭车收费等方式把负担转嫁到农民身上，农民成了冤大头。随着李昌平说出"农民真苦、农民真穷、农业真危险"①，中央意识到问题的严重性，开始减轻农民负担，而农业税费的减免直接影响了农村义务教育的投入。为了解决农村税费改革所带来的农村义务教育经费短缺的困难，中央政府从 2006 年起实行农村义务教育经费保障新机制，免除农村地区学生学杂费和书本费，同时提供办公经费、校舍维修、家庭困难学生补助、教师绩效工资等方面的财政支持，保证学校有足够资金维持基本运转。

　　而促进县域内教育均衡则不同。从中央的教育均衡政策措施来看，是希望逐步缩小校际和地区差距，体现的是相对公平的理念。教育部在 2010 年《关于贯彻落实科学发展观进一步推进义务教育均衡发展的意见》中提出了实现均衡教育的具体时间表，即"力争在 2012 年实现区域内（县域内）义务教育初步均衡，到 2020 年实现区域内义务教育基本均衡"②，要求县级和地区政府充分利用各种资源、采取各种措施争取缩小辖区内的校际差距，实现区域内教育均衡。这一点从 2012 年 5 月教育部出台的《县域义

---

①　李昌平：《我向总理说实话》，北京：光明日报出版社，2002 年。

②　对于何为"初步均衡"和"基本均衡"，虽然教育部官员所提供的解释是，"从范围上来看，初步均衡就是在全国部分具备一定条件的县域内、有些地市区域内率先实现阶段性的均衡发展目标；基本均衡是在全国大部分县域内、一部分地市区域内实现阶段性的均衡发展目标，东中西部义务教育发展差距也要相应缩小。从程度上来看，初步均衡就是在教育投入、教育设施、教师资源等基本办学条件方面首先实现均衡；基本均衡就是义务教育发展水平和教育质量实现一定程度的均衡"，但是在实践中，"初步均衡"只是指达到省或市的义务教育基本办学标准。参见刘华蓉《均衡发展是义务教育重中之重的任务——专访教育部基础教育一司司长高洪》，中国教育新闻网—中国教育报，2010 年 1 月 3 日，http://ji-jiao.jyb.cn/jd/201001/t20100113_335200.html（2010 - 10 - 5）。

务教育均衡发展督导评估暂行办法》体现得很清楚。教育部在文件中对县域内义务教育基本均衡给出了具体的评估标准——"差异＋达标"的形式。其中差异方面要求小学和初中校际在以下八个方面的差异系数要分别小于或等于 0.65 和 0.55：生均教学及辅助用房面积、生均体育运动场馆面积、生均教学仪器设备值、每百名学生拥有计算机台数、生均图书册数、师生比、生均高于规定学历教师数、生均中级及以上专业技术职务教师数。如表 7－1 所示，达标的评估指标及要求体现在入学机会、保障机制、教师队伍、质量与管理四个方面，主要目的是评估县级政府推进义务教育均衡发展的工作情况。四个方面的总分为 100 分，达到义务教育基本均衡县的要求需要 85 分以上。[①]

表 7－1　义务教育均衡县的达标条件

入学机会	1. 将外来工子女就学纳入当地教育发展规划，纳入财政保障体系 2. 建立留守儿童关爱体系 3. 三类残疾儿童入学率不低于 80% 4. 优质普高招生名额分配到县域内初中的比例逐步提高
保障机制	1. 建立义务教育均衡发展责任、监督和问责机制 2. 义务教育经费在财政预算中单列，近三年教育经费"三个增长" 3. 推进学校标准化建设，制订并有效实施了薄弱学校改造计划，财政性教育经费向薄弱学校倾斜 4. 农村税费改革转移支付资金用于义务教育比例达到省级要求
教师队伍	1. 实施义务教育绩效工资制度 2. 教师配备合理，师生比达到省级标准 3. 建立并有效实施关于校长和教师定期交流的制度 4. 落实教师培训经费，加强教师培训
质量与管理	1. 按照国家规定开齐开足课程 2. 小学、初中巩固率达到省级标准 3. 小学、初中学生体质及格率达到省级标准 4. 不存在重点学校和重点班，公办学校择校现象得到基本遏制 5. 中小学生过重的课业负担得到有效减轻

---

① 教育部：《县域义务教育均衡发展督导评估暂行办法》，2012 年 5 月 29 日，http://www.china.com.cn/policy/txt/2012－05/29/content_25503797.htm（2012－7－10）。

通过缩小校际差距实现县域内教育均衡是为了解决择校难题。教育作为社会地位上升的重要阶梯，很多家长，包括农村家长，都希望自己的子女能够进条件好、办学质量高的重点学校，将来上重点高中、上大学的机会更大。然而现实中，优质教育严重短缺，城区的重点学校数量有限。一面是庞大的需求，一面是有限的资源，导致供需严重脱节。其后果是，"走关系"、高额择校费屡禁不止，根据国家发改委 2007 年发布的数据，从 2001～2006年，教育收费有 5 年在各类价格举报中位居第一，只有 1 年位居第二。其中义务教育阶段高昂择校费就是被投诉的热点之一。[①] 另一面是城里重点学校一个班一百多个学生，城区一般学校几十个学生，农村小学一个班十几个学生。大班额现象不仅影响教学效果，也增加了学校的安全责任。政府提出的解决之道是通过加大扶持薄弱学校的发展、缩小校际差距、保障就近入学等来推动教育均衡发展来缓解择校和大班额问题。

三　教育均衡的政策目标与评价的误区

中央提出了教育均衡发展的目标，并且根据农村教育资源短缺和校级间资源差距过大的问题分别采取了不同的策略来缓解教育不均衡的现状。然而由于缺乏对均衡这一概念本身的充分认识，忽略了绝对公平与相对公平的差异性，导致当前的政策评估都从相对公平的视角来检视教育均衡发展的效果，影响了新机制在促进教育均衡中的评价效果。

农村义务教育经费保障新机制中运用中央和省级政府资金，目的是促进县域内的义务教育均衡发展。在"以县为主"的管理体制下，现行义务教育均衡发展的公共政策除了缩小县域内校际差距（包括城乡差别）的功能外，未有缩小县域之外城乡间差距

---

① 刘万永：《谁造就了教育乱收费举报的五连冠》，中国青年报，2007 年 4 月 9 日，http://finance. sina. com. cn/review/20070409/07543483205. shtml（2010 - 8 - 21）。

及校际差距的功能。在农村义务教育投入新机制中，各级政府补贴减免学杂费资金、中小学公用经费及校舍维修资金对中西部和东部有不同的比例。这种补贴的区域差异性在一定程度上有助于减少东中西部区域间和省际差别。教育部要求省级教育行政部门要"完善出台支持薄弱地区义务教育均衡发展的政策措施"，"进一步加大省级统筹力度，继续向农村义务教育倾斜，积极支持财政困难地区推进义务教育均衡发展"。政策要求省级政府对财政薄弱的县级政府提供更多的财力支持，看起来似乎有利于减小省域内、县域之间的校际差别。另外，教育部还要求"市（地）级教育行政部门要切实加强领导，研究制定本地区义务教育均衡发展规划，着重缩小区域内县与县之间义务教育发展差距"，以及提出"积极鼓励有条件的地方努力推进区域与区域之间（主要是指县域之间）义务教育均衡发展"①。这同样在一定程度上可减小同一地级市内县域之间差距。

实际上，如果从绝对公平的理念来看，农村义务教育经费保障只是为农村义务教育学校提供一个基本的保障，本身并不具有缩小全国、东中西区域间和省域内部城乡差别的功能。因为中央、省级以至市级政府在支持辖区内的农村薄弱地区的基本教育的同时，均没有限制城市、东部地区和省市辖区内其他地方的义务教育投入。另外，按目前教育均衡政策的要求，省级政府和市级政府的角色在于扶持辖区内困难地区的教育发展，提供一个最低的基本保障，而不是按照辖区内财力的差异按比例补贴。省级和市级政府目前所承担的政策责任实际上体现了一种基本的教育绝对公平的理念。比如，广东省政府在 2009 年出台的《关于推进广东省义务教育均衡发展的实施意见》中，同样只是概括地提出要"建立义务教育经费省级统筹机制，加大省级财政对义务教育的投

---

① 教育部：《关于贯彻落实科学发展观进一步推进义务教育均衡发展的意见》，http://www.china.com.cn/policy/txt/2010 – 01/19/content_19269004.htm（2012 – 10 – 4）。

入力度"，以及"省农村税费改革转移支付要按核定比例用于农村
义务教育校舍建设、设备设施购置等发展项目"①。这可以从侧面
看出，在较富裕的广东，省级政府尚未有完全承担缩小省内县级
政府之间义务教育发展差距的责任。而对于市级政府，即使是那
些具有条件的市级政府，比如广州，秉承中央政府和省级政府只
是支持困难地区的逻辑，也主要是帮助市级范围内的困难区县提
高义务教育的"底部"，而不是缩小区县之间的差距。总之，无论
是省级或是市级，实质性的政策都是有关提升教育的绝对公平，
相对公平不是重点。比如，条件比较好的广州市，在《广州市中
长期教育改革和发展规划纲要（2010～2020年）》中，虽然提到
要"实现义务教育投入水平在城乡之间、区域之间、学校之间的
均等化"，但是在保障措施中，我们也只是看到要求市级政府在财
力上对薄弱地区倾斜，以更好地"完成义务教育规范化学校建设
任务"②。这样下来，很有可能是虽然"底部"增高了，但是城乡
差距、县与县之间差距并没有缩小。从现有全国范围和个别省内
研究来看，在实现农村义务教育保障新机制后，城乡教育投入差
距不是缩小而是扩大了。③

　　因此，根据以上分析，政策制定者和政策研究者都需要清楚
现有的义务教育均衡发展政策本身其实（从宏观政策层面而不是
从某些地方的具体政策）并不具有缩小县域以外校际差异的功能。
明确这点有助于人们对政策的分析，包括预期政策的作用和评估

---

① 广东省人民政府办公厅：《关于推进广东省义务教育均衡发展的实施意见》，
　　http://www.gd.gov.cn/govpub/zfwj/zfxxgk/gfxwj/yfb/200904/t20090403_88929.htm
　　（2012-7-19）。

② 广州市人民政府办公厅：《广州市中长期教育改革和发展规划纲要（2010～
　　2020年）》，2011，http://zwgk.gd.gov.cn/007482532/201111/t20111107_2916
　　16.html（2012-7-19）。

③ 李英、李化树：《推进城乡义务教育均衡发展的财政政策分析》，《成都理工学
　　院学报（社会科学版）》2010年第8期；龙文佳、薛海平、王颖：《"新机制"
　　政策对城乡义务教育财政资源均衡配置影响的实证研究》，《教育研究》2011
　　年第5期；严伯霓：《省域均衡——推进义务教育均衡发展的新视角》，《当代
　　教育论坛》2011年第10期。

政策的效果，从而改善政策的执行和促进下一步的政策调整和演进。

另外，在具体评估政策效果方面，研究方法亦存在改善空间。旨在缩小县域内校际差距的措施，体现的是教育相对公平的理念。这要求政策评估者不但要分析政策措施及成效，更重要的是还要定量评估该措施是否缩小了辖区内的校际差距。现有文献几乎都是用描述性的语言去说明县域内部所做的促进义务教育均衡发展的措施和成效，缺少量化研究来考察这些措施如何缩小了县域内部的校际差距。① 而政府相关部门在评价教育均衡发展时，仍然习惯采用财政投入教育总量及其增长率、农村新增教育投入、入学率、完成率等指标，很少用真正能反映教育均衡程度的指标。② 这主要有两个方面的原因：一方面是忽略了教育相对公平与绝对公平差异性，另一方面是中央政府在很长一段时间内没有建立起规范的评估指标体系。尽管教育部在 2005 年就提出要"建立义务教育均衡发展督导评估制度，研究制定督导评估指标体系"③，但是直到 2012 年 5 月教育部《县域义务教育均衡发展督导评估暂行办法》才正式出台。

四　小结

政策评估的一个基本前提条件是政策目标、措施和执行都秉持同一理念。如果不是基于同一理念来谈论政策评估，很可能文不对题。在教育均衡领域存在着绝对公平和相对公平两种理念，前者关注的是提供充足的教育机会和资源，而后者强调的是缩小

---

① 刘厚周、陈志明：《（泰和县）县域义务教育均衡发展摭谈》，《教育学术月刊》2009 年第 2 期；孙玉丽、张幸华：《县域义务教育均衡发展：政策与条件——以浙江省慈溪市为个案》，《教育科学》2008 年第 2 期。
② 栗玉香：《义务教育财政均衡效果与政策选择》，《中央财经大学学报》2010 年第 1 期。
③ 教育部：《教育部关于进一步推进义务教育均衡发展的若干意见》，2005 年 5 月 25 日，http://fagui.eol.cn/html/200909/1435.shtml（2010 - 10 - 05）。

受众在资源获取上的差异。中央文件中一贯所指的教育公平属后者，即相对教育公平。官方和学界对教育均衡政策效果进行评估时也多从相对公平的角度切入，忽视了具体政策可能是以绝对公平为基础展开的，导致一些政策评估陷入歧途。

农村义务教育发展面临的最重要的任务是解决因农村税费改革所造成的义务教育经费短缺的问题，"新机制"是针对这一问题提出的。县域内的义务教育发展最基本的是要解决因校际间资源差距过大导致的择校问题，均衡教育即为此提出。提出这两样政策的时候，政策制定者却没有意识到政策背后的理念差异，前者通过对农村义务教育提供最低经费保障来维持学校基本运转，属于基础水平的均衡，是以绝对教育公平理念为指导的。后者校际均衡则是以相对教育公平理念为基础。绝对与相对尽管只有两字之差，内涵却差之千里。

虽然目前义务教育均衡发展的近期目标主要是县域内的基本均衡，但从政策的表述中可以看出，未来政策的预期是沿着低位均衡向高位均衡，以及从县域内向全国范围内逐步推进义务教育均衡。如果义务教育均衡发展确实采用相对公平理念的话，还需要政策制定者和政策研究者更多地考虑义务教育均衡发展的局面是否能够逐步地沿着县、市、省以及省与省之间往上实施，以及届时如何从财政上予以保障，采用什么保障方法和相应的管理监督机制等，尤其是如何厘清每一层级政府分担的具体财政及管理责任。另外，还需要思考县域内部的校际之间差别、县域之间的校际差别以及更广范围的校际差距在一个什么样的范围内才属于真正实现了义务教育均衡发展的相对公平理念等问题。这需要政策制定者和研究者更多地思考教育公平的具体理念与现实政策措施的契合性问题。

第八章　财政自主性、民主治理与村庄公共品供给

——2014 年 15 省（区）102 县 102 村的问卷调查分析 *

一　研究假设

对于公共品供给，国内外有不少学者从财政分权或财政自主性角度展开研究。一部分学者认为，财政分权促进了地方公共品供给。譬如，美国经济学家蒂布特（Charles C. Tiebout）认为，向地方政府分权有利于提高该社区公共品的供给水平。相对于中央政府，地方政府更加了解本地居民的偏好。① 奥茨（Wallace E. Oates）在《财政联邦主义》通过一系列假定提出了分权化提供公共品的比较优势，认为地方政府在提供公共品上具备更高的效率。② 2006 年，他进一步提出，财政分权会鼓励地方政府进行试验和制度创新，所以公共服务会变得更加优质。③ 国内外一些学者的

---

* 吴理财，华中师范大学中国农村综合改革协同创新研究中心主任、湖北经济与社会发展研究院副院长、政治与国际关系学院教授，研究领域：地方政府与基层治理。

① Charles C. Tiebout (1956), "A Pure Theory of Local Expenditures. Journal of Political Economy", Vol. 64, No. 5, pp. 416 – 424.

② Wallace E. Oates (1972), *Fiscal Federalism*. New York: Harcourt Brace Jovanovich.

③ Wallace E. Oates (2006), "On the Theory and Practice of Fiscal Decentralization". Working Papers 2006 – 05, University of Kentucky, Institute for Federalism and Intergovernmental Relations.

实证研究也论证了这一观点。[1] 例如，刘天军等学者对陕西省 10
个城市面板数据进行分析，认为财政分权对农村公共品供给效率
具有正向促进作用。一个地区财政分权度越高，人口密度越大，
地方公共物品供给效率就越高。[2]

　　不过，我们却不能忽视蒂布特、奥茨的财政分权理论的前提
假设，即地方资源和生产要素可以自由流动以及居民可以"用脚
投票"，还有与之相配合的民主体制和社区代表权。这些理论前提
在许多国家或地区其实并（完全）不存在，以致在这些国家或地
区，财政分权不但不能改善地方公共品的供给，甚至会滋生腐
败。[3] 基恩（M. Keen）、马谦德（M. Marchand）认为，在资本自
由流动而劳动力不可流动的假设下，对于公共支出的总体水平，
生产性的公共品（基础设施等）并不一定供给不足，但仅仅服务
于当地居民福利的公共服务一定供给不足。[4] 莫罗（P. Mauro）则
发现，由于从不同支出中获取贿赂的难易不同，腐败的政府会将
更大比重的支出用在基础设施上，从而降低在教育上的支出比

①　Wallis, J., and W. Oates (1988), *Decentralization in the Public Sector: an Empirical Study of State and Local Government*, in Rosen, H. (ed.), *Fiscal Federalism: Quantitative Studies*. Chicago: University of Chicago Press; Justman, M. (1995), "Infrastructure, Growth and the Two Dimensions of Industrial Policy". *Review of Economic Studies*, Vol. 62, No. 1, pp. 131 - 157; Faguet, J., (2004), "Does Decentralization Increase Government Responsiveness to Local Needs? Evidence from Bolivia". *Journal of Public Economics*, Vol. 88, No. 4, pp. 867 - 893. 国内学者的相关研究，可参阅：张军、高远、傅勇、张弘：《中国为什么拥有了良好的基础设施？分权竞争、政府治理与基础设施的投资决定》，《经济研究》2007 年第 3 期；陈诗一、张军：《财政分权改善了中国地方政府的支出效率吗？——来自 1978～2004 年的省级证据》，载于张军、周黎安主编：《为增长而竞争：中国增长的政治经济学》，上海人民出版社，2008 年版；陈硕：《分税制改革、地方财政自主权与公共品供给》，《经济学（季刊）》2010 年第 4 期。

②　刘天军、唐娟莉、翟学喜、朱玉春：《农村公共物品供给效率测度及影响因素研究——基于陕西省的面板数据》，《农业技术经济》2012 年第 2 期。

③　Pranab Bardhan (2002), "Decentralization of Governance and Development". *Journal of Economic Perspectives*, Vol. 16, No. 4, pp. 185 - 205.

④　Keen, M. & Marchand, M. (1997), "Fiscal Competition and the Pattern of Public Spending". *Journal of Public Economics*, Vol. 66, pp. 33 - 53.

重。① 一些学者认为，我国由于存在严格的户籍制度，人口并不能完全自由地流动；② 此外，较之企业增值税，个人所得税在中国税收收入中比重过低，也使得地方政府对居民流动或"用脚投票"的反应缺乏弹性。③

还有一些研究认为，下列三种情形甚至会加剧这些国家或地区财政分权的"偏常"行为：第一，公共品具有较大的外部性；④第二，地方政府缺乏技术、人才和财政能力；⑤ 第三，地方政府之间的竞争。⑥ 对于第一种情形，贝斯利（Timothy J. Besley）、科特（Stephen Coate）认为，财政分权可能阻碍较大区域内的公共品供应。⑦ 王淑娜、姚洋运用 48 个村庄 1986 ~ 2002 年的面板数据，对基层民主和村庄治理关系进行研究发现，民主选举增加了村庄预算中公共支出的比例，减少了行政支出和上交给乡镇政府的份额，说明选举强化了村委会的问责，但也削弱了村际的财政分享，可能损害超出村庄范围内的公共品的供应（如道路、灌溉设施、技

① Mauro, P. （1998）, "Corruption and the Composition of Government Expenditure". *Journal of Public Economics*, Vol. 69, pp. 263 – 279.

② 乔宝云、范建勇、冯兴元：《中国的财政分权与小学义务教育》，《中国社会科学》2005 年第 6 期；傅勇、张晏：《中国式分权与财政支出结构偏向：为增长而竞争的代价》，《管理世界》2007 年第 3 期。

③ 陈硕：《分税制改革、地方财政自主权与公共品供给》，《经济学（季刊）》2010 年第 4 期。

④ B. Lockwood （2002）, "Distributive Politics and the Costs of Centralization". *Review of Economic Studies*, Vol. 69, No. 2, pp. 313 – 337; T. Besley, and S. Coate （2003）, "Centralized versus Decentralized Provision of Local Public Goods: A Political Economy Approach". *Journal of Public Economics*, Vol. 87, No. 12, pp. 2611 – 2637.

⑤ B. Smith （1985）, *Decentralization: The Territorial Dimension of the State*. London: George Allen & Unwin; R. Crook, and A. S. Sverrission （1999）, *To What Extent Can Decentralized Forms of Government Enhance the Development of Pro-Poor Policies and Improve Poverty, Alleviation Outcomes*? Sussex: University of Sussex.

⑥ Keen, M. & Marchand, M. （1997）, "Fiscal Competition and the Pattern of Public Spending". *Journal of Public Economics*, Vol. 66, pp. 33 – 53.

⑦ Timothy J. Besley and Stephen Coate （2000）, "Centralized versus Decentralized Provision of Local Public Goods: a Political Economy Analysis". Centre for Economic Policy Research Discussion Paper 2495.

术推广等），也会加剧乡镇范围内的公共品供应不平衡。[1] 对于第三种情形，基恩、马谦德认为，财政分权背景下地方政府之间的竞争会导致公共支出结构上的"偏差"，因此公共支出存在系统性扭曲。[2] 平新乔、白洁通过研究印证了这一观点，认为财政分权会改变甚至扭曲地方政府的支出结构，不利于基层公共品供给。[3] 李宏斌、周黎安也指出，在中国以 GDP 考核为主的官员晋升体制下地方政府存在忽视科教文卫投资、偏向基本建设的制度激励。[4] 傅勇和张晏分析 1994 ~ 2004 年的省级面板数据得出类似发现，认为中国的财政分权以及基于政绩考核下的政府竞争，造就了地方政府公共支出结构"重基本建设、轻人力资本投资和公共服务"的明显扭曲，并且认为，政府竞争会加剧财政分权对政府支出结构的扭曲，竞争对支出结构的最终影响取决于分权程度。[5] 该发现也得到王世磊、张军研究的佐证。[6]

此外，还有学者认为，在中国，伴随财政分权的地方政府竞争更多是出于政治晋升的目的而非居民福利。[7] 在中国特殊的政治晋升语境中，经济绩效对于地方政府官员的政治前途发挥着重要的作用。在保证自身正常运转的前提下，将有限的资源优先投入

---

① 王淑娜、姚洋：《基层民主和村庄治理——来自 8 省 48 村的证据》，《北京大学学报（哲学社会科学版）》2007 年第 2 期。

② Keen, M. & Marchand, M. (1997), "Fiscal Competition and the Pattern of Public Spending". *Journal of Public Economics*, No. 66, pp. 33 – 53.

③ 平新乔、白洁：《中国财政分权与地方公共品的供给》，《财贸经济》2006 年第 2 期。

④ Li, Hongbin and Li-an Zhou (2005), "Political Turnover and Economic Performance: The Incentive Role of Personnel Control in China". *Journal of Public Economics*, Vol. 89, No. 9 – 10, pp. 1743 – 1762.

⑤ 傅勇、张晏：《中国式分权与财政支出结构偏向：为增长而竞争的代价》，《管理世界》2007 年第 3 期。

⑥ 王世磊、张军：《中国地方官员为什么要改善基础设施？——一个关于官员激励的模型》，《经济学（季刊）》2008 年第 2 期。

⑦ 周黎安：《晋升博弈中政府官员的激励与合作——兼论我国地方保护主义和重复建设文体长期存在的原因》，《经济研究》2004 年第 6 期；周黎安：《中国地方官员的晋升锦标赛模式研究》，《经济研究》2007 年第 7 期。

到基础设施建设，以此来吸引外来投资，推动任期内经济增长。而其他不作为晋升决定因素的领域则被忽略。①

通过研究发现，财政分权对于地方公共品的提供是有条件的。在不具备一些必要前提条件的情况下，财政分权不仅不能提高效率，而且会带来一些意外后果。这些前提条件都与政府行为模式有关系。周飞舟认为最重要的并不在于分权还是集权，而在于政府行为。政府行为对于分权和集权来说，与其说是内生的，不如说是外生的，它是人们理解分权框架的前提而不是结果。② 由此观之，地方政府行为总是基于一定的制度安排和相应的激励机制进行理性选择。因此，对于财政分权背景下的地方政府行为的考察，必须考量地方政府置身的结构因素。

对于一个中国村庄而言，它置身的结构因素，既包括国家的制度安排以及地方基层政府的具体制度实践，也包括村庄本身的治理结构及其社会结构。处身于这种综合的结构网络之中的村庄，它的公共品供给是否与一般的地方政府的公共品供给具有类似的行为特点呢？或者它受制于村庄本身的结构更加显著，而与一般地方政府的公共品供给行为迥异？

例如，在乡村关系方面，吴士健指出，我国现行的农村公共产品供给实行的是自上而下的公共品决策机制，农村公共品的供给取决于县、乡级政府的偏好，由它们决定提供公共品的数量和种类，没有建立公共品的农民需求表达机制，不能有效反映农村社区内多数人的需求意愿。③ 刘炯认为，当前中国农村公共品供给存在着困境，形成这一困境的根本原因是单中心体制，主要包含单中心的治理模式、单一的供给主体以及高度集中的资金安排。④

---

① 陈硕：《分税制改革、地方财政自主权与公共品供给》，《经济学》2010 年第4 期。
② 周飞舟：《分税制十年：制度及其影响》，《中国社会科学》2006 年第 6 期。
③ 吴士健：《试论农村公共产品供给体制的改革与完善》，《农业经济》2002 年第5 期。
④ 刘炯：《多中心体制：解决农村公共产品供给困境的合理选择》，《农村经济》2005 年第 1 期。

在村级治理机制方面，张晓波等人的案例研究发现，中国农村的民主选举会在一定程度上提高当地公共品的供给水平。[1] 刘永功、余璐通过比较发现，村民自治的好坏是直接影响村庄公益事业建设的一个重要因素，完全的民主能够在很大程度上改善村庄公共品供给的有效性。[2] 王淑娜、姚洋的数据分析则发现，民主选举增加了村庄公共支出的比例，却损害了村际公共品的供应。但也有学者质疑这一观点，认为基层民主虽然给予了村民一定权力，从而可能增强对村干部的问责，但基层民主的分散特性也可能会使地方精英更容易攫取村庄的行政权力、掌控地方政治，因此，民主未必会导致更加公平的公共品供应。[3]

胡家琪、明亮通过对村庄内部不同层面公共产品供给状况进行定性考察，发现公共权威力量是保障村庄公共产品供给的前提。[4] 孔卫拿、肖唐镖则深入讨论了村级公共品供给与乡村权威、组织结构之间的关系，认为村级基本公共物品的供给受制于复杂的乡村内生权威和组织结构，并不是任何类型的村庄公共权威都会促进村庄公共品的供给。为此，他们提出，要高度重视作为治理之基的乡村内生权威与组织结构建设，国家财政投入力量下乡与社会治理结构承接的良性互动，实现地方基本公共品供给质量的最大化。[5]

刘永功、余璐也认为，村干部如果能够和村民有较好的沟通，

[1] Xiaobo Zhang, Shenggen Fan, Linxin Zhang & Jikun Huang (2004), "Local Governance and Public Goods Provision in Rural China". *Journal of Public Economics*, No. 12, pp. 2857 – 2871.
[2] 刘永功、余璐：《村庄公共产品供给机制研究》，《中国农业大学学报（社会科学版）》2006 年第 2 期。
[3] Bardan, Pranab, and Dilip Mookherjee (2005), "Decentralizing Antipoverty Program Delivery in Developing Countries". *Journal of Public Economics*, No. 4, pp. 675 – 704.
[4] 胡家琪、明亮：《农村公共产品供给的基础：公共权威——对重庆东北部四季村的调查》，《乡镇经济》2009 年第 8 期。
[5] 孔卫拿、肖唐镖：《财政转移支付、地方治理结构与中国农村基本公共品供给质量》，《人文杂志》2013 年第 12 期。

并有一定的威信，村庄内部的管理就容易很多，组织村民建设公益事业也非常得容易。村庄的团结度高低，即村庄是否有共识直接影响着村庄公共产品的供给。[①] 但深入分析发现，村庄不同类型的精英对农村公共品的供给产生着不同的影响。李浩昇认为，一般来说，道德型的精英更愿意给村民提供细致化、更多的公共产品，而经济实力型的精英，在道德上不如道德型精英无私，在村庄事务中也往往因为经济原因遭部分村民诟病，但他们往往会利用自身强大的经济实力和影响力，通过提供高水准的公共品以缓解村民的不满情绪，进而获得村民的支持。因此他主张，对于当下的中国村庄来说，要提高公共品的供给效率，必须改善村庄的治理结构：必须形成多中心治理的格局，改善村治的基本状况，才能根本地改变公共品供给的微观机制。[②]

应该说，上述这些关于中国村庄公共品供给的研究是有启发性价值的。不过，其中大多数是采用个案或定性比较方法进行研究的。这些质性观察仍然有待于量化分析的检验。本文在孔卫拿、肖唐镖等研究的基础上，提出如下假设。

假设1：乡村关系越松散，村级公共品供给越好。

假设2：村庄财政自主性越高，村庄公共品供给越好。

假设3：村支书和村委会主任不是一人兼任的村庄相对于"一肩挑"的村庄，其公共品供给更好；村支书跟村委会主任关系好的村庄，其公共品供给更好。

假设4：村级财务支出通过民主理财小组决定的村庄，其公共品供给更好。

假设5：村务公开的村庄，其公共品供给更好。

假设6：村庄各类组织越多，其公共品供给越好。

---

① 刘永功、余璐：《村庄公共产品供给机制研究》，《中国农业大学学报（社会科学版）》2006年第2期。

② 李浩昇：《经济水平与村庄精英：分析农村公共产品供给的"二维四分"框架——以江苏4村为例》，《南京农业大学学报（社会科学版）》2010年第3期。

假设7：村民对村庄公共事务越关心，其村庄公共品供给越好。

假设8：村民外出务工越多，其村庄公共品越差。

假设9：村庄公共品供给质量存在城乡明显差异。

二　数据分析

为了检验这些假设，本书使用课题组2014年7~8月完成的农村问卷调查的《村情表》进行数据分析。

关于村庄公共品供给质量，《村情表》设计了19个题项，包括路电水气、有线电视、互联网、文体教卫、村庄规划等内容。下面是这些选项的赋值及其描述性统计（见表8-1）。

表8-1　村庄公共品供给质量描述性统计

题项	选项赋值	最小值	最大值	平均值	标准差
村道路	组组通=1；个别村民组通=0.75；只通到村部=0.5；不通道路=0	0	1	0.86	0.26
道路硬化	是=1；否=0	0	1	0.75	0.43
村主干道路灯	是=1；否=0	0	1	0.42	0.50
通公交	是=1；否=0	0	1	0.34	0.48
电网改造	是=1；否=0	0	1	0.80	0.40
通自来水	是=1；否=0	0	1	0.68	0.47
水利设施新建维护改造	是=1；否=0	0	1	0.59	0.49
村民通有线电视	是=1；否=0	0	1	0.75	0.43
村民家里上网	是=1；否=0	0	1	0.66	0.48
改厕	是=1；否=0	0	1	0.43	0.50
生活垃圾集中处理	是=1；否=0	0	1	0.60	0.49
村清洁工	有=1；没有=0	0	1	0.57	0.50
村民建有沼气池	有=1；没有=0	0	1	0.52	0.50

题项	选项赋值	最小值	最大值	平均值	标准差
2013 年合作医疗参保率	%	0	100	89.76	19.59
村医	名	0	20	2.53	2.64
2013 年养老保险参保率	%	0	115	77.21	24.39
村学校或教学点	有 =1；没有 =0	0	1	0.62	0.49
文体活动场所	有 =1；没有 =0	0	1	0.51	0.50
2013 年文化活动	次	0	7	0.93	1.34
村庄规划	有 =1；没有 =0	0	1	0.58	0.50

根据表 8 -1 的各个题项的赋值，将其加总生成村庄公共品供给质量指数。我们将该指数作为本文分析的因变量 Y。为了检验前述假设，本文选取《村情表》中相关题项作为自变量 X_n，它们主要包括乡村关系、村庄治理、社会组织、公共意识、村庄自然条件等内容。以下是这些变量的描述性统计（见表 8 -2）。

表 8 -2　各类变量的描述性统计

变量定义	赋值	观察值	最小值	最大值	均值	标准差
公共品供给质量指数 Y		102	2	31.38	14.81	5.61
乡村关系 X_1	1 = 乡镇对村管得太多；2 = 乡镇对村指导到位；3 = 乡镇对村指导不够	99	1	3	1.99	0.56
财务管理 X_2	1 = 村财乡管；2 = 村财村管；3 = 其它	95	1	3	1.41	0.59
村支书是否兼任村委会主任 $X_{3.1}$	1 = 村支书、村主任一肩挑；2 = 村支书、村主任由不同人担任	102	1	2	1.75	0.44
村支书与村主任关系 $X_{3.2}$	1 = 很好；2 = 一般；3 = 矛盾大	93	1	3	1.47	0.58
村财务支出决定权 X_4	1 = 村支书；2 = 村主任；3 = 民主理财小组	99	1	3	2.47	0.84

续表

变量定义	赋值	观察值	最小值	最大值	均值	标准差
村务公开 X_5	1 = 有；0 = 没有	101	0	1	0.90	0.30
农村专业合作社数量 $X_{6.1}$	个	96	0	16	1.25	2.42
农村各类社会文化组织数量 $X_{6.2}$	个	95	0	4	0.63	0.91
教会组织 $X_{6.3}$	个	97	0	5	0.25	0.72
宗族组织对选举的影响 $X_{6.4}$	1 = 大；2 = 不大	100	1	2	1.81	0.39
村民公共意识 X_7	1 = 对村庄公共事务关心；0 = 不关心	98	0	1	0.79	0.41
外出务工人员占比 X_8	%	102	0	88.89	28.06	0.18
村庄社区类型 X_9	1 = 城郊；2 = 集镇；3 = 乡村	101	1	3	2.61	0.72
村庄地貌 X_{10}	1 = 山区；2 = 丘陵；3 = 平原；4 = 草原；5 = 其它	102	1	5	2.07	0.90

　　通过相关分析发现，仅 $X_{3.2}$（村支书与村委会主任关系）、X_5（村务公开）、$X_{6.2}$（农村各类社会文化组织数量）、X_9（村庄社区类型）等变量与村庄公共品供给质量指数显著相关（见表 8 – 3）。

表 8 – 3　各类自变量与村庄公共品供给质量指数的相关系数矩阵

		X_1	X_2	$X_{3.1}$	$X_{3.2}$	X_4	X_5	$X_{6.1}$
Y	γ	− 0.191	− 0.070	0.186	− 0.297 **	0.039	0.220 *	0.141
	P	0.058	0.501	0.062	0.004	0.698	0.027	0.171
	N	99	95	102	93	99	101	96
		$X_{6.2}$	$X_{6.3}$	$X_{6.4}$	X_7	X_8	X_9	X_{10}
Y	γ	0.337 **	0.075	0.062	0.070	− 0.118	− 0.348 **	− 0.031
	P	0.001	0.467	0.541	0.496	0.238	0.000	0.755
	N	95	97	100	98	102	101	102

　　注：* 、** 分别表示在 5% 水平显著、在 1% 水平显著（双侧检验）。

也就是说，从统计学意义上而言，乡村关系跟村庄公共品供给质量弱相关（γ = -0.191），而且其相关显著水平仅为 5.8%，说明乡村关系松散，在一定程度上有利于村庄公共品供给。

但是，统计却同时显示，村庄财政自主性跟村庄公共品供给质量之间没有必然的联系。我国在农村税费改革以后，绝大部分村级财务实行了"村财乡管"，是否实行这一村级财务管理体制，并不影响村庄公共品供给质量。本书提出的研究假设 1 有待进一步证明，研究假设 2 未得到证明。

在村庄治理结构中，村支书与村委会主任是否"一肩挑"与村庄公共品供给质量也没有必然的关联。这说明，村"两委"权力是否集中，并不跟村庄公共品供给质量相关，或许重要的是，什么样的人担任村主要领导。不过，统计却表明，村支书跟村委会主任之间的关系跟村庄公共品供给质量显著相关（γ = -0.297，且 P = 0.4%），说明一个村级班子是否团结对一个村庄的公共品供给质量具有关键性影响作用。

从相关分析来看，村级财务支出是否由民主理财小组决定，跟村庄公共品供给质量也没有联系，但是，村务是否公开跟村庄公共品供给质量有一定的关系（γ = 0.220，P = 2.7%）。这说明，假设 4 并未得到验证，假设 5 没有得到否证。

统计表明，村里农村专业合作社、教会组织数量和宗族组织跟村庄公共品供给质量也没有关系；不过，农村各类社会文化组织数量却跟村庄公共品供给质量显著相关（γ = -0.348，且 P = 0.00%）。这一统计结果跟孔卫拿、肖唐镖的研究结论有出入，他们的统计分析证明，农村老年协会、专业技术协会和教会组织均对村庄公共品供给质量产生正向作用。因此，本章的假设 6 修正为：村庄中各类社会文化组织越多，其公共品供给越好。

不过，较为意外的是，从统计上来看，村民对村庄公共事务是否关心跟村庄公共品供给质量没有必然联系。由此否定了假设 7。此外，外出打工人口多少、村庄的地貌状况也跟村庄公共品供给质量无关。证明假设 8 也不成立。

然而，村庄是否处在城郊、集镇或乡村跟村庄公共品供给质量显著相关（$\gamma = 0.337$，且 $P = 0.1\%$），城郊村庄的公共品供给质量要比地处集镇的村庄、偏远农村的村庄更好，并形成一种梯度结构状态。由此可见，我国长期形成的城乡二元体制从根本上阻碍了农村公共品供给质量的改进。

为了进一步论证上述观点，在相关分析的基础上，我们依次加入变量 $X_{3.2}$、$X_{6.2}$、X_9、X_5 进行多元线性回归分析，形成如下 4 个回归模型（见表 8 - 4）。

表 8 - 4　村庄公共品供给质量多元线性回归分析

	模型 1	模型 2	模型 3	模型 4
$X_{3.2}$	- 0.297 *** (- 2.972)	- 0.242 ** (- 2.382)	- 0.206 ** (- 2.119)	- 0.139 (- 1.334)
$X_{6.2}$		0.268 *** (2.633)	0.182 * (1.825)	0.140 (1.381)
X_9			- 0.336 *** (- 3.369)	- 0.375 *** (- 3.704)
X_5				0.181 * (1.700)
R^2	0.078	0.129	0.223	0.241
F	8.836 ***	7.394 ***	9.139 ***	7.735 ***
N	91	84	82	81

注：（1）表中系数为标准回归系数，括号内数值为 T 检验值；
（2）*、**、*** 分别表示在 10% 水平显著、在 5% 水平显著、在 1% 水平显著。

从模型 1 到模型 4，拟合优度依次从 0.078、0.129、0.223 提高到 0.241，它们的 F 检验都在 1% 显著水平上。

尤其是模型 3，$X_{3.2}$（村支书和村委会主任之间关系）、$X_{6.2}$（农村各类社会文化组织数量）、X_9（村庄社区类型）三个解释变量均通过了显著性检验。而且，模型 3 中的自变量可以解释因变量 22.3% 的变化，是一个关于村庄公共品供给质量较好的多元线性回归解释模型。

在这三个解释变量中，村庄社区类型标准回归系数（B = -0.336）最高。也就是说，在城乡之间，村庄越是偏离城镇，其村庄公共品供给质量指数越低，每偏离一个级差，村庄公共品供给质量指数就会下降0.336个标准差。再对照前文的相关分析，即村庄公共品供给质量跟村庄地貌无关，跟村庄处于城乡之间不同区间地带显著相关，进一步有力地证明了不是村庄地貌等自然条件而是城乡分割体制深刻地影响了村庄公共品供给质量。本书的假设9得到了验证。

在模型3中，村支书和村委会主任之间关系的标准回归系数（B = -0.206）也是比较高的。村支书和村委会主任二者之间的关系越融洽，越有利于村庄公共品供给质量的提升。前文的统计分析却显示，村支书与村委会主任是否由一人兼任跟村庄公共品供给质量无关。这跟孔卫拿、肖唐镖的研究结论不一致，他们的数据分析认为，"一肩挑"权力结构对村庄公共品供给质量起到负向显著作用。由此可见，本文的假设3需要做修正，并有待进一步的数据分析验证。

然而，在模型4中，加入了 X_5（村务公开）解释变量后，$X_{3.2}$、$X_{6.2}$ 两个解释变量没有通过显著性 t 检验，X_5 却通过了显著性 t 检验，而且，整个解释模型的拟合优度提高到0.241。这说明，相对于村支书与村委会主任关系、农村各类社会文化组织数量而言，村务公开对于村庄公共品供给质量起着更加明显的促进作用。这也再次论证了假设5是成立的。

三　基本结论

本书主要从乡村关系、村庄财政自主性、村级治理结构、民主管理机制以及农村社会组织、村民公共意识、村庄人口流动和村庄社区类型等方面对村庄公共品供给质量进行了定量分析，得出初步结论：乡村关系对村庄公共品供给产生了一定影响，但具体的影响作用是什么仍有待考察；中国村庄不同于一级基层地方政府，其财政自主性跟村庄公共品供给质量之间没有必然的关联；村庄权力是否集中并不是影响村庄公共品供给质量的重要因素，关键是村级班子是否团结、有凝聚力；村级财务支出是否经过民主理财小组决定也对村庄公共品供给质量没有产生线性作用，而实行村务公开则有利于改善村庄公共品供给质量；并非所有类型的村庄组织都对村庄公共品供给产生作用，统计显示，只有村庄的社会文化组织越多，才越有利于村庄公共品供给质量的改进。出乎意料的是，本书统计分析结果认为村民对村庄公共事务是否关心跟村庄公共品供给质量无关，或许大部分村庄公共品的改善更多地取决于国家的投入和相关政策的实施。

此外，本书分析认为，村民外出务工人数多少与村庄公共品供给质量也没有必然联系，或许更加重要的问题是，这些外出务工村民将自己的生活重心安放在村庄还是村庄之外。由此可见，村庄人口的自由流动跟村庄公共品供给质量之间不相关，而且，这些自由流动的村民往往是因为生计而不是因为"用脚投票"来对村庄公共品供给质量产生积极反应。

本书认为，我国村庄公共品供给质量存在明显的城乡差异性。从现有文献来看，以往关于地方或基层公共品供给的研究主要局限于经济学领域，其讨论主要聚焦于财政分权或地方财政自主性。通过前文的数据分析，我们发现，这些研究对于考察中国农村村庄公共品供给的借鉴作用是有限的。原因有两方面：一是中国村庄不能简单地跟一级基层地方政府相等同，从而简单地套用西方地方政府分权理论来研究中国村庄；二是将中国村庄公共品供给仅仅放置在乡村关系（或府际关系）和村庄自身的治理结构（包括村庄自身的社会构造）中进行研究是不够的，还必须放宽视野，引入历史制度主义理论分析框架，把它放在更加宏观的城乡社会体制中进行分析。不可否认，中国村庄公共品供给主要受到长期形成的城乡二元结构的深刻影响。当前应该采取更加积极的政策措施，加快推进城乡社会经济的统筹发展，促进城乡公共品供给的均等化。

第九章 "乡财县管"后乡镇基层政权
合法性与乡村治理[*]

财政是政权的物质基础，任何政权的正常运行都需要财政的保障，因此，财政制度的改革必将引起原有权力关系结构与治理模式的改变。"乡财县管"作为一项重要的财政制度，"实质上是对公共行政权力和社会资源的重新分配"[①]。换言之，"乡财县管"对县乡基层政权的影响不仅仅表现在财政上，更多地集中于更深层次的权力关系上。因此，研究"乡财县管"财政制度，不能仅仅局限于这一制度本身，[②] 而应进一步研究这一制度背后的权力关系结构的变化及其衍化出的新问题。"乡财县管"对乡镇权力结构的影响主要集中于两个方面：一是弱化了乡镇的公共服务职能，从而在一定程度上消解了乡镇政权的合法性；二是导致乡镇治理资源萎缩，从而造成乡镇治理能力与治理方式的改变。

---

* 庄飞能，华中师范大学中国农村综合改革协同创新研究中心在读博士研究生，研究领域：地方政府与基层治理。

① 孔兆政、李佳泽：《"乡财县管"改革的公共治理效应与完善对策》，《华东理工大学学报（社会科学版）》2011年第4期。

② 笔者梳理对近年来我国学术界关于"乡财县管"的研究成果发现，目前学界关于"乡财县管"的研究成果主要集中于制度合理性论证、实施效果及其问题与对策的分析上，较少有研究成果突破制度本身而关注制度实施背后的权力关系结构的变化及其衍化出的新的治理问题。王桂梅：《"乡财县管"的利弊分析》，《辽宁行政学院学报》2007年第3期；侯经川、杨运姣：《"乡财县管"制度对乡镇财政支出的约束效果——基于湖南两试点乡镇的实证分析》，《公共管理学报》2008年第1期；杨发祥、马流辉：《"乡财县管"：制度设计与体制悖论——一个财政社会学的分析视角》，《学习与实践》2012年第8期。

一　"乡财县管"对乡镇政府合法性的影响

　　一般而言，现代基层政权的合法性来源有两条路径：一是通过现代的民主选举，由选民直接选举产生政权，从而在民众的选举实践中获得合法性。二是发挥政权的公共服务职能，为民众提供公共服务，在服务实践中实现政权合法性的建构。强合法性政权一般二者兼顾，既通过现代民主选举产生政权，也通过为民众提供公共服务，进一步巩固政权。当下我国的绝大多数乡镇政权，由于不是由选民直接选举产生，因此其合法性无法通过现代民主选举的方式获得，只能通过为民众提供公共服务，在公共服务实践中获取。在市场经济条件下，政府公共服务能力的强弱很大程度上与其财力大小相关。一般而言，财力较大的一级政府，其公共服务职能较强，而财力较小的一级政府由于没钱，无法开展教育、医疗、卫生、文化、体育等公共服务活动，因此其公共服务职能较弱。综上所述，乡镇合法性的强弱在某种程度上与其财力的大小正相关，乡镇财力较大则其合法性较强，反之，则较弱。

　　1. 乡镇财力匮乏，公共服务职能难以履行

　　公共服务是现代服务型政府的重要职能，是政权合法性的主要源泉。乡镇为民众提供公共服务能够加强与民众的交流与互动，提高民众对乡镇政权的认同，建构与巩固乡镇政权的合法性。"乡财县管"虽然强调乡镇财政的"三权"（预算管理权、资金所有权和使用权、财务审批权）不变，重视乡镇财政的独立性与主体性，但是在实际操作中，"乡财县管"更多地表现为县级政府对乡镇资源的汲取。虽然"乡财乡用"是"乡财县管"财政制度的一项重要内容，但是由于缺乏配套的监督机制，县级政府在具体的操作中一般只强调"乡财县管"而忽视"乡财乡用"。现实中乡财被县挪用的例子非常多。从这个角度看，"乡财县管"虽然堵住了乡镇财政混乱的口子，但是在某种程度上也造成了乡镇财政的进一步弱势与疲软，从而导致乡镇财力匮乏，公共服务职能难以履行，

最终造成乡镇政权合法性的弱化。

2. 乡镇职能异化

"乡财县管"后，为了应对县级政府的汲取与本级政府的治理，财力匮乏的乡镇在具体的运转中将工作重心放在了增加财政收入上。最常用的做法，一是招商引资。对粤西及豫南的调研发现，招商引资在绝大多数乡镇的考核中都是一个刚性指标。因此，出于政绩的需要，乡镇干部热衷于开展各种招商引资活动。二是土地财政。为了增加收入，一些有条件的乡镇通过各种手段将农民的土地征收，然后以高价卖给开发商。值得注意的是，土地财政与招商引资这两种做法是紧密联系的。只有成功地招商引资，才能为顺利开展土地财政创造条件，也只有征收土地，才能吸引开发商，从而进一步发展招商引资。三是跑项目。项目制是我国实行财政转移支付制度的最基本形式。为了争取上级的资金支持，乡镇干部每天都忙于跑项目，特别是一些经济相对贫困的乡镇更是如此。因为在招商引资无望、土地财政无法开展的情况下，跑项目成为增加乡镇收入的主要手段。概而言之，"乡财县管"后财力匮乏的乡镇为了增加财政收入，其部分职能异化为汲取资源（既不同于管制也不同于服务），乡镇越来越成为游离于基层民众之上的"悬浮型"政权①，乡镇的合法性基础弱化。

综上所述，"乡财县管"通过改变原有的县乡财政关系，进一步厘清了二者的权责，加强了对乡镇财政的监督，有效地控制了乡镇债务的无序增长，实现了对乡镇乱收滥支、截留挪用的治理，从而在一定程度上缓解了乡镇政权的运转危机。可以说，"乡财县管"总体上实现了制度设计的初衷。② 然而，由于具体实践的偏差，"乡财县管"同时也在一定程度上造成了乡镇公共服务职能的

---

① 周飞舟：《从汲取型政权到"悬浮型"政权：税费改革对国家与农民关系之影响》，《社会学研究》2006 年第 3 期。

② 杨发祥、马流辉：《"乡财县管"：制度设计与体制悖论——一个财政社会学的分析视角》，《学习与实践》2012 年第 8 期。

弱化,从而削弱了乡镇基层政权的合法性,给乡村治理带来了有别于债务危机的新难题。

二 "乡财县管"后的乡村治理

乡镇政府是中国行政权力的末梢,代表着国家在乡村社会的形象,肩负着紧密联系民众、为民众提供公共服务和治理乡村的使命,乡镇政府的行为影响着国家政权在民众中的权威。一个为人民服务的乡镇政府能够强化民众对国家的认同,而一个胡作非为的乡镇政府则会消解民众的国家认同感。当前我国国家政权对乡村社会的渗透主要是以乡镇政府作为载体实现的,因此,从国家政权建构的角度看,"乡财县管"是国家为了加强对乡村社会的控制而对乡镇政府进行的一项财政改革,其主要做法是通过上收财权,实现乡镇债务危机的治理,从而保障乡镇政权的正常运行。但"乡财县管"财政制度也具有一定的溢出负效应,即造成了乡镇财政收入的锐减以及治理资源的萎缩,从而导致乡镇政府在日常事务中的不作为(指不关心公共事务,不为民众提供公共服务)和"胡作非为"(指乡镇政府的非制度化或非法性治理)。不管是乡镇政府的不作为还是"胡作非为"都将最终损害乡镇政权的合法性,从而最终造成乡村治理的内卷化。

1. 乡镇政府的不作为

1994 年的分税制改革使得中央与地方的财政收入比重发生了显著改变,中央逐渐成为税收大户,而地方财政越加依赖债与费,特别是乡镇。税费改革,特别是 2006 年全面取消农业税之后,乡镇的各种税费收入急剧减少,乡镇只能靠借债度日。2009 年的研究表明,1998 年以来,中国乡镇债务以每年至少 200 亿元的速度快速递增,目前已不低于 6000 亿元。① 有专家指出,"若单从资产

---

① 中国产经新闻报:《乡镇政府还债尴尬:债务规模近万亿 财权基本丧失》,凤凰网(http://finance.ifeng.com/news/macro/20111116/5078449.shtml)。

负债的角度看，一些乡镇经济已濒临破产状态"①。为了治理乡镇的债务危机，2006 年财政部在《关于进一步推进乡财县管工作的通知》中提出，"除财政收支规模大，并且具有一定管理水平的乡镇外，原则上推行乡财县管"②。截至 2011 年年底，全国实行"乡财县管"的乡镇共有 2.93 万个，约占全国乡镇总数的 86.1%。③至此，"乡财县管"成为我国绝大多数县乡财政关系的制度表达。

"乡财县管"的实施进一步剥夺了乡镇财政最后的救民稻草。在高强度的政绩压力下，乡镇会优先将有限的财力投入到诸如招商引资、"达标"工程以及中心广场等政绩工程或面子项目上，对于老百姓真正需要的道路、桥梁等基础设施改善、基础教育发展、环境保护等公共需求，则缺乏应有的关注和投入。④ "乡财县管"后乡镇运转的目的不是为了服务民众、治理基层社会，而是为了领导人的政绩以及部门的利益，因此其行为逻辑是"不出事"。所谓"不出事"指的是乡镇不发生重大的群体性事件，不发生上级领导不愿意看到的事情，不影响领导人的升迁，不影响乡镇政府向上级申请资源。在"不出事"逻辑下，乡镇欺下瞒上，遇到上级的检查就用尽一切手段造假糊弄或者向上级行贿，出现了事情，则千方百计进行掩盖。对于上级的政策及任务则变通执行，有利于提高政绩、增加部门资源的则积极执行，反之则积极性不高。这导致国家的体制内垂直监督很难起作用，国家的政策、命令难以在基层得到贯彻执行。从这一角度看，"乡财县管"后，国家政权不仅没有提高对基层社会的控制，反而进一步弱化。

---

① 项继权：《"后税改时代"农村基层治理体系的改革》，《学习与实践》2006 年第 3 期。

② 参见财政部：《关于进一步推进乡财县管工作的通知》（财预［2006］402 号），中华人民共和国财政部网站（http://www.mof.gov.cn/zhengwuxinxi/caizheng-wengao/caizhengbuwengao2006/caizhengbu20069/200805/t20080519_24449.html）。

③ 参见《财政部：2012 年县级基本财力保障机制奖补资金超千亿元》，新华网（http://news.xinhuanet.com/fortune/2012 - 05/18/c_111986873.htm）。

④ 周建国：《行政吸纳服务：农村社会管理新路径分析》，《江苏社会科学》2012 年第 6 期。

乡镇政府在公共事务上的不作为，导致乡镇政府的公共服务能力不足，无法满足民众日益增长的公共需求，民众的生活水平得不到保障与提高，因此民众对政府的怨气增加，认同感弱化，依赖减少，民众在某种程度上与国家脱嵌，不关心国家事务，不热爱集体事业，只顾个人的利益。总而言之，不作为的乡镇政府合法性减弱，治理能力弱化。

2. 乡镇政府的"胡作非为"

如果说乡镇政府的不作为"温和"地消解了乡镇政府的合法性，从而导致其治理能力弱化，那么乡镇政府的"胡作非为"将快速地消解乡镇政府的合法性，乡镇治理能力弱化将更加明显。在乡村治理中，乡镇政府的胡作非为主要是指乡镇政府的非制度化或非法性治理。主要体现在以下两个方面：

一是乡镇干部与乡村精英共谋。政权与乡村精英的共谋是我国历史遗留的现象。传统皇权止于县，为了达到对乡村社会的控制，必然需要借助乡绅的力量。中华人民共和国成立后，强大的国家力量将整个社会纳入国家体系之中。在乡村则体现为通过户籍制度与人民公社制度，从生活与生产上对民众实行全方位的控制，从而实现国家政权对乡村社会的治理。改革开放后，社会从国家中释放出来，乡村社会实现了一定的自治，乡村社会的治理愈发多元化与复杂化。"乡财县管"后，乡镇政府治理资源萎缩，因而需要借助乡村精英的力量才能实现对乡村社会的治理。但是由于财力匮乏，乡镇政府无法给予乡村精英相应的报酬，因此，乡镇政府为了利用乡村精英，只能对乡村精英的一些寻租行为睁一只眼闭一只眼。只要能够按时完成乡镇政府下发的任务，那么乡镇政府也就管不了那么多了。乡镇政府与乡村精英的共谋虽然在短时期内实现了乡镇政府对乡村的治理，但是从长远看，乡镇干部与乡村精英的腐败将导致干群关系紧张从而引起民愤，最终造成乡村治理的内卷化。

二是借用黑恶势力。有些乡镇政府出于政绩的考虑，可能会在乡镇财政困难的情况下借助黑恶势力进行乡村治理。"乡财县管"后的乡镇财力普遍匮乏，因而其治理的动力主要来源于增加收入、提高政绩的欲望。因此，许多乡镇政府千方百计地开展增收创收活动。其中运用得最多、来钱最快的是开展土地财政。土地是农民的命根子，因此农民在政府的征地中一般表现出强烈的反抗情绪。为了达到征地的目的，当正常的劝说与说服无法达到预期效果时，一些乡镇政府会运用黑恶势力进行非法的威逼利诱，甚至是人身暴力。黑恶势力的存在及其对基层政权的染指和控制，破坏和动摇了我国国家政权的群众基础，造成基层政权的合法性危机。①

三　总结

乡镇政府要实现对乡村社会的治理，首先，必须要具有一定的公共权力，并且这一权力的运用还需得到民众的认同，即政权需要具备一定的合法性。其次，乡镇政府要承担与权力相对等的义务，为民众提供公共服务。最后，乡镇政府还需要有一定的治理资源。"乡财县管"是在乡镇政府高负债、政权出现危机的背景下提出的，旨在治理乡镇的债务危机及其衍化的治理危机。从治理的效果看，"乡财县管"有效地抑制了乡镇债务的无序增长，使得乡镇财政的管理有序化。然而，在后"乡财县管"时代，乡镇财权羸弱造成了我国绝大多数地方出现了弱合法性的乡镇政权。这些乡镇由于公共服务不力，治理资源有限，从而运用非制度化的治理手段，甚至是借用黑社会，最终导致乡镇政权在"乡财县管"后没有得到强化，而是进一步内卷化，成为"悬浮型"政权。因此，有学者指出，"乡财县管"治标不治本，具有过渡性质，并论证了"强镇扩权"更适合解决乡镇财权与事权不匹配的问题。

其实，不管是"乡财县管"还是"强镇扩权"都不能解决我

---

① 于建嵘：《农村黑恶势力和基层政权退化——湘南调查》，《战略与管理》2003年第 5 期。

国乡镇政权建设的问题，主要是因为我国的乡镇政权不是由人民直接选举产生，而是由更高一级政权授权产生。因此，乡镇政权缺乏民意，在实践中难以实现为人民服务的职能及受人民的监督。"乡财县管"通过更高一级的县级政权的监督实现了对乡镇政府的控制，然而也造成了乡镇政府的不作为以及乱作为。"强镇扩权"本质上是想通过增强乡镇政府的权力，从而扩大乡镇政府的服务能力，更好地实现对乡村社会的治理。但是由于民众无法形成对乡镇权力的监督，因此最终的结果是乡镇机构的进一步膨胀，而并不是更好地实现乡村的治理。

因此，解决乡镇政权建设问题（包括乡镇财政问题）的关键，不在于"扩权"还是"缩权"，而应该是让民众真正地参与政权建设与社会治理中来，实现基层乡镇政权的民主化。乡镇领导干部的直选是一个可行的路径。假如说，以前的民众由于文化水平低，民主意识薄弱，无法自主地参与政权建设，那么随着我国义务教育的普及，当下中国的民众已经基本具备了参与民主的文化储备。因此，应该将权力归还民众，让民众自主选举当家人，从而实现民众对乡镇政府的监督。政权体系内部的垂直监督不仅耗费高，而且效果弱。让民众进行监督将是一条既高效又实惠的可取路径。

第十章 以城乡一体化为导向调整 "三农"财政政策*

随着全球化、城市化、工业化进程的加快和经济体制改革的不断深化，我国进入了一个从传统社会向现代社会快速转型的关键时期，一个对国家发展和社会进步都有重大意义的战略机遇期。这就要求我们站在时代的前列，坚持中国特色社会主义道路，正确把握经济社会发展的内在规律，积极应对社会快速转型对国家战略和各项政策提出的挑战。进入 21 世纪以来，我国高度重视"三农"问题，先后通过实行减征或免征农业税的惠农政策，提出社会主义新农村建设战略，废止《农业税条例》和持续增长的财政投入，加大对"三农"的财政支持力度。不可否认，这一系列"三农"财政政策对推动农业发展、改变农村风貌和提高农民收入发挥了积极作用。但是，从经济社会发展的规律来看，城乡一体化是治理"三农"问题的根本出路，而我国当前的"三农"财政政策，由于缺乏对城乡经济一体化的基本规律的科学理解，缺乏宏观性和战略性，政策效果有限，甚至在一定程度上违背城乡一体化的基本规律，出现投入越多离"三农"问题根治目标越远的现象，必须引起足够的重视。

一 重新审视"三农"财政政策

国家关于支持农业、农村和农民的财政政策并非一个新鲜的

---

* 王前，湖南工业大学经济与贸易学院，讲师，研究领域：公共经济与地方治理。本文系本人主持的湖南省社科基金项目《"五位一体"低碳城市治理模式研究》（项目批准号：11YBB147）的阶段性成果。

话题，在发达国家，财政补贴农业更是普遍做法，只是不同国家不同时期在政策取向和政策力度上有所不同而已。在我国，"三农"财政政策之所以受到特别重视有其特殊的原因。中华人民共和国成立后，作为一个工业基础薄弱，资本稀缺的农业国家，我国建立了计划经济体制，启动了重工业优先发展的赶超型发展战略。在计划经济体制中，户籍分为城市户籍和农村户籍，城市和农村成为封闭性的单位，导致城乡分割。与此同时，重工业（优先发展）从农村吸取了大量农业剩余支援城市重工业发展，导致城乡经济社会发展差距拉大。农村家庭承包责任制改革后，城乡间要素流动限制有所松动，但城乡二元体制的核心制度户籍制度依然坚固，制约了农村人口向城市的自由流动、农民经济权利和普遍社会服务权利的享受，进一步拉大了城乡经济社会之间的差距，形成了李昌平所说的"农业很危险，农村很穷、农民很苦"①的"三农"问题。于是，一方面，因为"三农"在中国工业化进程中扮演了伟大而又悲情的角色，"三农"问题唤起了理论界和社会舆论的广泛同情与关注，而受到决策层的特别重视；另一方面，随着国家经济社会的发展，"三农"问题成为经济社会进一步发展的"短板"，经济发展进入了"工业反哺农业"的阶段，"三农"问题被提上国家政策议题，并逐步成了关键问题。在这样的背景与逻辑下，中央从 2004 年开始连续 13 年下发中央一号文件着力解决"三农"问题，并不断加大"三农"财政投入力度。

当前我国"三农"财政政策是一个庞大的政策系统，按财政预算收支体系划分，主要包括支出政策和税收政策两大类，支出的主要方式有投资、补助和补贴等，税收的主要方式有轻税、减免和退税等。按照财政支出优惠的课目划分，主要有财政支持农业基础设施建设、农业科技进步、粮食生产、生态建设、抗灾救

---

① 李昌平：《我向总理说实话》，光明日报出版社，2002。

灾、扶贫开发、农村社会事业发展、农村深化改革八大方面。① 这些政策涉及了"三农"问题的各个方面，从表面上看具有系统性的特点。但深入研究发现，我国"三农"财政政策更多的还是就"三农"问题解决"三农"问题，具有"问题应对"的特征，"政因事起，政策制定具有解难救急的因素，缺乏系统的规划和长远的安排"②，没有对城乡一体化的基本规律予以充分的考虑，难以实现对"三农"问题的根治。

世界银行的研究表明，以提高密度、缩短距离和减少分割为主要特性的集聚化和专业化发展是世界主要国家和地区实现良好发展的规律性特征。③ 在这里，"提高密度"主要是指在城市增长过程中提高经济生产水平和加大人口居住的密度。"缩短距离"主要是指通过鼓励农业人口大规模向城市迁移和加大基础设施建设缩短公司、工人与经济密集区的距离。"减少分割"主要是指通过减少经济边界、促进统一市场以获取规模和专业化收益。《全国主体功能区规划》也强调"要按照建设资源节约型社会的要求，把提高空间利用效率作为国土空间开发的重要任务，引导人口相对集中分布、经济相对集中布局，走空间集约利用的发展道路"④。这意味着无论是从国际经验还是从我国政府的政策方向来看，规模化经营的现代农业取代传统农业，传统自耕农转变为农业工人或迁移入城市转变为市民，人口居住方式由分散的自然村居住方式转化为密集居住的城镇居住方式。集约利用土地资源，走城乡一体化的集聚式专业化发展道路已成为不可逆转的趋势。从城乡一体化规律的高度审视我国"三农"财政政策，不难发现，尽管我国"三农"财政政策在"治理"三农问题上取得了一些成绩，

---

① 赵云旗：《支持"三农"的财政政策及取向》，《经济研究参考》2011 年第32 期。

② 同上。

③ 世界银行：《2009 年世界发展报告：重塑世界经济地理》，世界银行，2009。

④ 参见《国务院关于印发全国主体功能区规划的通知（国发〔2010〕46 号）》，中国政府网（http://www.gov.cn/gongbao/content/2011/content_1884884.htm）。

如农业科技水平逐步提高、农民收入水平逐步提高，但并没有有效地引导农民逐步从农村迁移到城镇，特别是从重点生态功能区和农产品主产区等限制开发区域的自然村转向重点开发区域和优化开发区域，也没有推动农业的规模化经营，甚至发挥了相反的激励作用，即与城乡一体化战略不一致。比如以土地承包面积和人头直接发放粮食直补，而非补贴种粮大户和规模化经营的种粮企业，这样就不利于农业规模化经营和农民向城镇迁移，反而刺激了农民留恋自然村。因此，评价"三农"财政政策，首先不是看财政政策的多少和财政投入的大小，关键是看财政政策是否有利于推动农业、农村和农民融入城乡一体化进程。具体而言，就是看"三农"财政政策是否推动了农业的规模化经营，是否推动了农民从重点生态功能区和农产品主产区等限制开发区域的自然村向重点开发区域和优化开发区域的城镇迁移，是否提高了土地资源的集约利用，使城乡经济社会真正实现了一体化发展。

二　科学理解城乡一体化

在前面的分析中，我们指出对"三农"财政政策的评价关键要看其是否有利于推动农业、农村和农民融入城乡一体化进程。那么，到底什么是城乡一体化？如果对这个问题不能予以科学的理解，那么将很难就如何提高"三农"财政政策绩效进行科学的评价。

对城乡一体化的理解，有人认为，城乡一体化是指在尊重发展差异的基础上，将城乡作为一个整体统筹规划、综合布局，促进城乡生产发展有机互补、生活水平大体相当、现代文明广泛扩展，使城乡居民共享现代文明生活方式，促进城乡经济社会共同发展的过程。[①] 有人认为，我国城乡一体化主要是改革城乡二元体制，消除对城乡之间生产要素流动的人为障碍和两种户籍之下工

---

① 赵伟：《关于城乡一体化问题研究综述》，《经济研究参考》2010 年第 42 期。

人和农民的不平等待遇，缩小城乡之间的差距。① 我们认为，对城乡一体化的理解，既要尊重世界银行报告提出"提高密度、缩短距离和减少分割"的国际经验，也要充分考虑我国陆地国土空间辽阔但适宜开发的面积少，农业人口规模大，是农业大国却不是农业强国，城镇化进入快车道，社会处于多元复合转型期等基本国情。基于这样的前提，我们认为所谓城乡一体化，是城乡经济生产专业化集聚化，人口居住城镇化密集化，土地资源利用集约化，基本公共服务体系完善化的过程。从长远目标来说，是一个农业完全现代化的过程，农民逐步从重点生态功能区和农产品主产区等限制开发区域的自然村向重点开发区域和优化开发区域的城镇完全迁移的过程，是实现重点生态功能区和农产品主产区等限制开发区域的自然村的消亡，实现传统农民身份的解构，城乡经济生产专业化集聚化，城乡土地资源集约利用，城乡生产要素自由流动，城乡基本公共服务服务均等化的过程。从近期目标来看，则是一个农业规模化经营水平不断提高，农业人口大规模向城镇迁移，农村土地利用集约化水平不断提高，基本公共服务均等化水平不断提高的过程。具体而言，城乡一体化的科学内涵包括如下几个方面。

1. 经济生产的高度专业化集聚化

从国际经验来看，经济生产的高度专业化集聚化是经济社会实现快速发展的国家和地区的基本特征。从全球来看，四分之三的世界生产总值集中在北美洲、西欧和东南亚地区。从国家内部来看，巴西中南部州区米纳斯吉拉斯，里约热内卢和圣保罗，以其占全国土地15%的面积创造了占全国国内生产总值52%以上的生产总值。埃及大开罗区以占全国0.5%的土地面积，创造了一半的国内生产总值。我国珠江三角洲和长江三角洲等地区的生产总值占国内生产总值的一半以上，而其地理面积却不及全国面积的

---

① 厉以宁：《走向城乡一体化：建国 60 年城乡体制的变革》，《北京大学学报（哲学社会科学版）》2009 年第 6 期。

五分之一。① 经济生产的高度集聚，不仅可以充分实现经济生产活动的规模效益，而且可以促进技术、信息和人力资源的交易与共享，形成经济发展的巨大动力。衡量经济生产的集聚程度的重要指标是单位面积国土的 GDP 产值，单位面积国土的 GDP 产值越大，经济生产的集聚程度越高。

2. 土地资源的集约利用

土地资源的集约利用是发达国家的基本经验。日本作为一个土地面积仅为 37.78 万平方公里的群岛国家，特别重视土地资源的集约利用。在以重化工业为主的工业化中期（1963～1973 年），日本工业用地的集约程度较低，工业用地单位面积平均总产值仅为470.6 亿日元/平方公里（人民币 36.4711 亿元/平方公里）。进入以知识密集型产业为主的工业化后期（1974～1990 年），工业用地的集约程度明显提高，年均单位面积产出达到 1392.2 亿日元/平方公里（人民币 107.898 亿元/平方公里）。在以第三产业为主导的后工业化时期（1991～2001 年），工业用地的集约程度稳定在一个较高水平上，年均单位面积产出达到 2128.6 亿日元/平方公里（人民币 164.965 亿元/平方公里）。② 根据商务部和国土资源部的数据，③ "十一五" 末期，我国国家级经济技术开发区单位面积工业用地创造工业产值 39.56 亿元/平方公里，只略高于日本 1963～1973 年（人民币 36.4711 亿元/平方公里）的平均水平，远远低于日本 1991～2001 年（人民币 164.965 亿元/平方公里）的平均水平。我国陆地国土空间面积广大，但适宜工业化城镇化开发的面积只有 180 余万平方公里，扣除必须保护的耕地和已有建设用地，可用于工业化城镇化开发及其他方面建设的面积只有 28 万平方公

---

① 世界银行：《2009 年世界发展报告：重塑世界经济地理》，世界银行，2009。

② 伍新木、杨莹：《日本国土开发利用及对我国的启示》，《中国人口·资源与环境》2006 年第 4 期。

③ 商务部、国土资源部：商务部、国土资源部关于印发《国家级经济技术开发区经济社会发展 "十一五" 规划纲要》的通知（商资发［2006］257 号），http://www.people.com.cn/GB/54918/55134/4677890.html。

里左右，约占全国陆地总面积的 3%。适宜开发的国土面积较少，决定了我国必须走土地资源节约集约的发展道路。就农村而言，一方面，大量人口外出导致了许多"空心村"的形成，另一方面，随着外出务工人员赚钱返乡，新一轮住房建设高潮兴起，导致大量土地资源的闲置与浪费。因此，我国城乡一体化必然要走土地资源的集约利用之路。衡量土地资源集约利用程度的重要指标包括规模化经营耕地占耕地总量的比例、城市人均土地占有量、单位面积国土的 GDP 产值等，规模化经营耕地占耕地总量的比例越高、城市人均土地占有量越少，单位面积国土的 GDP 产值越高，土地资源的集约利用程度越高。

3. 人口居住的城市化密集化

人口居住的城市化密集化是城乡一体化发展的基本特征。日本东京是世界超级城市，2188 平方公里的土地上，集中居住了1299 万人口，超过其国民总数的 10%，人口密度达 5937 人/每平方公里。新加坡在其不到 714.3 平方公里的土地上集中了 518 万的人口，人口密度达 7257 人/平方公里。我国深圳面积为 2020 平方公里，人口 1036 万，人口密度也达 5129 人/平方公里。这些例子都生动地反映了发达国家和地区人口密集居住的程度。因此，城乡一体化必然涉及农村人口向城镇的大规模迁移，以及城市功能分区，以实现人口居住的密集化。衡量人口居住密集程度的重要指标有城市人口占总人口比重、单位城市国土面积居住人口数量等，城市人口比重越高，单位城市国土面积居住人口数量越多，人口居住城市化密集程度越高。

4. 农业规模化经营和农村人口的转移

从世界经验来看，发达国家的农业规模化程度很高，农业从业人员比例也相对较少。以美国为例，其农业完全实现了规模化经营，农业劳动力占全国总劳动力比例只有 2% 左右。农村人口和小城镇人口向大城市的大规模转移，也是美国人口流动的特点。一个极端的例子是，据报道，美国怀俄明州的比福德镇（Buford）只有一个居民，号称全美国最小城镇，2012 年被一名越南人以 90

万美元的价格买下。① 城乡一体化必然包括农业规模化经营和农村人口的大规模转移。从内容上看，农业规模化经营和农村人口的转移也可以属于经济生产的专业化集聚化和人口居住的城市化密集化，但考虑到在"三农"问题凸显的我国，农业规模化经营和农村人口转移具有举足轻重的地位，故单独列出以示强调。衡量农业规模化经营和农村人口的转移的重要指标主要有规模化经营耕地面积占总耕地面比例、规模化经营农业产值占农业总产值比例、农产品商品化率、农村人口占全国人口比例、年度农村人口转为非农村人口数量与增速等。规模化经营耕地面积占总耕地面比例越高，规模化经营农业产值占农业总产值比例越高，农产品商品化率越高，农村人口占全国人口比例越低，年度农村人口转为非农村人口数量越多、速度越快，则农业规模化经营水平越高，农村人口的转移力度越大。

5. 基本公共服务体系的建构

在城乡一体化战略中，与经济生产的高度集聚、土地资源的集约利用和人口的密集居住相配套的是基本公共服务体系的建构。基本公共服务是指"建立在一定社会共识基础上，由政府主导提供的，与经济社会发展水平和阶段相适应，旨在保障全体公民生存和发展基本需求的公共服务"，基本公共服务体系则指"由基本公共服务范围和标准、资源配置、管理运行、供给方式以及绩效评价等所构成的系统性、整体性的制度安排"②。基本公共服务体系的建构目标是在激烈的社会竞争中，为城乡居民基本权利的实现提供"底线保障"，防止区域和群体两极分化，为社会转型安装"防震器"，促进和谐社会的实现。因此，基本公共服务体系的建构可视为针对城乡一体化进程中经济生产和人口居住的城乡不均衡设计的一种促进基本公共服务均等化的必要制度安排。衡量基本公共服务体系完善程度的重要指标有基本医疗卫生保障水平与

---

① 中国青年网，http://wenhua.youth.cn/xwjj/tp/201204/t20120409_2125402.htm。

② 国务院，国家基本公共服务体系"十二五"规划，国发〔2012〕29号。

覆盖面、义务教育水平与覆盖面、住房保障水平与覆盖面、社会保障水平与覆盖面、基本公共文化服务保障水平与覆盖面等，基本医疗卫生、义务教育、住房保障、社会保障和基本公共服务保障水平越高，覆盖面越广，则基本公共服务体系越完善。

三 以城乡一体化为导向调整"三农"财政政策

在重新审视"三农"财政政策和科学理解城乡一体化的基础上，不难发现，"三农"财政政策作为治理"三农"问题的重要手段，有必要通过科学调整，成为根治"三农"问题、助推城乡一体化的重要政策工具。

1. 加大农业规模化经营财政投入，促进传统农业的现代化

通过提高农业生产技术水平，实现农业规模化经营，促进传统农民转变为农业工人，是农业现代化的内在要求，是农业发展的根本出路，也是城乡一体化战略的重要内容。为了有效地发挥"三农"财政投入对促进传统农业现代化的作用，应把以下三个方面作为"三农"财政投入的重点领域：一是加大对农业基础设施建设和农业技术装备更新的财政投入，为农业规模化经营提供物质基础。二是加大农业科技研发与试验财政投入，为农业规模化经营可持续发展提供技术支撑。三是加大农产品市场体系建设的财政投入，以建立农业与其他产业的无障碍联动。四是加大对农业工人培训的财政投入，为农业规模化经营提供源源不断的人力资源支撑。

2. 加大引导农民进城的财政性投入，促进农民向市民的转变

要鼓励农民大规模迁移到城市，实现人口的密集居住，必须建立科学的机制，使农民"进得来，有保障"，实现身份的彻底改变。要实现农民进城并向市民转变，关键是要为农民营造进城创业、就业、安居的制度环境。具体可以考虑以下财政政策：一是完善税收和土地优惠政策，对农民的创业投资项目，参照引进外

资的条件给予税收和土地政策上的优惠。二是完善投资激励政策，通过担保、信贷等途径，为进城农民的创业就业创造条件。三是完善农民进城就业服务政策，消除对转移农民进城务工和经商的歧视和政策限制，为进城农民子女就近入学提供政策保障。四是建立农民创业财政专项扶持基金和设立农民创业和技能培训财政专项补贴，鼓励农民创业和提高就业技能。

3. 加大对基本公共服务体系的财政投入，保证全民共享城乡一体化成果

随着城乡一体化的发展，经济生产和人口高度聚集在城市，形成集聚效应。这就导致不同规模的城市之间，以及城乡之间在收入水平、产业结构、居住环境等方面呈现较大差异。为了保障全民共享城乡一体化的成果、维护社会公平，就必须构建基本公共服务体系，借助公共资源的整合和公共服务的推行，避免社会群体间的断裂、地区间的断裂，防止经济社会的失衡与断裂。① 具体说来，要加大财政投入，尽快建立包括基本医疗卫生保障制度、社会保障制度、住房保障制度、基本公共文化服务制度等在内的基本公共服务体系，使人们不因经济生产的集聚化和居住的密集化而在享受基本公共服务的过程中受到差别化的歧视，从而为人力资源在城乡之间的自由流动提供基本的保障。

4. 开展"三农"财政绩效预算，提高"三农"财政资金使用效率

从国际经验来看，从 20 世纪 90 年代开始，大多数经济合作与发展组织（OECD）国家开始推进政府绩效管理，这些国家的主要着力点在于推进财政绩效预算的探索和实践。财政绩效预算是约束和激励财政资金使用部门的重要工具，也是提高财政资金使用效率的重要手段。当前，从我国"三农"财政资金的使用来看，资金使用分散、资金到位率低、挤占挪用现象都在一定程度存在，

① 许正中：《社会多元复合转型－中国现代化战略选择的基点》，中国财政经济出版社，2007。

严重影响了"三农"财政资金的使用效率,影响了"三农"财政政策在助推城乡一体化上的积极作用。因此,要尽快探索和建立"三农"财政绩效预算制度,积极开展"三农"财政绩效预算,切实提高"三农"财政资金使用效率,助推城市一体化进程。

后 记

本书的出版得到了亚洲开发银行项目"财政政策改革与管理：平衡城乡发展"（项目编号：PATA 47040－001）、华中师范大学中央高校基本科研业务费项目"中国地方治理现代化及国际比较研究"（项目编号：CCNU14Z02008）的资助，是其一项研究成果。

这项研究之所以能够顺利开展，离不开国务院农村综合改革工作小组办公室的大力支持。在具体研究过程中，王卫星主任、吴孔凡处长、陈有方处长、左臣明处长等不仅指导了具体研究工作，还对研究成果提出了修改建议。

此外，这项研究自始至终得到了项继权教授的精心指导，从最初的研究设计到最终的研究成果修改，都倾注了他大量的心血。这项研究原本由项教授主持，而后他因病修养而将其交给吴理财教授组织实施。在此，我们向项教授致敬，希望他早日恢复健康。

博士生袁青、俞秋阳、庄飞能在研究中也做了大量细致的协助工作，让课题组研究人员可以全心从事调查研究工作而不必分心。在此，对他们的劳动表示诚挚感谢。

本书的研究依托中国农村综合改革协同创新研究中心，该中心是经国务院农村综合改革工作小组办公室批复（国农改办〔2012〕19号）、与华中师范大学合作共建的研究基地。中心始终坚持以问题为导向，致力于农村改革发展、城乡基层治理的重大理论和实践问题研究，为中央和地方政府科学决策提供理论支持。它是一个开放性公共平台，广泛吸纳校内外农村研究知名专家和学者参与课题合作研究。本书便是该中心学术团队合作研究的又一项成果。

2016 年 6 月 29 日

图书在版编目（CIP）数据

平衡城乡发展与财政政策改革／吴理财等著. -- 北
京：社会科学文献出版社，2017.12
ISBN 978 - 7 - 5201 - 1544 - 5

Ⅰ.①平… Ⅱ.①吴… Ⅲ.①城乡一体化 - 研究 - 中
国②财政政策 - 研究 - 中国Ⅳ.①F299.21②F812.0

中国版本图书馆 CIP 数据核字（2017）第 244409 号

平衡城乡发展与财政政策改革

著　　者／吴理财　袁方成 等

出 版 人／谢寿光
项目统筹／李延玲　赵　冉
责任编辑／赵　冉　吕　颖

出　　版／社会科学文献出版社·国际出版分社（010）59367243
　　　　　地址：北京市北三环中路甲 29 号院华龙大厦　邮编：100029
　　　　　网址：www. ssap. com. cn
发　　行／市场营销中心（010）59367081　59367018
印　　装／三河市尚艺印装有限公司

规　　格／开本：787mm×1092mm　1/16
　　　　　印 张：14.75 字 数：203 千字
版　　次／2017 年 12 月第 1 版　2017 年 12 月第 1 次印刷
书　　号／ISBN 978 - 7 - 5201 - 1544 - 5
定　　价／79.00 元